看图学 预算系列丛书

看图学
电气安装工程预算

（第3版）

主编　岳井峰
参编　周坤宇　穆　雪　孙若晖

中国电力出版社
CHINA ELECTRIC POWER PRESS

内 容 提 要

本书是一本将电气安装工程识图、施工工艺与施工图预算编制有机结合在一起、具有较强针对性和实用性的工具书。全书以住宅楼电气安装工程案例为主线，内容包括建筑电气安装工程预算基础知识、建筑电气安装工程图识读与工程量计量、建筑电气安装工程计价。全书按照 2013 年 7 月 1 日开始实施的《建设工程工程量清单计价规范》（GB 50500—2013）和《通用安装工程工程量计算规范》（GB 50856—2013）编写的。

本书既可作为从事建筑安装工程的造价员、工程技术管理人员的培训教材及参考用书，特别适用于电气安装工程预算的初学者，也可作为建筑类高职院校工程造价专业和其他相近专业的教材以及建筑类本科工程造价专业的教学用书。

图书在版编目（CIP）数据

看图学电气安装工程预算/岳井峰主编. —3 版 . —北京：中国电力出版社，2015. 3（2021.12重印）
（看图学预算系列丛书）
ISBN 978-7-5123-7170-5

Ⅰ. ①看… Ⅱ. ①岳… Ⅲ. ①电气设备-建筑安装工程-建筑预算定额 Ⅳ. ①TU723.3

中国版本图书馆 CIP 数据核字（2015）第 022869 号

中国电力出版社出版、发行
北京东城区北京站西街 19 号 100005 http：//www.cepp.sgcc.com.cn
责任编辑：周娟华 E-mail：juanhuazhou@163.com
责任印制：杨晓东 责任校对：常燕昆
三河市航远印刷有限公司印刷·各地新华书店经售
2009 年 4 月第 1 版 2021 年 12 月第 3 版·第11次印刷
700mm×1000mm 1/16·16.25 印张·301 千字
定价：48.00 元

前　言

随着进一步贯彻落实国务院做好住房和城乡建设各项工作战略决策，促进经济平稳较快增长，把扩大内需工作作为当前各项工作的首要任务，建筑业步入一个空前繁荣的发展时期。随着建筑科学技术的发展，新材料、新工艺、新方法不断涌现，国家建筑技术标准、规范日益更新，新修改的《建筑电气工程设计常用图形和文字符号》（09DX001）于 2009 年 12 月 1 日起实行，建筑工程造价计价方式在作出重大改革的基础上再次完善，自 2013 年 7 月 1 日起实施《建设工程工程量清单计价规范》（GB 50500—2013）和《通用安装工程工程量计算规范》（GB 50856—2013），原《建设工程工程量清单计价规范》（GB 50500—2008）同时废止。本书严格按照新规范与住房和城乡建设部及各地颁布的最新的安装工程预算定额进行编写，将建筑电气安装工程施工图识读与工程造价的计量与计价进行有机的结合。

工程造价计价的形式和方法有多种，但其计价的基本过程和原理是相同的。如仅仅是从工程费用的计算角度出发，工程造价的计价可总结为按照分部分项工程单价——单位工程造价——单项工程造价——建设项目总造价的顺序来完成。从工程造价的基本计算公式：工程造价 = $\sum$（工程实物量×单位价格）中，我们不难发现影响工程造价的主要因素有两个，即基本构造要素的单位价格和基本构造要素的实物工程数量。工程实物量可以通过工程量计算规则和设计图纸计算得出，它直接反映工程项目的规模和内容。因此，能够准确地进行电气安装工程图识读是准确计算工程实物量的前提，这也正是进行电气安装工程造价（预算）的难点所在。基于此点，我们将建筑电气安装工程识图与工程量计量相结合，试图达到简便易学的效果。

本书是在第 2 版的基础上进行修改的，仍然以住宅楼电气安装工程图案例为主线，简化繁琐的理论知识内容，注重基本技能，系统地介绍了建筑电气安装工程图识读的方法及施工工艺、计算工程造价的方法和程序，更加通俗易懂，更具有针对性和实用性。全书内容包括建筑电气安装工程预算基础知识、建筑电气安装工程图识读与工程量计量及建筑电气安装工程计价。第 3 版统一了工程量计算规则。

本书既可作为从事建筑安装工程的造价员、工程技术管理人员的培训教材及参考用书，特别适用于电气安装工程预算的初学者，也可作为建筑类高职院校工程造价专业和建筑设备类专业的教材及建筑类本科工程造价专业的教学用书。

本书由岳井峰担任主编，由岳井峰、周坤宇、穆雪、孙若晖共同编写。具体分工为：第 1 章由穆雪、孙若晖编写，第 2 章由岳井峰编写，第 3 章由岳井峰、周坤宇编写。穆雪绘制了部分插图及工程图。岳井峰负责组织编写及全书整体统稿工作。

本书在编写过程中，编者查阅了大量公开或内部发行的技术资料和书刊，借用了其中大量的图表及内容，在此向原作者致以衷心的感谢。

由于编者水平有限，加之时间仓促，书中难免存在缺漏和错误之处，敬请广大读者和专家批评指正。

编　者

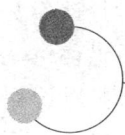

目 录

第 1 章

建筑电气安装工程预算基础知识

1.1 建筑电气安装工程基本知识

建筑电气安装工程主要具有输送和分配电能（通过变配电系统实现）、应用电能（通过照明及动力系统实现）和传递信息（通过弱电系统，如电话、电视系统等实现）的功能，以此来实现为广大用户提供舒适、便利、安全的建筑环境。对于电能的应用主要是交流电即工频强电，而信息传递主要是应用高频弱电或直流电。

1.1.1 建筑电气工程的分类与组成

1. 建筑电气安装工程的分类

建筑电气安装工程根据划分的方式不同，可以有不同的分类方式。下面介绍两种常用的分类方式。

（1）按电压高低划分

根据建筑电气工程的电压的高低，人们习惯把它分为强电工程（即电力工程）和弱电工程（即信息工程）两种。所谓强电就是电力、动力、照明等用的电能；所谓弱电则是指传播信号、进行信息交换的电能。由此便有了关于强电系统和弱电系统的提法。

1）强电系统：该系统可以把电能引入到建筑物中，经用电设备转换成热能、光能和机械能等。常见的有变配电系统、动力系统、照明系统及防雷系统等。强电系统的特点是电压高、电流大、功率大。

2）弱电系统：该系统是完成建筑物内部及内部与外部之间的信息传递与交换工作。常见的有通信系统、共用天线与有线电视接收系统、火灾自动报警与消防联动系统、安全防范系统、公共广播系统等。弱电系统的特点是电压低、电流小、功率小。

（2）按功能划分

按照建筑电气工程的功能可划分为供配电系统、建筑动力系统、建筑电气照明系统、建筑弱电系统和防雷减灾系统五大系统。

1）供配电系统：是指接受电网输入的电能，并进行检测、计量、变压等，然后向用户和用电设备分配电能的系统。它由变配电所、高低压线路、各种开关柜、配电箱等组成。

2）建筑动力系统：是指以电动机为动力的设备、装置及其启动器、控制柜（箱）和配电线路安装的系统。

3）建筑电气照明系统：是可以将电能转换为光能的电光源进行采光，以保证人们在建筑物内正常从事生产和生活活动，以及满足其他特殊需要的照明设施。它由灯具、开关、插座及配电线路等组成。

4）建筑弱电系统：是指将电能转换为信号能，保证信号准确接收、传输和显示，以满足人们对各种信息的需要和保持相互联系的各种系统。它由电视天线系统、数字通信系统和广播系统等组成。

5）防雷减灾系统：主要包括安全用电、防雷与接地、火灾自动报警与消防联动系统。

2. 建筑电气工程的组成

在建筑电气工程的组成中主要介绍最常见的电力系统及室内电气照明系统的组成。

（1）电力系统的组成

电力系统是由各种电压等级的电力线路将发电厂、变电所和电力用户联系起来组成的一个集发电、输电、变电、配电和用电的整体，如图1-1所示。

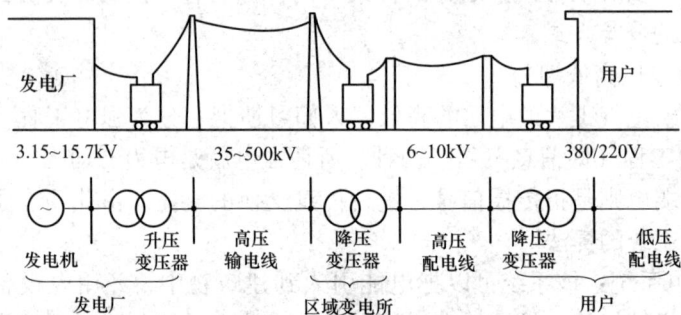

图1-1 电力系统组成示意图

发电厂是把各种形式的能量转换成电能的工厂。目前，在我国多为水力发电厂和火力发电厂，核电站数量较少，国家正在加紧建设核电站来解决能源问题。

这里的变电所是指具有接受电能、改变电压并分配电能功能的场所，主要由电力变压器与开关设备等组成。根据具体功能，有升压变电所、降压变电所和配电所之分。升压变电所是装有升压电力变压器的变电所；降压变电所是装有降压电力变压器的变电所；而对于只能接受电能，不改变电压，只进行电能分配的场所，称其为配电所。

电力线路是输送电能的通道。它由不同电压等级和不同类型的线路构成，有架空线路和电缆线路之分。

（2）室内电气照明系统的组成

室内电气照明系统是建筑电气工程中应用最为广泛的系统，其基本组成包括室外接户线、进户线、配电盘（箱）、干线、支线和用电设备等，如图1-2所示。

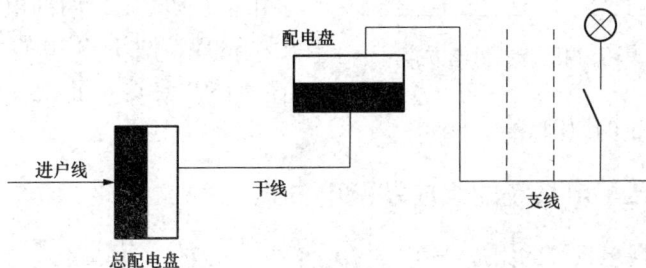

图1-2　电气照明线路基本形式图

1）室外接户线：由室外架空供电线路的电线杆上或地下电缆接至建筑物外墙的支架间的一段线即为接户线，通常是三相四线（三火一零）。

2）进户线：从外墙至总配电盘（箱）的一段导线。

3）配电盘（箱）：用来接受和分配电能、记录切断电路，并起过载保护作用。

4）干线：由总配电盘（箱）到分配电盘的线路。

5）支线：由分配电盘引出至各用电设备的线路，也称为回路。

6）用电设备：消耗电能的装置。

1.1.2　室内电气照明线路的电压

在我国通常将1kV及以上的电压称为高压，1kV以下的电压称为低压。6～10kV电压用于输送距离为10km左右的工业与民用建筑供电，380V电压用于建筑物内部动力设备供电或向工业生产设备供电，220V电压则多用在向生活设备及照明设备供电。因此，室内电气照明线路的电压主要为380V和220V，采用三相四线制供电方式进行供电。单相二线制则可提供220V电压。

基于三相交流电在生产、输送和应用等方面有很多优点，交流电力系统通常都是采用三相三线制供电，三相四线制配电或三相五线制（在四线制基础上增加一条接地保护线）配电。

所谓三相四线制就是3条相线（俗称火线，下同）和1条零线的供电体制。3条相线常用 L1、L2、L3 或 A、B、C 表示，零线则用 N 表示。对于三相五线制中增加的一条保护线，则用 PE 表示。

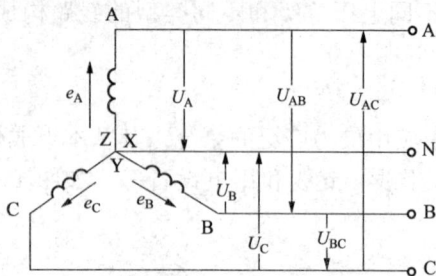

图 1-3 三相四线制供电方式

三相四线制供电的特点是可以提供给负载（用电设备）两种电压，即相电压和线电压。所谓相电压是指相（火）线与零线（N）之间的电压，电压等级为 220V，图 1-3 中的 $U_A = U_B = U_C = 220V$；线电压是指相线（火线）与相线（火线）之间的电压，电压等级为 380V，图 1-3 中的 $U_{AB} = U_{AC} = U_{BC} = 380V$。这也正是 380V 电压和 220V 电压产生的原因。

1.1.3 低压配电系统的组成及配电方式

1. 低压配电系统的组成

低压配电系统由配电装置（配电盘、配电箱）和配电线路两部分组成。

2. 低压配电系统的配电方式

低压配电系统的配电方式有放射式、树干式和混合式三种，如图 1-4 所示。下面分别进行介绍。

（1）放射式

放射式的配电方式是各配电装置通过配电线路从总配电装置处成放射状配置。这种配电方式具有各负荷能够独立进行受电，发生故障时影响范围较小，仅限于本回路，不影响其他回路正常工作的特点。但整个回路中所需开关设备及导管导线耗量较大。因此，放射式配电方式多用于对供电

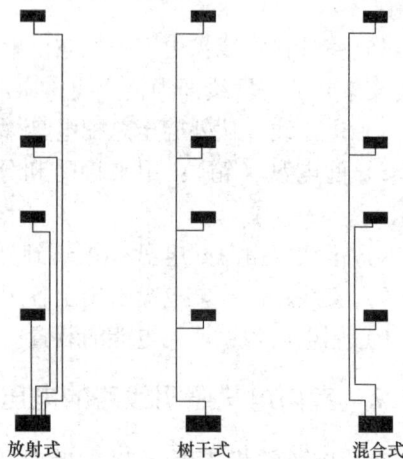

图 1-4 配电方式分类示意图

可靠性要求较高的系统。现在，很多住宅楼中的底层集中计量就是此种配电方式。

（2）树干式

树干式的配电方式是各配电装置分布在从总配电装置处送出的配电线路上，像树干一样配置。这种配电方式具有开关设备用量少，配电管材及导线用量也

有较少的特点。但一旦干线发生故障将影响整个配电网络，影响范围大，供电可靠性较低。此种配电方式在高层建筑中应用较多。

（3）混合式

在很多情况下，往往在设计时将放射式和树干式结合起来配电，以充分发挥这两种配电方式的优点，称其为混合式配电。

1.1.4 低压配电系统的接地形式

1. 与接地有关的几个概念

在此，先介绍几个在后面学习中常用到的概念，具体内容将在防雷接地部分具体讲述。

1）功能性接地：是指为了保证电气设备正常运行或电气系统低噪声而进行的接地。

2）保护性接地：是指为了防止人身或设备遭电击造成损害而进行的接地，即对设备外露可导电部分（金属外壳）进行的接地。对于保护接地而言又有接地和接零两种情况。

① 接地：是指电气设备的外露可导电部分（金属外壳）直接对地进行的电气连接。例如防雷接地，该接地是为了引导雷电流而设置的接地。在后面即将学习的 TT 系统和 IT 系统中采用的就是此种接地。

② 接零：是指电气设备的外露可导电部分通过保护线（PE）或 PEN 线与电力系统的中性点（即接地点）直接进行的电气连接。在后面即将学习的 TN 系统中采用的就是此种接地。值得注意的是，俗称的地线就是人们所说的保护线。

③ 重复接地：是指在保护线 PE 或 PEN 线上一点或多点接向大地的接地形式。在民用建筑中应用较为广泛，通常在单元门入口处的总配电箱处进行设置，在后面将会详细讲述。

2. 低压配电系统的接地形式

低压配电系统的接地形式通常可分为 TN 系统、TT 系统和 IT 系统三种。在建筑电气工程中常见的为 TN 系统，下面将着重讲述。

（1）TN 系统

所谓 TN 系统是指电力系统中性点直接接地，受电设备的外露可导电部分（通常为金属外壳）通过保护线（PE）与接地点连接，引出中性线（N）和保护线（PE）。中性线（N）起到引出 220V 电压，用来接单相设备的作用；而保护线（PE）则是用来保护人身安全，防止发生触电事故。我国建筑配电系统普遍采用该接地系统。

根据中性线和保护线的引出方式不同，TN 系统又可分为如下三种系统：

1）TN—S 系统：又称作五线制系统，它的特点是整个系统的中性线（N）与保护线（PE）是分开的，如图 1-5 所示。主要应用在高层建筑或公共建筑中。

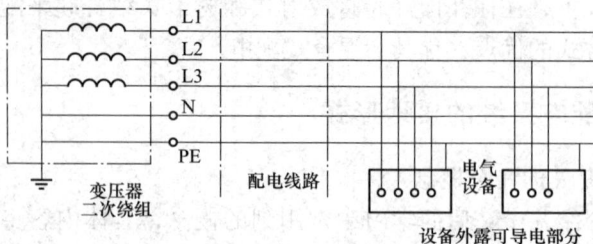

图 1-5　TN—S 系统

2）TN—C 系统：又称作四线制系统，它的特点是整个系统的中性线（N）与保护线（PE）是合一的，如图 1-6 所示。主要应用在三相动力设备比较多的系统中，例如工厂、车间等，因为少配一根线，比较经济。

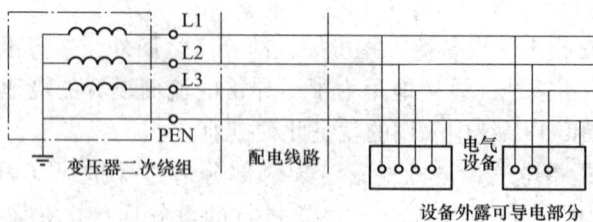

图 1-6　TN—C 系统

3）TN—C—S 系统：又称作四线半系统，它的特点是系统中前一部分线路的中性线（N）与保护线（PE）是合一的，如图 1-7 所示。主要应用在配电线路为架空配线，用电负荷较分散，距离又较远的系统中。但要求线路在进入建筑物时，将中性线进行重复接地，同时再分出一根保护线，因为外线少配一根线，比较经济。一般民用建筑物中常使用此种接地方式。

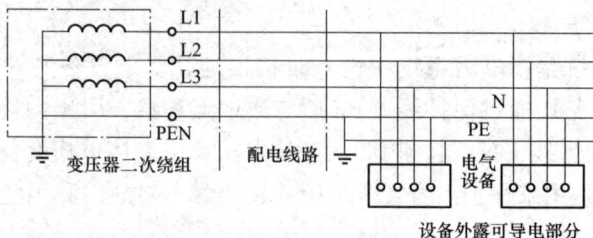

图 1-7　TN—C—S 系统

（2）TT 系统

电力系统中性点直接接地，受电设备的外露可导电部分通过保护线接至与电力系统接地点无直接关联的接地极。保护线可各自设置，如图 1-8 所示。

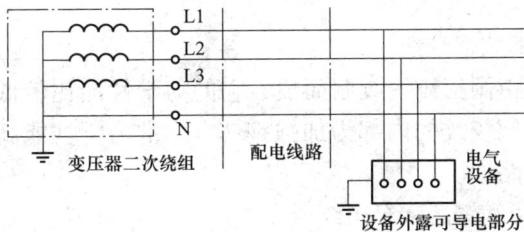

图 1-8　TT 系统

（3）IT 系统

电力系统的带电部分与大地间无直接连接或有一点经足够大的阻抗接地，受电设备的外露可导电部分通过保护线接至接地极。此种接地多用于煤矿和工厂，可减少停电机会，如图 1-9 所示。

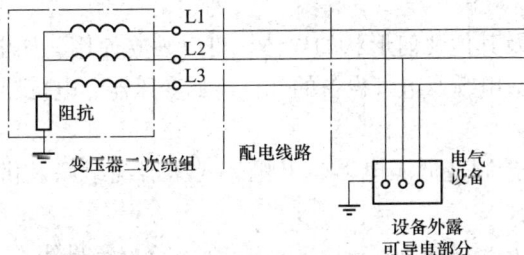

图 1-9　IT 系统

1.2　常用电气材料设备

1.2.1　电线、电缆

1. 裸导线

裸导线，即没有外包绝缘的导体。它可以分为圆线、绞线、软接线、型线等。常在室外架空线路中使用，这里简要介绍一下，如图 1-10 所示。

（1）圆单线

圆单线可单独使用，也可做成绞线。它是构成各种电线电缆线芯的单体材料。

用途：制造电线电缆，也可用于制造电机、电

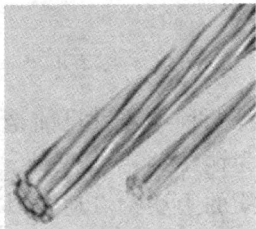

图 1-10　裸导线

器等。

（2）裸绞线

裸绞线由多根圆线或型线绞合而成，广泛用于架空输电电路中，主要有以下品种：

1）铝绞线和钢芯铝绞线。

用途：铝绞线由圆铝绞线绞制而成，它的力学性能比较低，用于一般架空配电线路中。钢芯铝绞线的内部为加强钢芯，它的力学性能高于铝绞线，广泛用于各种输配电线路中。

2）铝合金绞线和钢芯铝合金绞线。

用途：铝合金绞线由铝合金圆线绞制而成。强度较大，可在一般输配电线路中应用。钢芯铝合金绞线的特点是强度较高，超载能力较大，常被用于重冰区大跨越输电线路中。

3）软铜绞线。

用途：主要用于电气装置及电子电器设备或元件的引接线中，也被用来制作移动式接地线。

2. 型线

有矩形、梯形及其他几何形状的导体，可以独立使用，如电车线、各种母线等，同时也用于制造电缆及电气设备的元件，如变压器、电抗器、电机的线圈等。

（1）铜母线

用途：主要用于制造低压电器、电机、变压器绕组以及供配电装置中的导体，如图1-11所示。

图1-11　铜母线

（2）铝母线

用途：主要用于电机、电器、配电装置的制造中，以及供配电装置中的导体。

3. 绝缘导线

绝缘导线在建筑电气工程中应用较为广泛，在此详细介绍。

（1）型号表示方法

常用的绝缘导线按照绝缘材料不同，可分为橡胶绝缘和聚氯乙烯绝缘两种导线，目前橡胶绝缘导线已很少使用。按照线芯材料的不同，可分为铜线和铝线两种。按照线芯的性能指标，又可分为硬线和软线两种。导线的上述特点通过其型号表现出来，具体见常用绝缘导线的型号、名称和用途（见表1-1）。

表 1-1　　　　　　　　　　　**常用绝缘导线的型号、名称和用途**

类型	名　　称	型　　号		用　　途
		铜芯	铝芯	
橡胶绝缘导线	棉纱纺织橡胶绝缘导线	BX	BLX	适用于交流 500V 以下的电气设备及照明装置
	氯丁橡胶绝缘导线	BXF	BLXF	
	橡胶绝缘软线	BXR		
塑料绝缘导线	聚氯乙烯绝缘导线	BV	BLV	适用于各种交流、直流电器装置，电工仪表、仪器，电信设备，动力及照明线路固定敷设用
	聚氯乙烯绝缘聚氯乙烯护套圆形导线	BVV	BLVV	
	聚氯乙烯绝缘聚氯乙烯护套平形导线	BVVB	BLVVB	
	聚氯乙烯绝缘软导线	BVR		
	耐热 105℃聚氯乙烯绝缘软导线	BV—105		适用于各种交流、直流电器、电工仪表、家用电器、小型电动工具、动力及照明装置的连接
	聚氯乙烯绝缘软导线	RV		
	聚氯乙烯绝缘平行软导线	RVB		
	聚氯乙烯绝缘绞型软导线	RVS		
	耐热 105℃聚氯乙烯绝缘连接软线	RV—105		

注：导线型号中的字母具有如下含义：

B（B）——第一个字母表示布线，第二个字母表示玻璃丝编织；

V（V）——第一个字母表示聚氯乙烯（塑料）绝缘，第二个字母表示聚氯乙烯护套；

L（L）——铝，无"L"表示铜；

F——复合型；

R——软线；

S——双绞；

X——绝缘橡胶。

（2）种类

1）塑料绝缘导线。

① 聚氯乙烯绝缘导线。可分为铜芯和铝芯。铝芯绝缘导线型号为 BLV，铜芯绝缘导线型号为 BV，10mm^2 以下的还可以直接制成双芯电线，绝缘导线形状为扁形。塑料绝缘电线可以制成多种颜色。

② 聚氯乙烯加护套线。它分为铜芯塑料护套线和铝芯塑料护套线。铜芯塑料护套线型号为 BVV，铝芯塑料护套线型号为 BLVV。塑料护套线是在聚氯乙烯绝缘层上再加上一层聚氯乙烯护套。塑料护套线分为单芯、双芯和三芯，双芯和三芯是扁形的，如图 1-12 所示。

③ 聚氯乙烯绝缘软线（也称塑料软线）。它分为平行塑料绝缘软线和双绞塑料绝缘软线，平行塑料绝缘软线型号为 RVB，双绞塑料绝缘软线型号为

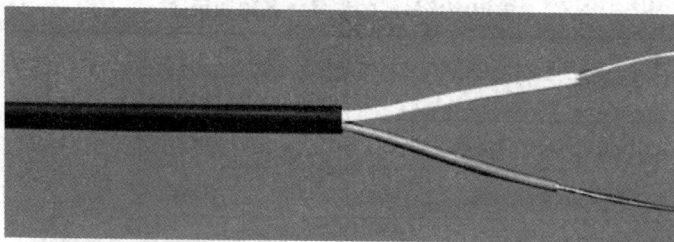

图1-12　聚氯乙烯加护套线

RVS。导线的线芯是由许多根铜丝组成的软铜线束，外包聚氯乙烯绝缘层。

用途：这种导线是供交流额定电压250V及以下室内日用电器连接线和作照明灯头线用。

④丁氰聚氯乙烯复合物绝缘软线。它分为双绞复合物软线和平行复合物软线，双绞复合物软线型号为RFS，平行复合物软线型号为RFB。线芯为多芯铜线束，绝缘护层为丁氰聚氯乙烯复合物。这种导线绝缘良好，并具有耐寒、不易老化、不易引燃的性能。

2）橡胶绝缘导线。

①棉纱纺织橡胶绝缘导线，型号为BX和BLX。

②玻璃丝纺织橡胶绝缘导线，型号为BBX和BBLX。

值得注意的是：上述两种导线已被塑料绝缘导线所取代。

③氯丁橡胶绝缘导线。这种导线有铜芯和铝芯两个品种，型号为BXF和BLXF。适宜室外敷设，不推荐用于穿管敷设。

4. 电缆

（1）电缆的分类

1）按其构造及作用不同，可分为电力电缆、控制电缆、电话电缆、射频同轴电缆、移动式软电缆等。

2）按电压高低可分为低压电缆（小于1kV）、高压电缆，工作电压等级有500V和1kV、6kV及10kV等。

（2）电力电缆的基本结构

电力电缆的基本结构一般由线芯、绝缘层和保护层三部分组成，如图1-13

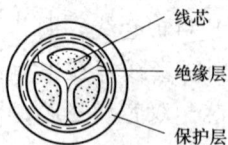

线芯

绝缘层

保护层

图1-13　电力电缆
基本结构

所示。线芯用来输送电流，有单芯、双芯、三芯、四芯和五芯之分。绝缘层是将导电线芯与相邻导体以及保护层隔离，用来抵抗电力、电流、电压、电场等对外界的作用，保证电流沿线芯方向传输。绝缘层材料通常采用纸、橡胶、聚氯乙烯、聚乙烯、交联聚乙烯等。保护层是为使电缆适应各种外界环境而在绝缘层外面所加的保护覆盖层，保护电缆在敷设和使用过程中免遭外界破坏。

（3）电缆型号表示方法

在图形符号标注中已有解释，在此仅以具体实例来进行讲述。

1）ZQ_{21}—3×50—10—300：表示铜芯、纸绝缘、铅包、双钢带铠装、纤维外被层（如油麻）、三芯 $50mm^2$、电压为 10kV、长度为 300m 的电力电缆。

2）$YJLV_{22}$—3×120—10—250：表示铝芯、交联聚乙烯绝缘、聚乙烯内护套、双钢带铠装、聚氯乙烯外护套、三芯 $120mm^2$、电压 10kV、长度 250m 的电力电缆。

3）VV_{22}—（3×95+1×50）：表示铜芯、聚氯乙烯内护套、双钢带铠装、聚氯乙烯外护套、三芯 $95mm^2$、一芯 $50mm^2$ 的电力电缆。

在实际建筑工程中，一般优先选用交联聚乙烯电缆。直埋电缆必须选用铠装电缆。

1.2.2　配线用管材

按照材料的不同，配线中常用的管材有金属管和塑料管两种，在建筑电气工程中常称为电线保护管或电线管，如图 1-14 所示。

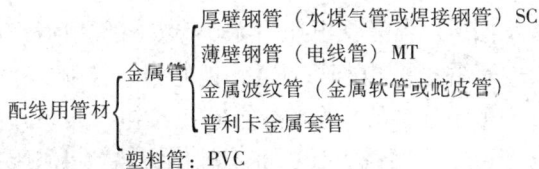

$$\text{配线用管材} \begin{cases} \text{金属管} \begin{cases} \text{厚壁钢管（水煤气管或焊接钢管）SC} \\ \text{薄壁钢管（电线管）MT} \\ \text{金属波纹管（金属软管或蛇皮管）} \\ \text{普利卡金属套管} \end{cases} \\ \text{塑料管：PVC} \end{cases}$$

图 1-14　配线用管材构成

1. 金属管

在建筑电气配管工程中常使用的钢管有厚壁钢管、薄壁钢管、金属波纹管和普利卡金属套管四类。在这里我们要特殊强调的是在以后识图及工程造价计算工程中，在清单项目设置及定额内将厚壁钢管称为水煤气管或焊接钢管，薄壁钢管称为电线管，金属波纹管称为金属软管，这些值得我们注意，以免后面的学习造成困惑。

（1）厚壁钢管

厚壁钢管又称水煤气管或焊接钢管，在图纸上用 SC 表示，用作电线电缆的保护管，可以暗配于一些潮湿场所或直埋于地下，也可以沿建筑物、墙壁或支吊架敷设。有镀锌和不镀锌之分。其规格、型号为公称直径 15、20、25、32、40、50、65、80、100、125、150 等，单位为 mm。

（2）薄壁钢管

薄壁钢管又称电线管，在图纸上用 MT 表示，多用于敷设在干燥场所的电线、电缆的保护管，可明敷设或暗敷设。

（3）金属波纹管

金属波纹管又称金属软管或蛇皮管，主要用于设备上的配线。

（4）普利卡金属套管

普利卡金属套管是电线电缆保护套管的更新换代产品。由镀锌钢带卷绕成螺纹状，属于可扰性金属套管。

2. 塑料管

常用的塑料管有硬质塑料管、半硬质塑料管和软塑料管三种。配线所用的塑料管多为 PVC（聚氯乙烯）塑料管。PVC 硬质塑料管工程图标注代号为 PC（旧代号为 SG 或 VG）。

3. 公称直径的概念

所谓公称直径，即不是实际的内径，也不是实际的外径，而是其直径数值近似于管子的实际内径。如公称直径 25mm 的钢管，实测其内径为 25.4mm 左右。通常用于钢管描述中，以符号"DN"表示。

1.2.3 常用控制设备及低压电器

所谓控制设备及低压电器是指电压在 500V 以下的各种控制设备、继电器及保护设备等，常用的有各种配电柜（屏）、控制台、控制箱、配电箱、控制开关等。这里面还有一个小电器的概念，主要包括按钮、照明开关、插座、电笛、电铃、水位电气信号装置、测量表计、屏上辅助设备、小型安全变压器等。在此仅介绍其中的几种。

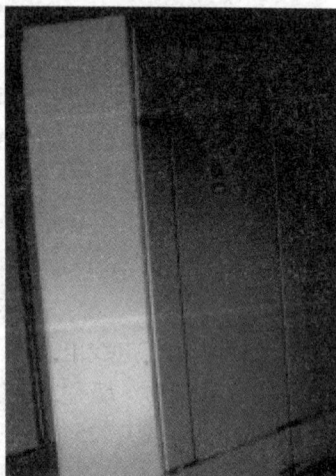

1. 配电箱

配电箱按照是否现场制作，可以分为成套配电箱和非成套配电箱两种。其中，成套配电箱为工厂加工制作完成，已安装各种开关、表计等设备；而非成套配电箱为现场制作完成，需要现场安装各种开关设备，进行盘柜配线。目前，绝大多数工程采用成套配电箱安装，如图 1-15 所示。

配电箱按照安装方式的不同，又可分为落地式安装配电箱和悬挂嵌入式配电箱两种。落地式配电箱安装时，需要先制作安装槽钢或角钢基础。悬挂嵌入式配电箱多为墙上暗装。全国统一安装工程预算定额正是按照此种分类方式来划分子目。

图 1-15 配电箱安装

2. 刀开关

刀开关有单极、双极和三极三种，每种又有单投和双投之分。根据闸刀的构造，可分为胶盖刀开关和铁壳刀开关两种。

（1）胶盖刀开关

常用型号有 HK1、HK2 型。主要特点是：容量小，常用的有 15A、30A，最大为 60A；没有灭弧能力，只用于不频繁操作，构造简单，价格低廉。

（2）铁壳刀开关

常用型号有 HH3、HH4、HH10、HH11 等系列。主要特点是：有灭弧能力；有铁壳保护和联锁装置（即带电时不能开门），所以操作安全；有短路保护能力；只用于在不频繁操作的场合。常用型号为 HH10 系列，容量规格有 10A、15A、20A、30A、60A、100A。HH11 系列，容量规格有 100A、200A、300A、400A 等。铁壳刀开关容量选择一般为电动机额定电流的 3 倍。

3. 熔断器

用来防止电路和设备长期通过过载电流和短路电流，是有断路功能的保护元件。它由金属熔件（熔体、熔丝）、支持熔件的接触结构组成。

4. 低压断路器

低压断路器是工程中应用最广泛的一种控制设备，又称自动开关或空气开关。既具有负荷分断能力，又具有短路保护、过载保护和失欠电压保护等功能，并且具有很好的灭弧能力。常用作配电箱中的总开关或分路开关。广泛应用于建筑照明和动力配电线路中。

常用的低压断路器有 DZ、DW 系列等，新型号有 C 系列、S 系列、K 系列等，如图 1-16 所示。

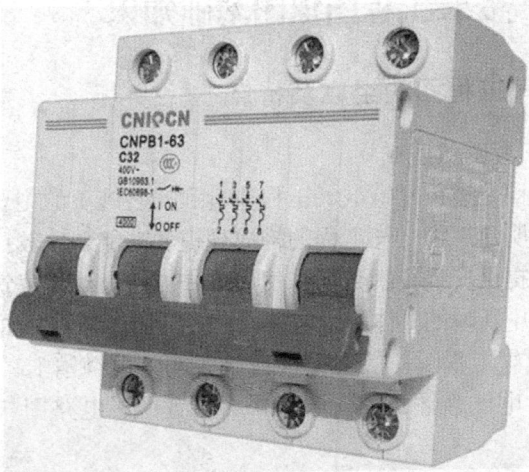

图 1-16　低压断路器

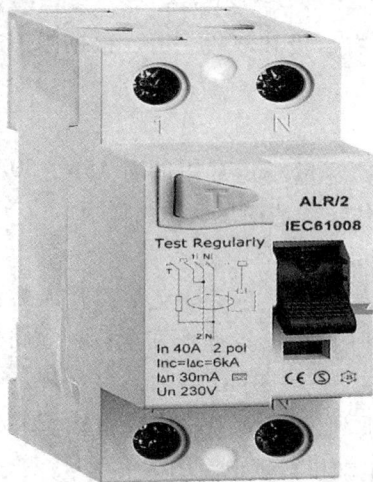

图 1-17 漏电保护器

5. 漏电保护器（又称漏电保护开关）

漏电保护开关是为了防止人身误触电而造成人身触电事故的一种保护装置，除此之外，漏电保护开关还可以防止由于电路漏电而引起的电气火灾和电气设备损坏事故。

（1）漏电开关的种类

凡称"保护器"、"漏电器"、"开关"者均带有自动脱扣器。按相数或极数划分有单相一线、单相两线、三相三线（用于三相电动机）、三相四线（动力与照明混合用电的干线），如图 1-17 所示。

（2）漏电保护器的安装

1）漏电保护器应安装在照明配电箱内。安装在电度表之后，熔断器（或胶盖刀闸）之前。

2）所有照明线路导线，包括中性线在内，均须通过漏电保护器且中性线必须与地绝缘。

3）电源进线必须接在漏电保护器的正上方，即外壳上标有"电源"或"进线"端；出线均接在下方，即标有"负载"或"出线"端。倘若把进线、出线接反了，将会导致保护器动作后烧毁线圈或影响保护器的接通、分断能力。

小电器在此不作讲述，在后面的识图过程中加以解释。

1.3 建筑电气安装工程图识图基础知识

1.3.1 建筑电气工程图的组成及特点

1. 建筑电气工程图的组成

建筑电气工程图是进行建筑电气工程造价和安装施工的主要依据之一，建筑电气工程图能够表明建筑物电气工程的构成规模和功能，比较详细地描述了电气装置的工作原理，提供安装技术数据和使用维护方法。对于建筑电气工程图的组成，结合本书附录中所附的具体图纸来学习，会更加直观、更加容易理解。

常用的建筑电气工程图一般有电气设计说明、电缆清册、图例及设备材料表、电气系统图、电气总平面图、电气平面布置图、电路图、接线图、安装大样图等。

（1）说明性文件

1）设计说明。设计说明主要阐述电气工程的建筑概况、设计依据、设计范围、工程要求、安装方法、安装标准、工艺要求及图中标注交代不清或没有必要用图表示的要求、标准、规范等。

2）图纸目录。图纸目录主要包括序号、图纸名称、图纸编号、图纸张数等。通过阅读图纸目录，可以方便图纸识读。

3）图例。图例是用表格的形式列出该电气工程图纸中使用的图形符号或文字符号，其目的是使读图者容易读懂图样。

4）设备材料表。设备材料表一般都要列出该电气工程的主要设备及主要材料的规格、型号、数量、具体要求或产地。但是，表中的数量一般只作为概算估计数，不作为设备和材料的供货依据。

通常图例和设备材料表结合在一张表内。

5）电缆清册。电缆清册是用表格的形式来表示该电气工程中电缆的规格、型号、数量、走向、敷设方法、头尾接线部位等内容的图样，一般使用电缆较多的工程均有电缆清册，而简单的工程通常没有电缆清册。

（2）电气系统图

电气系统图是用单线图表示电能或电信号按回路分配出去的图样。主要表示各个回路的名称、用途、容量以及主要电气设备、开关元件及导线电缆的规格型号等。通过电气系统图，可以知道该系统的回路个数及主要用电设备的容量、控制方式、供电方式等。动力、照明、变配电系统、通信广播、有线电视、火灾报警、安全防范等都要用到系统图。

（3）电气总平面图

电气总平面图是在建筑总平面图的基础上绘制完成，表示电源及电力负荷分布的图样。主要表示各建筑物的名称或用途、电力负荷的装机容量、电气线路的走向及变配电装置的位置、容量和电源进户的方向等。通过电气总平面图，可了解该项工程的概况，掌握电气负荷的分布及电源装置等。一般大型工程都有电气总平面图，在中小型工程则由动力平面图或照明平面图代替。

（4）电气平面布置图

电气平面布置图是在建筑物的平面图上标出电气设备、元件、管线实际布置的图样。主要表现它们的安装位置、安装方式、规格型号、数量及防雷装置、接地装置等，是进行电气安装的主要依据。通过平面图，可以知道单体建筑物及其各个不同的标高上装设的电气设备、元件及其管线等。主要有动力、照明、变配电装置、各种机房、通信广播、有线电视、火灾报警、安全防范、防雷接地等平面图。

（5）电路图

电路图人们习惯称其为电气原理图，它是单独用来表示电气设备及元件控制方式及其控制线路的图样，主要表示电气设备及元件的启动、保护、信号、联锁、自动控制及测量等。通过电气原理图，可以知道各设备元件的工作原理、控制方式，掌握建筑物的功能实现方法等。主要是电气工程技术人员安装、调试和运行管理时使用的一种图。

（6）接线图

接线图是与电路图配套的图样，用来表示设备元件外部接线以及设备元件之间接线的。通过接线图，可以知道系统控制的接线方式和控制电缆、控制线的走向及其布置等。一些简单的控制系统一般没有接线图。

（7）安装大样图

安装大样图一般是用来表示某一具体部位或某一设备元件的结构或具体安装方法的图样。一般非标的配电箱、控制柜等的制作安装都要用到大样图。大样图通常均采用标准通用图集，在识图时应格外重视，在设计说明中通常会告知参考哪些标准图集。

对于某一具体工程而言，由于工程的规模大小、安装施工的难易程度等原因，这些图样并非全部都存在，但其中电气系统图、电气平面布置图是必不可少的，所以它们是我们读图的重点内容。

2. 建筑电气工程图的特点

建筑电气工程图是建筑电气工程造价和安装施工的主要依据之一，具有不同于建筑图的特点。掌握建筑电气工程图的特点，对我们今后阅读建筑电气工程图完成工程量计量与计价将会带来很多方便。现将建筑电气工程图的主要特点总结如下：

1）以图形符号加注文字标注的简图形式表现。大多数建筑电气工程施工图是采用统一的图形符号并加注文字符号绘制出来的。各组成部分及电气元件只用图形符号表示，并在图形符号旁标注文字符号和数字编号等，而不具体表示其外形、结构和尺寸等内容。因为构成建筑电气工程的设备、元件、线路很多，结构类型不一，安装方式各异，只有借用统一的图形符号和文字符号来表达才更合适。所以，绘制和阅读建筑电气工程图，首先就必须明确和熟悉这些图形符号所代表的内容和含义，以及它们之间的相互关系。这些图形符号往往在图纸的设计总说明中以表格形式体现出来，识图前一定要认真阅读，不能以实际经验而一概论之。

2）建筑电气工程图中的回路必须是闭合的，是通过导线连接起来的。建筑电气工程施工图反映的是电工、电子电路的系统组成、工作原理和施工安装方法。我们在分析任何电路时，都必须使其构成闭合回路，保证电流能够流通，电气设备能够正常工作。一个电路的组成必须包括四个基本要素：电源、用电设备、导线和开关控制设备。这是我们分析的基础。

在这个闭合的回路中，电气元件设备彼此之间都是通过导线连接起来，构成一个整体的电气通路，导线可长可短，能够比较方便地跨越较远的空间距离。正因为如此，电气工程图有时表达内容并不是比较集中和直观，时常电气设备安装位置和控制设备可能不是同处。这就要求我们在识图过程中，要将各有关的图纸联系起来，对照阅读。通常情况下，应通过系统图、电路图找元件设备间的联系；通过平面图、接线图找其位置；对照阅读，这样才能提高读图的效率。

3）建筑电气工程图往往与土建工程及其他安装工程的图纸有密切联系。建筑电气工程施工往往与主体工程（土建工程）及其他安装工程（如给排水管道、工艺管道、采暖管道、通风空调管道等安装工程）施工相互配合进行。因此，建筑电气工程图与建筑结构工程图及其他安装工程图不能发生冲突。例如，电气设备的布置与土建平面布置、立面布置有关；线路走向与建筑结构的梁、板、柱、门窗等的位置、走向有关，还与管道的规格、用途、走向有关；安装方法与墙体结构有关；特别是一些暗敷线路、电气设备基础及各种电气预埋件更与土建工程密切相关。因此，阅读建筑电气工程图时应与有关的土建工程图、管道工程图等对应起来阅读。

4）安装、使用、维修等方面的技术要求与国家标准、规范、规程等密切配合。阅读电气工程图的一个主要目的是用来编制施工方案和工程预算，指导工程施工，指导设备的维修和管理。而在建筑电气工程图中一些安装、使用、维修等方面的技术要求，在有关的国家标准和规范、规程中都有明确的规定，不能在图纸中完全反映出来，而且也没有必要一一标注清楚。所以，很多建筑电气工程施工图对于安装施工要求仅在设计说明中注出"参照××规范"的说明。因此，我们在阅读建筑电气工程图时，有关安装方法、技术要求等问题，要注意参照有关标准图集和规范执行，以满足进行工程造价和安装施工的要求。

5）建筑电气工程的平面图是用投影和图形符号来代表电气设备或装置绘制的，阅读图纸时比其他工程图难度大，要求建立空间立体概念。建筑电气工程图是在二维平面上反映三维空间的内容，无法反映空间高度，对此通常通过文字标注或文字说明来实现，这就要求我们在识图时首先要建立空间立体的想象能力。这是我们大多数初学者在实际工作经验不足的情况下最最困难的地方。另外，图形符号也无法反映设备的尺寸，设备的尺寸是通过阅读设备手册或说明书获得，图形符号所绘制的位置也并不一定是按比例给定的，它仅仅代表设备出线端口的位置，所以在安装设备时，要根据实际情况来准确定位。如此，就更加大了我们识图的难度，应提前做好心理准备。

1.3.2　建筑电气工程图的识读程序

识读建筑电气工程图，除了应该了解建筑电气工程图的特点外，还应该按照一定识读程序进行识读，这样才能比较迅速、全面地读懂图纸，以完全实现读图的意图和目标。

一套建筑电气工程图所包括的内容比较多，图纸往往有很多张，识读建筑电气工程图的方法没有统一的规定，一般应按以下顺序依次阅读，有时还要进行相互对照阅读。

（1）看标题栏及图纸目录

通过标题栏和图纸目录了解工程名称、项目内容、设计日期、工程全部图纸数量、内容和图纸编号等。

（2）看设计总说明

通过设计总说明的阅读来了解工程总体概况及设计依据，了解图纸中未能表达清楚的各有关事项。如供电电源的来源、电压等级、线路敷设方法，设备安装高度及安装方式、补充使用的非国标图形符号、施工时应注意的事项等。有些分项局部问题是在各分项工程的图纸上说明的，看分项工程图纸时也要先看设计说明。

（3）看设备材料表

设备材料表提供了该工程所使用的主要设备、材料的型号、规格和数量，是编制工程预算，编制购置主要设备、材料计划的重要参考依据之一。有些图纸将图形符号在设备材料表中一并反映出来。

（4）看电气系统图

各分项工程的图纸中都包含有系统图，如变配电工程的供电系统图、电力工程的电力系统图、电气照明工程的照明系统图以及电缆电视系统图等。看系统图的目的是了解系统的基本组成，主要电气设备、元件等连接关系及它们的规格、型号、参数等，掌握该系统的组成概况。

（5）看电气平面布置图

平面布置图是建筑电气工程图纸中的重要图纸之一，如变配电所设备安装平面图（还应有剖面图）、电力平面图、照明平面图、防雷与接地平面图等，它们都是用来表示设备安装位置、线路敷设部位、敷设方法以及所用导线型号、规格、数量、配管管径大小的，是安装施工、编制工程预算的主要依据图纸。所以对平面图必须熟读。阅读平面图时通常采用以下顺序：电源进线——总配电箱——电表箱——干线——分配电箱——支线——用电设备。

（6）看电路图和接线图

了解各系统中用电设备的电气自动控制原理，用来指导设备的安装和控制系统的调试工作。因电路图多是采用功能布局法绘制的，看图时应依据功能关系从上至下或从左至右一个回路、一个回路地阅读。若能熟悉电路中各电器的性能和特点，对读懂图纸将是一个很大的帮助。在进行控制系统控制设备的配线和调校工作中，还可配合阅读接线图和端子图。

（7）看安装大样图

安装大样图是用来详细表示设备安装方法的图纸，是依据施工平面图进行指导安装施工的重要参考用图，也是用来编制工程材料计划的重要参考图纸。特别是对于初学安装的人员更显重要，甚至可以说是不可缺少的。安装大样图多采用全国通用电气装置标准图集。

值得注意的是，识读电气工程图纸的顺序并没有统一的硬性规定，可以根据自身需要灵活掌握，并应有所侧重。很多时候，往往拿来一套图纸后，先概略浏览一下，了解基本情况，然后重点内容反复识读，一张图纸经常需要反复阅读多遍。

1.3.3 建筑电气安装工程图的符号标注表示意义

国家建筑标准设计图集《建筑电气工程设计常用图形和文字符号》（09DX001）已修编完成，自 2009 年 12 月 1 日起实行。该图集适用于一般新建、改建和扩建的工业与民用建筑工程中的电气工程设计，也可供编制、实施工业与民用建筑电气工程技术文件时使用。图形符号部分分为常用强电图形符号和常用弱电图形符号，按应用类别区分为功能性文件用图形符号和位置文件用图形符号。图集汇集了工程设计中常用的文字标注标识，包括电力设备的标注方法，安装方式的文字符号，供电条件用的文字符号，设备端子和特定导体的终端标识，电气设备常用种类的字母代码，常用辅助文字符号、颜色标识等内容，并列举了部分常用图形符号新旧对比。下面，将《建筑电气工程设计常用图形和文字符号》（09DX001）标准中在我们此次识图过程中常用的部分符号标注进行摘录。

1. 建筑电气工程图常用图形符号 （见表 1-2）

表 1-2　　　　　　建筑电气工程图常用图形符号

序号	符　号	说　　明
1	N	中性线
2	⏚	接地、地、一般符号
3		连线、一般符号（导线；电缆；电线；传输通路；电信线路）
4	///	导线组（示出导线数）（示出三根导线）
5	3	
6		双绕组变压器或电压互感器

续表

序号	符　　号	说　　　明
7		电流互感器
8		隔离器
9		隔离开关
10		断路器
11		熔断器式开关
12		熔断器式隔离器
13		熔断器式隔离开关
14		避雷器
15	Wh	电能表
16		灯，一般符号 信号灯，一般符号
17	E	接地极
18	E	接地线
19		架空线路
20		电缆桥架、托盘、线槽线路
21		电缆沟线路

续表

序号	符　号	说　　　明
22	—— PE ——	保护地线
23		配线；向上布线
24		配线；向下布线
25		垂直通过配线；垂直通过布线
26	—— LP ——	避雷线 避雷带 避雷网
27	•	避雷针
28	☆	轮廓内或外就近标注字母代码"☆"，表示电气柜（屏）、箱、台

35kV 开关柜、MCC 柜	AH	电源自动切换箱（柜）	AT
20kV 开关柜、MCC 柜	AJ	电力配电箱	AP
10kV 开关柜、MCC 柜	AK	应急电力配电箱	APE
6kV 开关柜、MCC 柜	AL	控制箱、操作箱	AC
低压配电柜、MCC 柜	AN	励磁屏（柜）	AE
并联电容器屏（箱）	ACC	照明配电箱	AL
直流配电柜（屏）	AD	应急照明配电箱	ALE
保护屏	AR	电度表箱	AW
电能计量柜	AM	过路接线盒、接线箱	XD
信号箱	AS	插座箱	XD

序号	符　号	说　　　明
29	☆	配电中心 示出五路配线
30	☆	符号就近标注种类代号"☆"，表示配电柜（屏）、箱、台 种类代码 AP，表示动力配电箱 种类代码 APE，表示应急电力配电箱 种类代码 AL，表示照明配电箱 种类代码 ALE，表示应急照明配电箱
31	○	盒，一般符号
32	⊙	连接盒 接线盒

序号	符　号	说　明
33		（电源）插座，插孔，一般符号（用于不带保护极的电源插座）
34		带保护极（电源）插座
35		两控单极开关
36		荧光灯，一般符号
37		二管荧光灯
38		三管荧光灯
39		五管荧光灯
40	MEB	等电位端子箱
41	LEB	局部等电位端子箱

2. 电力设备的标注方法（见表1-3）

表1-3　　　　　　　　　　　电力设备的标注方法

序号	标注方式	说　明	示　例
1	$-a+b/c$	系统图电气箱（柜、屏）标注： a—设备种类代号； b—设备安装位置的位置代号； c—设备型号	$-AP01+B1/XL21-15$ 表示动力配电箱种类代号$-AP01$，位于地下一层 $-AL11+F1/LB101$ 表示照明配电箱的种类代号为$-AL11$，位于地上一层 前缀"$-$"在不会引起混淆时可取消
2	$-a$	平面图的电气箱（柜、屏）标注： 　　a—设备种类代号	$-AP1$ 表示动力配电箱种类代号，在不会引起混淆时，可取消前缀"$-$"，即用AP1表示

序号	标注方式	说　明	示　例
3	$a-b\dfrac{cdL}{e}f$	照明灯具标注： a—灯数； b—型号或编号（无则省略）； c—每盏照明灯具的灯泡数； d—灯泡安装容量； e—灯泡安装高度，单位为 m，"-"表示吸顶安装； f—安装方式见表1-4； L—光源种类	管型荧光灯的标注方式： $5-FAC41286P\dfrac{2\times36}{3.5}CS$ 5盏 FAC41286P 型灯具，灯管为双管 36W 荧光灯，灯具链吊安装，安装高度距地 3.5m。 （管型荧光灯标注中光源种类 L 可以省略） 紧凑型荧光灯（节能灯）的标注方式： $6-YAC70542\dfrac{14\times FL}{-}$ 6盏 YAC70542 型灯具，灯具为单管 14W 紧凑型荧光灯，灯具吸顶安装。 （灯具吸顶安装时，安装方式 f 可以省略）
4	$ab-c\ (de+fg)\ i-jh$	线路的标注： a—线缆编号； b—型号（不需要可省略）； c—线缆根数； d—电缆线芯数； e—线芯截面，单位为 mm²； f—PE、N 线芯数； g—线芯截面，单位为 mm²； i—线路敷设方式见表2-1； j—线路敷设部位见表2-2； h—线路敷设安装高度，单位为 m。 上述字母无内容则省略该部分	WP201 YJV-0.6/1kV-2（3×150+2×70）SC80-WS3.5 WP201 为电缆编号 YJV-0.6/1kV-2（3×150+2×70）为电缆型号、规格，2 根电缆并联连接 SC80 表示电缆穿 DN80 的焊接钢管 WS3.5 表示电缆沿墙面明敷、高度距地 3.5m
5	$\dfrac{ab}{c}$	电缆桥架标注： a—电缆桥架宽度，单位为 mm； b—电缆桥架高度，单位为 mm； c—电缆桥架安装高度，单位为 m	$\dfrac{600\times150}{3.5}$ 电缆桥架宽度为 600mm，电缆桥架高度为 150mm，电缆桥架安装高度距地 3.5m

续表

序号	标注方式	说 明	示 例
6	L1 L2 L3	相序 交流系统电源第一相 交流系统电源第二相 交流系统电源第三相	
7	N	中性线	
8	PE	保护线	
9	PEN	保护和中性共用线	

3. 灯具安装方式的标注（见表1-4）

表1-4 灯具安装方式的标注

序号	名 称	标注文字符号
1	线吊式	SW
2	链吊式	CS
3	管吊式	DS
4	壁装式	W
5	吸顶式	C
6	嵌入式	R
7	顶棚内安装	CR
8	墙壁内安装	WR
9	支架上安装	S
10	柱上安装	CL
11	座装	HM

4. 电力电路开关器件及设备装置的文字标注（见表1-5）

表1-5 电力电路开关器件及设备装置的文字标注

序号	名 称	标注文字符号
1	断路器	QF
2	隔离开关	QS
3	漏电保护断路器	QR
4	负荷开关	QL
5	接地开关	QE
6	电流互感器	TA

序号	名　　称	标注文字符号
7	电压互感器	TV
8	电力变压器	TM
9	母线	WB
10	电力线路	WP
11	照明线路	WL

5. 常用图形符号新旧对比表（见表1-6）

表1-6　　　　　　　　常用图形符号新旧对比表

序号	名　　称	作废符号	新符号
1	应急照明线	– – – – – – – ·	WLE
2	控制线、测量线	—— —— —— ——	WG
3	接地线	– ⊢ – ⊢ – ⊢	F_c
4	动力配电箱		AP
5	照明配电箱		AL
6	事故照明配电箱		ALE
7	单相密闭带保护极的防水插座		1EN
8	暗装单相带保护极的电源插座		1C
9	防爆单联单控开关		EX
10	双联单控开关		

1.4 建筑电气安装工程工程造价的计价方法简介

1.4.1 工程造价的概念与建筑安装工程费用构成

1. 工程造价的概念

所谓工程造价是指建设工程从项目建设之初到项目竣工投产这一全过程所耗费的费用之和，是形成固定资产的全部投资。包括建筑安装工程费、设备及工器具购置费、工程建设其他费、预备费、固定资产投资方向调节税和建设期利息等。

2. 建筑安装工程费用构成

所谓建筑安装工程费用是指每一个单项工程或其中的单位工程的投资额，由建筑工程费用和安装工程费用两部分构成，在项目投资费用中占有相当大的比重。因此，国家制定了有关建筑安装工程的定额、标准、规则、方法等来计算这部分费用。我们所要学习的建筑电气安装工程识图就是为建筑电气安装工程造价的工程量计量来提供识图方法，从而进一步确定其工程造价。

根据住房和城乡建设部、财政部《关于印发〈建筑安装工程费用项目组成〉的通知》（建标〔2013〕44号），在总结原建设部、财政部《关于印发〈建筑安装工程费用项目组成〉的通知》（建标〔2003〕206号），《费用组成》调整为：

1）建筑安装工程费用项目按费用构成要素组成划分为人工费、材料费、施工机具使用费、企业管理费、利润、规费和税金。

2）为指导工程造价专业人员计算建筑安装工程造价，将建筑安装工程费用按工程造价形成顺序划分为分部分项工程费、措施项目费、其他项目费、规费和税金。

3）按照国家统计局《关于工资总额组成的规定》，合理调整了人工费构成及内容。

4）依据国家发展改革委、财政部等9部委发布的《标准施工招标文件》的有关规定，将工程设备费列入材料费；原材料费中的检验试验费列入企业管理费。

5）将仪器仪表使用费列入施工机具使用费；大型机械进出场及安拆费列入措施项目费。

6）按照《中华人民共和国社会保险法》的规定，将原企业管理费中劳动保险费中的职工死亡丧葬补助费、抚恤费列入规费中的养老保险费；在企业管理费中的财务费和其他中增加担保费用、投标费、保险费。

7）按照《中华人民共和国社会保险法》、《中华人民共和国建筑法》的规定，取消原规费中危险作业意外伤害保险费，增加工伤保险费、生育保险费。

8）按照财政部的有关规定，在税金中增加地方教育附加。

建筑安装工程费用组成的具体内容详见第3章第3.1.1节内容，《建筑安装工程费用组成》自2013年7月1日起施行，原建设部、财政部《关于印发〈建筑安装工程费用项目组成〉的通知》（建标〔2003〕206号）同时废止。

需要说明的是，各省、自治区、直辖市主管部门可能会在44号文的基础上结合地区实际情况，进一步确定安装工程费用的项目组成。具体组成情况查阅所在地的建筑工程费用标准文件。

1.4.2 建筑电气安装工程工程造价计价的基本方法

工程造价计价的形式和方法有多种，但其计价的基本过程和原理是相同的。如仅仅是从工程费用的计算角度出发，工程造价的计价可总结为按照分部分项工程单价——单位工程造价——单项工程造价——建设项目总造价的顺序来完成。从工程造价的基本计算公式［工程造价＝∑（工程实物量×单位价格）］中，我们不难发现影响工程造价的主要因素有两个，即基本构造要素的单位价格和基本构造要素的实物工程数量。工程实物量可以通过工程量计算规则和设计图纸计算得出，它直接反映工程项目的规模和内容。这也正是我们将建筑电气安装工程识图与工程量计量相结合的主要原因所在。

1. 单位价格的两种形式

单位价格可以有以下两种形式：

（1）直接费单价

如果在分部分项工程单位价格中仅仅考虑人工、材料、机械设备要素的消耗量和价格形成，则该单位价格就是直接费单价。这一要素消耗量通过全国统一安装工程预算定额来体现，是工程造价的重要依据。

（2）综合单价

如果在单位价格中还考虑除直接费以外的其他费用，则就构成了综合单价，也就是工程量清单计价中所说的综合单价。

不同的单价形式就形成了不同的计价方法，定额计价法和工程量清单计价法。

2. 计价方法

（1）施工图预算法（又称定额计价法，直接费单价）

施工图预算法就是先计算工程量，然后查套安装工程预算定额，并计算出人工费、材料费、机械费，得出分部分项工程直接费，计算出工程造价的过程。

（2）工程量清单计价法（综合单价）

综合单价是指完成一个规定计量单位的分部分项工程量清单项目或措施清单项目所需的人工费、材料费、施工机械使用费和企业管理费与利润，以及一定范围内的风险费用。用这个综合单价与工程量清单中的相应工程量相乘，即得出各分部分项工程量清单价格，汇总后得出该工程分部分项工程量清单价格，进而计算出工程总造价。

1.5 建筑电气安装工程工程量计算基础

工程量计算是编制工程量清单的重要内容，也是进行工程计价的重要依据。下面我们先学习了解一下有关工程量计算的知识。

1.5.1 工程量计量概述

1. 有关工程量的几个用语

（1）工程量

工程量是指以物理计量单位或自然计量单位所表示的建筑工程各个分部分项工程或结构构件的实物数量。工程量是确定建筑安装工程费用、编制施工组织设计、编制材料供应计划、进行工程统计及经济核算的重要依据。

（2）物理计量单位

物理计量单位是指以度量表示的长度、面积、体积和重量等计量单位。

（3）自然计量单位

自然计量单位是指建筑成品表现在自然状态下的简单点数所表示的个、条、樘、块等计量单位。

（4）扩大计量单位

扩大计量单位是指在定额中使用的物理计量单位或自然计量单位的整数倍的单位表示方法，如100m、10组等，以方便定额测定。

（5）施工量

施工量是指在进行施工时考虑工程实际情况计算的工料量，它比预算量更细。

（6）主材量

主材量是指计价定额中不包含其价格的主要材料或设备的数量。在定额中往往以括号的形式表示，称其为未计价材料或设备，括号内的数字表示定额含量，也就是考虑损耗后的实际使用量。主材量是在进行工程组价及套定额过程中需要计算出的工程量，在安装工程造价中占有较大的比重。

（7）工程量计算

工程量计算是指建设工程项目以工程设计图纸、施工组织设计或施工方案及有关技术经济文件为依据，按照相关工程国家标准的计算规则、计量单位等规定，进行工程数量的计算活动，在工程建设中简称"工程计量"。

（8）工程量计算规则

工程量计算规则是确定建筑产品分部分项工程数量的基本规则，是进行工程计价的最基础资料之一。我国现行的安装工程工程量计算规则就是 2013 年 7 月 1 日开始执行的中华人民共和国国家标准《通用安装工程工程量计算规范》（GB 50856—2013）。

2. 工程量计算的依据

1）中华人民共和国国家标准《通用安装工程工程量计算规范》（GB 50856—2013）；

2）经审定通过的施工设计图纸及其说明；

3）经审定通过的施工组织设计或施工方案；

4）经审定通过的其他有关技术经济文件。

工程量计算要按照国家标准《通用安装工程工程量计算规范》（GB 50856—2013）的项目设置列项，按照工程量计算规则进行计算。

1.5.2　通用安装工程工程量计算规范（电气设备安装工程部分）

1. 适用范围

该规范适用于工业、民用、公共设施建设安装工程的计量和工程量清单编制，对于电气安装工程而言适用于 10kV 以下工程，包含厂区、住宅小区的道路路灯安装工程、庭院艺术喷泉等电气设备安装工程等项目。通用安装工程计价，无论是国有资金投资还是非国有资金投资的工程建设项目，必须按照该规范规定的工程量计算规则进行工程计量。

工程实施过程中的计量应按照现行国家标准《建设工程工程量清单计价规范》（GB 50500—2013）的相关规定执行。

2. 工程计量时每一项目汇总的有效位数规定

1）以"t"为单位，应保留小数后三位数字，第四位小数四舍五入。

2）以"m"、"m²"、"m³"、"kg"为单位，应保留小数后两位数字，第三位小数四舍五入。

3）以"台"、"个"、"件"、"套"、"根"、"组"、"系统"等为单位，应取整数。

3. 关于规范各项目工作内容的规定

规范中各项目仅列出了主要工作内容，除另有规定和说明外，应视为已经包括完成该项目所列或未列的全部工作内容。该规定的直接涵义既是不需要再另行计算完成该项目所列或未列工作内容的工程量。

4. 电气设备安装工程量清单项目设置及工程量计算规则（部分）

中华人民共和国国家标准《通用安装工程工程量计算规范》（GB 50856—

2013）中电气设备安装工程量清单项目设置、项目特征描述的内容、计量单位及其工程量计算规则，应按表 1-7～表 1-18 的规定执行。

表 1-7　　　　　　　变压器安装（编码：030401）

项目编码	项目名称	项目特征	计量单位	工程量计算规则	工作内容
030401001	油浸电力变压器	1. 名称 2. 型号 3. 容量（kV·A） 4. 电压（kV） 5. 油过滤要求 6. 干燥要求 7. 基础型钢形式、规格 8. 网门、保护门材质、规格 9. 温控箱型号、规格	台	按设计图示数量计算	1. 本体安装 2. 基础型钢制作、安装 3. 油过滤 4. 干燥 5. 接地 6. 网门、保护门制作、安装 7. 补刷（喷）油漆
030401002	干式变压器				1. 本体安装 2. 基础型钢制作、安装 3. 温控箱安装 4. 接地 5. 网门、保护门制作、安装 6. 补刷（喷）油漆

注：变压器油如需试验、化验、色谱分析应按本规范附录 N 措施项目相关项目编码列项。

表 1-8　　　　　　　配电装置安装（编码：030402）

项目编码	项目名称	项目特征	计量单位	工程量计算规则	工作内容
030402017	高压成套配电柜	1. 名称 2. 型号 3. 规格 4. 母线配置方式 5. 种类 6. 基础型钢形式、规格	台	按设计图示数量计算	1. 本体安装 2. 基础型钢制作、安装 3. 补刷（喷）油漆 4. 接地
030402018	组合型成套箱式变电站	1. 名称 2. 型号 3. 容量（kV·A） 4. 电压（kV） 5. 组合形式 6. 基础规格、浇筑材质			1. 本体安装 2. 基础浇筑 3. 进箱母线安装 4. 补刷（喷）油漆 5. 接地

表 1-9 母线安装（编码：030403）

项目编码	项目名称	项目特征	计量单位	工程量计算规则	工作内容
030403001	软母线	1. 名称 2. 材质 3. 型号 4. 规格 5. 绝缘子类型、规格		按设计图示尺寸以单相长度计算（含预留长度）	1. 母线安装 2. 绝缘子耐压试验 3. 跳线安装 4. 绝缘子安装
030403002	组合软母线				
030403003	带形母线	1. 名称 2. 型号 3. 规格 4. 材质 5. 绝缘子类型、规格 6. 穿墙套管材质、规格 7. 穿通板材质、规格 8. 母线桥材质、规格 9. 引下线材质、规格 10. 伸缩节、过渡板材质、规格 11. 分相漆品种	m		1. 母线安装 2. 穿通板制作、安装 3. 支持绝缘子、穿墙套管的耐压试验、安装 4. 引下线安装 5. 伸缩节安装 6. 过渡板安装 7. 刷分相漆

表 1-10 控制设备及低压电器安装（编码：030404）

项目编码	项目名称	项目特征	计量单位	工程量计算规则	工作内容
030404001	控制屏	1. 名称 2. 型号 3. 规格 4. 种类 5. 基础型钢形式、规格 6. 接线端子材质、规格 7. 端子板外部接线材质、规格 8. 小母线材质、规格 9. 屏边规格	台	按设计图示数量计算	1. 本体安装 2. 基础型钢制作、安装 3. 端子板安装 4. 焊、压接线端子 5. 盘柜配线、端子接线 6. 小母线安装 7. 屏边安装 8. 补刷（喷）油漆 9. 接地
030404002	继电、信号屏				
030404003	模拟屏				
030404004	低压开关柜（屏）				1. 本体安装 2. 基础型钢制作、安装 3. 端子板安装 4. 焊、压接线端子 5. 盘柜配线、端子接线 6. 屏边安装 7. 补刷（喷）油漆 8. 接地

项目编码	项目名称	项目特征	计量单位	工程量计算规则	工作内容
030404005	弱电控制返回屏	1. 名称 2. 型号 3. 规格 4. 种类 5. 基础型钢形式、规格 6. 接线端子材质、规格 7. 端子板外部接线材质、规格 8. 小母线材质、规格 9. 屏边规格	台	按设计图示数量计算	1. 本体安装 2. 基础型钢制作、安装 3. 端子板安装 4. 焊、压接线端子 5. 盘柜配线、端子接线 6. 小母线安装 7. 屏边安装 8. 补刷（喷）油漆 9. 接地
030404006	箱式配电室	1. 名称 2. 型号 3. 规格 4. 质量 5. 基础规格、浇筑材质 6. 基础型钢形式、规格	套		1. 本体安装 2. 基础型钢制作、安装 3. 基础浇筑 4. 补刷（喷）油漆 5. 接地
030404015	控制台	1. 名称 2. 型号 3. 规格 4. 基础型钢形式、规格 5. 接线端子材质、规格 6. 端子板外部接线材质、规格 7. 小母线材质、规格	台		1. 本体安装 2. 基础型钢制作、安装 3. 端子板安装 4. 焊、压接线端子 5. 盘柜配线、端子接线 6. 小母线安装 7. 补刷（喷）油漆 8. 接地
030404016	控制箱	1. 名称 2. 型号 3. 规格 4. 基础型钢形式、规格 5. 接线端子材质、规格 6. 端子板外部接线材质、规格 7. 安装方式	台		1. 本体安装 2. 基础型钢制作、安装 3. 焊、压接线端子 4. 补刷（喷）油漆 5. 接地
030404017	配电箱				
030404018	插座箱	1. 名称 2. 型号 3. 规格 4. 安装方式			1. 本体安装 2. 接地

续表

项目编码	项目名称	项目特征	计量单位	工程量计算规则	工作内容
030404019	控制开关	1. 名称 2. 型号 3. 规格 4. 接线端子材质、规格 5. 额定电流（A）	个	按设计图示数量计算	1. 本体安装 2. 焊、压接线端子 3. 接线
030404031	小电器	1. 名称 2. 型号 3. 规格 4. 接线端子材质、规格	个（套、台）		
030404032	端子箱	1. 名称 2. 型号 3. 规格 4. 安装部位	台		1. 本体安装 2. 接线
030404033	风扇	1. 名称 2. 型号 3. 规格 4. 安装方式			1. 本体安装 2. 调速开关安装
030404034	照明开关	1. 名称 2. 材质 3. 规格 4. 安装方式	个		1. 本体安装 2. 接线
030404035	插座				
030404036	其他电器	1. 名称 2. 规格 3. 安装方式	个（套、台）		1. 安装 2. 接线

注：1. 控制开关包括：自动空气开关、刀型开关、铁壳开关、胶盖刀闸开关、组合控制开关、万能转换开关、风机盘管三速开关、漏电保护开关等。

2. 小电器包括：按钮、电笛、电铃、水位电气信号装置、测量表计、继电器、电磁锁、屏上辅助设备、辅助电压互感器、小型安全变压器等。

3. 其他电器安装指：本节未列的电器项目。

4. 其他电器必须根据电器实际名称确定项目名称，明确描述工作内容、项目特征、计量单位、计算规则。

5. 盘、箱、柜的外部进出电线预留长度按照规定计量。

表 1-11 **电机检查接线及调试（编码：030406）**

项目编码	项目名称	项目特征	计量单位	工程量计算规则	工作内容
030406005	普通交流同步电动机	1. 名称 2. 型号 3. 容量（kW） 4. 启动方式 5. 电压等级（kV） 6. 接线端子材质、规格 7. 干燥要求	台	按设计图示数量计算	1. 检查接线 2. 接地 3. 干燥 4. 调试
030406006	低压交流异步电动机	1. 名称 2. 型号 3. 容量（kW） 4. 控制保护方式 5. 接线端子材质、规格 6. 干燥要求			
030406008	交流变频调速电动机	1. 名称 2. 型号 3. 容量（kW） 4. 类别 5. 接线端子材质、规格 6. 干燥要求			
030406009	微型电机、电加热器	1. 名称 2. 型号 3. 规格 4. 接线端子材质、规格 5. 干燥要求			
030406010	电动机组	1. 名称 2. 型号 3. 电动机台数 4. 联锁台数 5. 接线端子材质、规格 6. 干燥要求	组		

注：1. 交流变频调速电动机类型指交流同步变频电动机、交流异步变频电动机。

2. 电动机按其质量划分为大、中、小型：3t 以下为小型，3t ～ 30t 为中型，30t 以上为大型。

表 1-12　　　　　　　　　电缆安装（编码：030408）

项目编码	项目名称	项目特征	计量单位	工程量计算规则	工作内容
030408001	电力电缆	1. 名称 2. 型号 3. 规格 4. 材质		按设计图示尺寸以长度计算（含预留长度及附加长度）	1. 电缆敷设 2. 揭（盖）盖板
030408002	控制电缆	5. 敷设方式、部位 6. 电压等级（kV） 7. 地形			
030408003	电缆保护管	1. 名称 2. 材质 3. 规格 4. 敷设方式	m	按设计图示尺寸以长度计算	保护管敷设
030408004	电缆槽盒	1. 名称 2. 材质 3. 规格 4. 型号			槽盒安装
030408005	铺砂、盖保护板（砖）	1. 种类 2. 规格			1. 铺砂 2. 盖板（砖）
030408006	电力电缆头	1. 名称 2. 材质 3. 规格 4. 材质、类型 5. 安装部位 6. 电压等级（kV）	个	按设计图示数量计算	1. 电力电缆头制作 2. 电力电缆头安装 3. 接地
030408007	控制电缆头	1. 名称 2. 材质 3. 规格 4. 材质、类型 5. 安装方式			
030408008	防火堵洞		处	按设计图示数量计算	安装
030408009	防火隔板	1. 名称 2. 材质 3. 方式 4. 部位	m²	按设计图示尺寸以面积计算	

续表

项目编码	项目名称	项目特征	计量单位	工程量计算规则	工作内容
030408010	防火涂料	1. 名称 2. 材质 3. 方式 4. 部位	kg	按设计图示尺寸以质量计算	安装
030408011	电缆分支箱	1. 名称 2. 型号 3. 规格 4. 基础形式、材质、规格	台	按设计图示数量计算	1. 本体安装 2. 基础制作、安装

注：1. 电缆穿刺线夹按电缆头编码列项。

　　2. 电缆井、电缆排管、顶管，应按现行国家标准《市政工程工程量计算规范》（GB 50857—2013）相关项目编码列项。

　　3. 电缆敷设预留长度及附加长度按要求计算。

表 1-13　　　　防雷及接地装置（编码：030409）

项目编码	项目名称	项目特征	计量单位	工程量计算规则	工作内容
030409001	接地极	1. 名称 2. 材质 3. 规格 4. 土质 5. 基础接地形式	根（块）	按设计图示数量计算	1. 接地极（板、桩）制作、安装 2. 基础接地网安装 3. 补刷（喷）油漆
030409002	接地母线	1. 名称 2. 材质 3. 规格 4. 安装部位 5. 安装形式	m	按设计图示尺寸以长度计算（含附加长度）	1. 接地母线制作、安装 2. 补刷（喷）油漆
030409003	避雷引下线	1. 名称 2. 材质 3. 规格 4. 安装部位 5. 安装形式 6. 断接卡子、箱材质、规格			1. 避雷引下线制作、安装 2. 断接卡子、箱制作、安装 3. 利用主钢筋焊接 4. 补刷（喷）油漆

项目编码	项目名称	项目特征	计量单位	工程量计算规则	工作内容
030409004	均压环	1. 名称 2. 材质 3. 规格 4. 安装形式	m	按设计图示尺寸以长度计算（含附加长度）	1. 均压环敷设 2. 钢铝窗接地 3. 柱主筋与圈梁焊接 4. 利用圈梁钢筋焊接 5. 补刷（喷）油漆
030409005	避雷网	1. 名称 2. 材质 3. 规格 4. 安装形式 5. 混凝土块标号			1. 避雷网制作、安装 2. 跨接 3. 混凝土块制作 4. 补刷（喷）油漆
030409006	避雷针	1. 名称 2. 材质 3. 规格 4. 安装形式、高度	根	按设计图示数量计算	1. 避雷针制作、安装 2. 跨接 3. 补刷（喷）油漆
030409007	半导体少长针消雷装置	1. 型号 2. 高度	套		本体安装
030409008	等电位端子箱、测试板		台（块）		
030409009	绝缘垫	1. 名称 2. 材质 3. 规格	m²	按设计图示尺寸以展开面积计算	1. 制作 2. 安装
030409010	浪涌保护器	1. 名称 2. 规格 3. 安装形式 4. 防雷等级	个	按设计图示数量计算	1. 本体安装 2. 接线 3. 接地
030409011	降阻剂	1. 名称 2. 类型	kg	按设计图示以质量计算	1. 挖土 2. 施放降阻剂 3. 回填土 4. 运输

注：1. 利用桩基础作接地极，应描述桩台下桩的根数，每桩台下需焊接柱筋根数，其工程量按柱引下线计算；利用基础钢筋作接地极按均压环项目编码列项。

2. 利用柱筋作引下线的，需描述柱筋焊接根数。

3. 利用圈梁筋作均压环的，需描述圈梁焊接根数。

4. 使用电缆、电线作接地线，应按《电缆安装》、《照明器具安装》相关项目编码列项。

5. 接地母线、引下线、避雷网附加长度按其全长的3.9%计算。

表 1–14　　　　　10kV 以下架空配电线路（编码：030410）

项目编码	项目名称	项目特征	计量单位	工程量计算规则	工作内容
030410001	电杆组立	1. 名称 2. 材质 3. 规格 4. 类型 5. 地形 6. 土质 7. 底盘、拉盘、卡盘规格 8. 拉线材质、规格、类型 9. 现浇基础类型、钢筋类型、规格，基础垫层要求 10. 电杆防腐要求	根（基）	按设计图示数量计算	1. 施工定位 2. 电杆组立 3. 土（石）方挖填 4. 底盘、拉盘、卡盘安装 5. 电杆防腐 6. 拉线制作、安装 7. 现浇基础、基础垫层 8. 工地运输
030410002	横担组装	1. 名称 2. 材质 3. 规格 4. 类型 5. 电压等级（kV） 6. 瓷瓶型号、规格 7. 金具品种规格	组		1. 横担安装 2. 瓷瓶、金具组装
030410003	导线架设	1. 名称 2. 型号 3. 规格 4. 地形 5. 跨越类型	km	按设计图示尺寸以单线长度计算（含预留长度）	1. 导线架设 2. 导线跨越及进户线架设 3. 工地运输
030410004	杆上设备	1. 名称 2. 型号 3. 规格 4. 电压等级（kV） 5. 支撑架种类、规格 6. 接线端子材质、规格 7. 接地要求	台（组）	按设计图示数量计算	1. 支撑架安装 2. 本体安装 3. 焊压接线端子、接线 4. 补刷（喷）油漆 5. 接地

表 1-15　　　　　　　配管、配线（编码：030411）

项目编码	项目名称	项目特征	计量单位	工程量计算规则	工作内容
030411001	配管	1. 名称 2. 材质 3. 规格 4. 配置形式 5. 接地要求 6. 钢索材质、规格		按设计图示尺寸以长度计算	1. 电线管路敷设 2. 钢索架设（拉紧装置安装） 3. 预留沟槽 4. 接地
030411002	线槽	1. 名称 2. 材质 3. 规格	m		1. 本体安装 2. 补刷（喷）油漆
030411003	桥架	1. 名称 2. 型号 3. 规格 4. 材质 5. 类型 6. 接地方式			1. 本体安装 2. 接地
030411004	配线	1. 名称 2. 配线形式 3. 型号 4. 规格 5. 材质 6. 配线部位 7. 配线线制 8. 钢索材质、规格		按设计图示尺寸以单线长度计算（含预留长度）	1. 配线 2. 钢索架设（拉紧装置安装） 3. 支持体（夹板、绝缘子、槽板等）安装
030411005	接线箱	1. 名称 2. 材质 3. 规格 4. 安装形式	个	按设计图示数量计算	本体安装
030411006	接线盒				

注：1. 配管、线槽安装不扣除管路中间的接线箱（盒）、灯头盒、开关盒所占长度。

　　2. 配管名称指电线管、钢管、防爆管、塑料管、软管、波纹管等。

　　3. 配管配置形式指明配、暗配、吊顶内、钢结构支架、钢索配管、埋地敷设、水下敷设、砌筑沟内敷设等。

　　4. 配线名称指管内穿线、瓷夹板配线、塑料夹板配线、绝缘子配线、槽板配线、塑料护套配线、线槽配线、车间带形母线等。

　　5. 配线形式指照明线路、动力线路、木结构、顶棚内、砖、混凝土结构、沿支架、钢索、屋架、梁、柱、墙，以及跨屋架、梁、柱。

　　6. 配管安装中不包括凿槽、刨沟，应按《附属工程》相关项目编码列项。

　　7. 配线进入箱、柜、板的预留长度按照要求计算。

表 1-16 照明器具安装（编码：030412）

项目编码	项目名称	项目特征	计量单位	工程量计算规则	工作内容
030412001	普通灯具	1. 名称 2. 型号 3. 规格 4. 类型	套	按设计图示数量计算	本体安装
030412003	高度标志（障碍）灯	1. 名称 2. 型号 3. 规格 4. 安装部位 5. 安装高度			
030412004	装饰灯	1. 名称 2. 型号			
030412005	荧光灯	3. 规格 4. 安装形式			

注：1. 普通灯具包括圆球吸顶灯、半圆球吸顶灯、方形吸顶灯、软线吊灯、座灯头、吊链灯、防水吊灯、壁灯等。

2. 高度标志（障碍）灯包括烟囱标志灯、高塔标志灯、高层建筑屋顶障碍指示灯等。

3. 装饰灯包括吊式艺术装饰灯、吸顶式艺术装饰灯、荧光艺术装饰灯、几何型组合艺术装饰灯、标志灯、诱导装饰灯、水下（上）艺术装饰灯、点光源艺术灯、歌舞厅灯具、草坪灯具等。

表 1-17 附属工程（编码：030413）

项目编码	项目名称	项目特征	计量单位	工程量计算规则	工作内容
030413001	铁构件	1. 名称 2. 材质 3. 规格	kg	按设计图示尺寸以质量计算	1. 制作 2. 安装 3. 补刷（喷）油漆
030413002	凿（压）槽	1. 名称 2. 规格 3. 类型	m	按设计图示尺寸以长度计算	1. 开槽 2. 恢复处理
030413003	打洞（孔）	4. 填充（恢复）方式 5. 混凝土标准	个	按设计图示数量计算	1. 开孔、洞 2. 恢复处理

续表

项目编码	项目名称	项目特征	计量单位	工程量计算规则	工作内容
030413004	管道包封	1. 名称 2. 规格 3. 混凝土强度等级	m	按设计图示尺寸以长度计算	1. 灌注 2. 养护
030413005	人（手）孔砌筑	1. 名称 2. 规格 3. 类型	个	按设计图示数量计算	砌筑
030413006	人（手）孔防水	1. 名称 2. 类型 3. 规格 4. 防水材质及做法	m²	按设计图示防水面积计算	防水

注：铁构件适用于电气工程的各种支架、铁构件的制作安装。

表 1-18　　　　　　　　**电气调整试验（编码：030414）**

项目编码	项目名称	项目特征	计量单位	工程量计算规则	工作内容
030414001	电力变压器系统	1. 名称 2. 型号 3. 容量（kW·A）	系统	按设计图示系统计算	系统调试
030414002	送配电装置系统	1. 名称 2. 型号 3. 电压等级（kV） 4. 类型	系统	按设计图示系统计算	系统调试
030414011	接地装置	1. 名称 2. 类别	1. 系统 2. 组	1. 以系统计量，按设计图示系统计算 2. 以组计量，按设计图示数量计算	接地电阻测试
030414015	电缆试验	1. 名称 2. 电压等级（kV）	次（根、点）	按设计图示数量计算	试验

1.5.3 室内动力及照明工程（典型住宅楼、办公楼）要计算的工程量

（1）配电箱

（2）控制开关

但值得注意的是，对于成套配电箱安装不需要计算控制开关的工程量。

（3）端子箱

（4）风扇

（5）照明开关

（6）插座

（7）其他电器

（8）电力电缆

（9）电缆保护管

（10）电缆槽盒

（11）铺砂、盖保护板（砖）

（12）电力电缆头

（13）防火堵洞

（14）防火隔板

（15）防火涂料

（16）电缆分支箱

（17）电气配管

（18）线槽

（19）桥架

（20）电气配线

（21）接线箱

（22）接线盒

（23）照明器具安装

（24）铁构件

（25）凿（压）槽

（26）打洞（孔）

（27）管道包封

（28）电气调整试验

1.5.4 防雷接地工程要计算的工程量

（1）避雷网

（2）避雷针

（3）均压环

（4）等电位端子箱、测试板

（5）绝缘垫

（6）避雷引下线

（7）浪涌保护器

（8）接地极

（9）接地母线

（10）降阻剂

（11）电气调整试验

1.5.5　变配电工程要计算的工程量

（1）变压器安装

（2）配电装置安装

通常为高压成套配电柜安装，如高压开关独立安装时则需分别计算断路器、隔离开关、负荷开关、互感器、高压压熔断器、避雷器、电抗器、电容器、电容器组架等。

（3）端子箱

（4）铁构件

（5）低压开关柜

（6）母线安装

（7）电气调整试验

1.5.6　10kV 以下架空线路工程要计算的工程量

（1）电杆组立

（2）横担安装

（3）导线架设

（4）杆上设备

（5）电气调整试验

以上各工程中所列工程量只是典型建筑电气安装工程中需要计算的工程量，如设计中未涉及或有超出部分应按工程量计算规则进行调整。

对于一项工程而言，我们在识图并进行工程造价计量与计价过程中，除了上述工程量外，还有主材量。

我们在接下来的内容中将重点结合建筑电气安装工程图进行识图，同时计算各分部分项工程量。

第 **2** 章

建筑电气安装工程图识读与工程量计量

2.1 工程概况及工程内容

【知识要点】

1）动力工程：是指建筑物中以电动机作为动力的设备、装置、控制电器和为其配电的电气线路等的安装工程。

2）照明工程：是指建筑物中各种照明装置及其控制装置、配电线路和插座等安装工程。主要包括灯具、开关、插座等电气设备和配电线路的安装。

3）识图注意事项与方法

① 概略阅读系统图和平面图，了解系统的基本组成及相互关系。

② 设计（施工）说明的阅读。平面图中无法或不易表示的，与工程施工又有关的问题，往往在设计（施工）说明中进行阐述。图形符号也要加以注意，很可能采用非标准图形符号。

③ 了解建筑物的基本情况，如建筑结构、房间布局及功能等。熟悉电气设备、灯具等在建筑物内的安装位置及型号、规格。安装技术要求往往要查阅相关的图集及技术资料。

④ 弄清各支路的负荷分配情况和连接情况，建立空间想象能力，防止漏算垂直敷设的管线。

4）工程量计算规则：是正确计算工程数量的指导性规则，是能正确计算出工程数量的基础，为正确计算出工程数量提供了统一的平台，好比是打牌前要先确定玩法规则。建筑电气安装工程工程量计算规则分别为《通用安装工程工程量计算规范》(GB 50586—2013) 和《全国统一安装工程预算工程量计算规则》(GYDGZ—201—2000)。

2.1.1 工程概况

本工程为辽宁省各地区多层住宅楼工程，建筑面积约 1500m^2，地上 4 层，建筑总高度为 14.60m。结构形式为框架结构，钢筋混凝土现浇楼板，基础形式为桩基础。为了我们能够更好地进行识图及工程造价计量与计价，体现工程的典型性，我们在实际工程的基础上对工程图纸进行了部分修改和补充，形成附录中所采用的电气工程图纸。

本单体工程设计主要包括 220/380V 低压配电、照明系统及线路敷设；防雷及接地保护系统；等电位联结。本工程电源分界点为单元一层的总电源进线箱内的进线开关。电源进户位置及穿墙套管由本设计提供。本工程用电设备均为三级负荷。每单元采用一回路低压电源（220/380V）入户，电源由小区内土建变电所低压配出柜引来，距本单体大约 50m。进线电缆从建筑物的北侧埋地引入每单元的一层总开关箱（ZM）。配电系统采用放射式的供电方式给每户住宅供电。

2.1.2　工程内容

该工程为典型的住宅楼建筑电气安装工程，包括以下工程内容：① 配管配线工程；② 配电箱安装；③ 灯具、开关安装；④ 插座安装；⑤ 电缆敷设；⑥ 防雷接地工程。

2.2　设计总说明及材料设备表识读

【知识要点】

1）低压配电系统：由配电装置（配电盘、配电箱）和配电线路两部分组成。

2）建筑电气照明系统：是指可以将电能转换为光能的电光源进行采光，以保证人们在建筑物内正常从事生产和生活活动，以及满足其他特殊需要的照明设施。由灯具、开关、插座及配电线路等组成。

3）放射式的配电方式：是指各配电装置通过配电线路从总配电装置处成放射状配置。在前面的基础知识中已经介绍过。

4）室内配线的方式：明敷设和暗敷设。也称为线路敷设方式。

① 明敷设：将导线直接或穿于管子、线槽等保护体内，敷设于墙壁、顶棚的表面及桁架、支架等处。

② 暗敷设：将导线穿于管子、线槽等保护体内，敷设于墙壁、顶棚、地坪、楼板等内部。

5）常用的配线方法：导管配线（穿焊接钢管 SC、穿电线管 MT、穿硬塑料管 PC）、线槽配线（金属线槽 MR、塑料线槽 PR）、钢索配线、绝缘子配线、电缆桥架配线（CT）等。

6）线路敷设方式和敷设部位的标注。具体标注情况见表2-1、表2-2。

表2-1　　　　　　　　　线路敷设方式的标注

序号	名　　　称	标注文字符号
1	穿低压流体输送用焊接钢管敷设	SC
2	穿电线管敷设	MT
3	穿硬塑料导管敷设	PC
4	穿阻燃半硬塑料导管敷设	FPC
5	电缆桥架敷设	CT
6	金属线槽敷设	MR
7	塑料线槽敷设	PR
8	钢索敷设	M
9	穿聚氯乙烯塑料波纹电线管敷设	KPC
10	穿可绕金属电线保护套管敷设	CP
11	直埋敷设	DB
12	电缆沟敷设	TC
13	混凝土排管敷设	CE

表2-2　　　　　　　　　导 线 敷 设 部 位 标 注

序号	名　　　称	标注文字符号
1	沿或跨梁（屋架）敷设	AB
2	暗敷在梁内	BC
3	沿或跨柱敷设	AC
4	暗敷设在柱内	CLC
5	沿墙面敷设	WS
6	暗敷设在墙内	WC
7	沿顶棚或顶板面敷设	CE
8	暗敷设在屋面或顶板内	CC
9	吊顶内敷设	SCE
10	地板或地面下敷设	FC

2.2.1　设计总说明识读

通过阅读建筑电气工程图纸的设计总说明，通常可以了解到该建筑电气工程的工程概况。下面给出此次选作案例来进行分析的建筑电气工程的设计说明，一起识读。

（1）设计依据

1）建筑概况：本住宅建筑面积约 $1500m^2$，为地上 4 层的多层住宅。建筑总高度为 14.60m。结构形式为框架结构，钢筋混凝土现浇楼板，基础形式为桩基础。为了方便我们进行识图及工程造价计量与计价，体现工程的典型性，本建筑电气安装工程在实际工程的基础上进行了部分修改。

2）建设单位提供的设计委托书及设计任务书。

3）相关专业提供的作业图及要求。

4）本工程所遵循的国家现行的有关规范、标准、行业及地方的标准、规定如下：

①《建筑物防雷设计规范》（GB 50057—2010）。

②《民用建筑电气设计规范》（JGJ 16—2008）。

③《建筑设计防火规范》（GB 50016—2006）。

④《住宅设计规范》（GB 50096—1999）。

⑤《有线电视系统工程技术规范》（GB 50200—1994）。

其他相关的规范、规程、规定等。

识读：从中可以看出工程的结构形式，为后面的配管配线工程提供了分析思路。因为平面图是用于理论分析的，实际的配管配线要根据房屋楼板的结构形式来确定。设计所依据的有关规范、标准等可以为我们在识图及进行工程造价的计量时提供参考。

（2）设计范围

本单体工程的 220/380V 低压配电、照明系统及线路敷设；防雷及接地保护系统；等电位联结。本工程电源分界点为单元一层的总电源进线箱内的进线开关。电源进户位置及穿墙套管由本设计提供。

识读：反映出工程图纸设计所涵盖的内容，电源分界点位置，表明一层总电源箱前端的电源进户线部分由电业部门完成安装，在工程造价计量与计价时不予考虑。但电源进户的具体位置及穿墙保护管类型、规格等本设计已经给出，在施工图上能够识读出来。

（3）220/380V 配电、照明系统

1）本工程用电设备均为三级负荷。每单元采用一回路低压电源（220/380V）入户，电源由小区内土建变电所低压配出柜引来，距本单体大约 50m。进线电缆从建筑物的北侧埋地引入每单元的一层总开关箱（ZM）。电缆埋地入户做法参见国标 D101-1～7 图。本工程配电系统采用放射式的供电方式给每户住宅。

识读：电源在每一个单元都有入户，且电压等级为 220/380V，电缆敷设长度在建筑物外大约50m，从北侧埋地敷设进入室内到总开关箱（ZM）。供电方式为放射式。

2）计费：据《××市建发××号文件》规定新建住宅住户的电费计量装置仅在每单元一层做集中电表箱统一管理。并规定每户住宅的用电标准为每户10kW，车库的用电标准为每户2kW。

3）根据甲方要求，本工程照明均采用白炽灯吸顶安装形式（除图中注明外）；插座除厨房、卫生间采用防溅插座外，其余均选用普通型的安全插座；楼梯间照明采用红外自动感光声控照明吸顶灯。

识读：可以明确各部位照明灯具、插座的类型及安装方式。

4）每户内照明、厨卫插座、普通插座、空调插座均由不同支路供电。除空调插座外，其余插座回路均设漏电保护，漏电动作电流为30mA。

识读：清楚各分配电箱的回路数量及分布情况与漏电保护安装情况。

（4）导线选型及敷设

1）室外电源进线由上一级配电开关确定，本设计所给定值为参考值。

2）除图中注明外，本工程由配电箱配出的所有导线均采用BV—500V聚氯乙烯绝缘铜芯导线穿阻燃型硬质塑料管（PC）保护，墙内、板内暗设。由住户开关箱（AM）配出的照明干线为BV—2×4mm²，支线为BV—2×2.5mm²（两个用电端以下为支线，余同），插座回路干线为BV—3×6mm²，支线为BV—3×4mm²。灯具高度低于2.4m时，需增加一根PE线。线路过沉降缝时加装沉降盒。线路过长时加装过线盒。

识读：可以清楚本工程各处的导线及导管的型号、规格、敷设方式，支线与干线的划分方式等。根据第1章的基础知识我们可知，BV—2×4mm²的含义为2根截面积为4mm²的铜芯聚氯乙烯绝缘导线，其他依此类推。

（5）设备的安装

除图中注明外，电源总开关箱（ZM），集中电表箱（BM），住户开关箱（AM），车库开关箱（CM）均为铁制定型箱，墙内暗设。ZM箱下沿距地1.5m，BM箱下沿距地0.5m，AM箱下沿距地1.8m，CM箱下沿距地1.8m。跷板开关墙内暗设，底距地1.2m，防溅插座底距地1.8m，卧室、书房空调插座底距地2.2m，客厅空调插座底距地0.3m，其余插座底距地0.3m。壁灯底距地2.4m。

识读：表明各配电箱、开关、插座等安装的高度，为识图及进行工程造价计量提供垂直部分参考数据。表明各配电箱为铁制定型箱，为悬挂嵌入式安装，是成套配电箱。

（6）建筑物防雷、接地系统及安全措施

1）防雷。本建筑为一般性民用建筑物，按第三类防雷建筑物设计。屋顶避雷带利用φ12镀锌圆钢沿女儿墙与屋面四周支设，支高0.15m，间距1m（不同标高的避雷带应紧密焊接在一起）。防雷引下线利用结构柱内两根⏛16的主筋连续焊接，上与避雷带、下与接地装置紧密焊接。

2）接地及安全措施。

① 本工程等电位接地、电气设备的保护接地共用统一的接地装置，要求接地电阻不大于4Ω，实测不满足要求时增设人工接地极。

② 接地极利用建筑物基础承台梁中的上下两层钢筋中的两根大于等于⏛12的主筋通长焊接，并与与之相交的所有桩基础内的四根大于⏛12mm的主钢筋焊接连通。

③ 凡正常不带电，而当绝缘破坏有可能呈现电压的一切电气设备金属外壳均应可靠接地。

④ 本工程采用总等电位联结，总等电位板由紫铜板制成，总等电位箱底距地0.3m。应将建筑物内保护干线、设备进线总管、建筑金属结构等进行联结。总等电位箱联结干线，采用一根镀锌扁钢—40×4由基础接地极引来，并从总等电位箱引出一根镀锌扁钢—40×4，引出室外散水1.0m，室外埋深0.8m。当接地电阻值不能满足要求时，在此处补打人工接地极，直至满足要求。注意要避开各单元的出入口处。总等电位联结线采用BV—1×25mm²，穿PC32管，总等电位联结均采用等电位卡子，禁止在金属管道上焊接。

⑤ 有淋浴室的卫生间采用局部等电位联结，设有局部等电位箱（LEB），局部等电位箱暗装，底边距地0.5m。将卫生间内所有金属管道、金属构件、建筑物金属结构联结，并通过铜芯绝缘导线BV—1×6—PC16与浴室内的PE线相连。具体做法参见国家标准《等电位联结安装》（02D501—2）。

⑥ 本工程接地形式采用TN—C—S系统，电源在进户处做重复接地。其工作零线和保护地线在接地点后严格分开。

识读：表明防雷接地及等电位联结的具体做法及参考图集，接地形式，重复接地位置等。具体关于防雷接地安装的内容在后面识图时具体交代。

（7）其他

1）凡与施工有关而又未说明之处，参见国家、地方标准图集施工，或与设计院协商解决。

2）本工程引用的国家及地方建筑标准设计图集：

① 国家标准《等电位联结安装》（02D501—2）。

②《住宅建筑电话通信安装图》（辽93D601）。

③《新建住宅电气安装图》（辽2000D703）。

④《建筑防雷、接地设计与安装》（辽2002D501）。

⑤《电缆敷设》（D101-1～7）。

识读：指明应参考的标准图集，具体施工工艺及设备安装情况需要进行查询。识图时应准备好上述图集。

注：除了阅读图纸的总说明外，还应认真阅读每张图纸中的注解及分说明，它对整个工程的识图及工程量计量都会造成影响。

2.2.2　图纸目录与材料设备表识读

（1）图纸目录识读

图纸目录中主要能够反映出本套图纸的图别、图号和图纸名称，方便在识图过程中有针对性、及时、准确地找到想要查看的图纸。往往在大型工程中，图纸的页数较多，在识图及进行工程量计量时往往要前后查找数据，如果不熟悉图纸目录会降低识图效率。

（2）材料设备表识读

在很多建筑电气设备安装工程的施工图纸中，材料设备表中往往会绘有本套图纸采用的图例符号，这是正确识图的基础，这里建议识图者千万不要紧凭以往经验来进行工程图的识图，一定要仔细阅读图例符号，以免识读错误。

此外，在材料设备表中还反映出该工程所用主要材料设备的名称、规格型号及安装位置等，这些信息对进行工程图识读及进行工程量的计量是非常重要的。例如，我们从本套图纸的材料设备表中可以知道总电源箱 ZM 的规格型号是 $500mm(h) \times 400mm \times 200mm$，即 500mm 高、400mm 宽、200mm 的进深，这个数据对于计算安装高度、配管长度、管内穿线长度等都是至关重要的。

2.3　建筑电气系统图识读与工程量计量

【知识要点】

（1）照明（动力）系统图

照明（动力）系统图是用图形符号、文字符号绘制的，用来概略表示该建筑物内照明（动力）系统或分系统的基本组成、相互关系及主要特征的一种简图。能集中反映照明（动力）的安装容量、计算容量、计算电流、配电方式、导线或电缆的型号、规格、数量、敷设方式及穿管管径、开关及熔断器的规格型号等。

（2）配电箱（柜、屏）及计量装置安装

配电箱就是铁制或木制的箱子内安装电器元件，并用电线按接线图相互连接。配电箱要分成很多级，有单元入户处的总配电箱（也有称电源箱），各楼层的分配电箱及各室（户）的最后一级配电箱等，从而接出各用电设备。总配电箱是用来控制和分配电源使用，进户后设置的配电箱；分配电箱是用来控制分支电源的配电箱。往往在总配电箱后安装有电表箱，用来进行电能的计量。

箱内应分别设置零线（N）和保护地线（PE）汇流排，零线和保护地线应分别经汇流排配出。

配电箱按用途，分为动力配电箱和照明配电箱；按制造方式，可分为定型箱和非定型箱两种，即成套配电箱和非成套配电箱。定型配电箱由专业工厂制造；非定型的由施工企业现场组装，在编制预算时应计算其制作费，要进行配电箱的制作、安装、盘柜配线等相关工作，做起来比较复杂。目前，工程上广泛采用的是成套配电箱，在识图及进行工程造价计量时只要识读出数量即可。

按照配电箱安装方式的不同，将配电箱安装分为落地式安装和悬挂嵌入式安装两种。落地式安装通常安装在基础槽钢或角钢基础上。悬挂嵌入式安装也就是在墙体内暗装，与其相连接的导管沿墙体纵向敷设进入箱内。

配电箱常用型号如下所示：

$$X\ M(L)\ H\ X(R)-04-\square\times\square/\square\ N$$

式中　X——配电箱；

　　　M——照明；

　　　L——动力；

　　　H——横箱体，无标志者为竖箱体；

　　　X——悬挂；

　　　R——嵌装；

　　　04——设计序号；

　□×□——进线相数（1—单相，三相不表示）和输出回路数；

　　　□——总开关代号：0—不带总开关，1—带总开关，无标志者三相输出带总开关；

　　　N——配电箱不带箱盖，小门；无标志者为带箱盖。

在整个配电线路中，要使用很多台配电箱（柜、屏）及计量装置（即电表箱），配电箱里面安装有各种开关设备，将进入配电箱的电气线路分成若干条分支配电线路。通常，将配电箱与配电箱之间的线路称为干线，将配电箱与用电设备间的线路称为支线。这里值得注意的是，在很多工程图纸的总说明中所说的干支线与此不同，请大家特别注意，我们所引用的案例中就涉及此问题，大家不妨看看前面的工程概况，加以印证。

住宅工程的供电系统采用 TN—C—S 系统时，保护接地与重复接地共用一组接地体；其重复接地体的引出线直接进入总照明配电柜与工作零线和保护零线连接；从总配电柜引出时，再将工作零线和保护零线分开。从总开关柜引出的导线应该以颜色区分，黄、绿、红代表相线 A、B、C，淡蓝色代表 N，黄绿相间代表 PE。

由户内配电箱配出的线路至少应设三回路，即照明回路、插座回路和空调回路；四回路时加设厨卫回路。

集中电表箱应采用标准定型产品，按户数配置分为 6 户、9 户、12 户、15 户和 18 户五种。集中表箱应随土建施工时进行暗装，箱顶宽度在 300mm 以上时，应设钢筋混凝土过梁。

（3）统计工程量的方法

在统计工程量时，只根据工程图纸图面显示的内容及工程说明的内容统计工程量，并列出工程量统计表。

（4）接线端子

芯线的端子即端部的接头，俗称铜接头、铝接头，也有称接线鼻子的；设备、器具的端子指设备、器具的接线柱、接线螺钉或其他形式的接线处，即俗称的接线桩头；而标示线路符号套在电线端部做标记用的零件称端子头；有些设备内、外部接线的接口零件称端子板。中间的接头俗称中间接头，如图 2-1 所示。

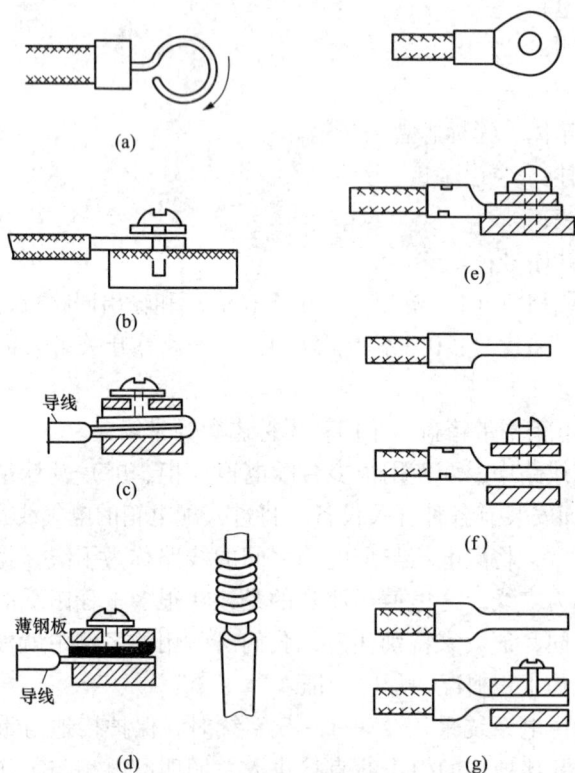

图 2-1　导线接线端子

（a）导线旋绕方向；（b）导线端接；（c）导线端接；（d）针孔过大时的导线端接；
（e）OT 型接线端子端接；（f）IT 型接线端子端接；（g）管状接线端子端接

2.3.1 建筑电气安装工程系统图识读

根据系统图可知，该工程各配电回路负荷分配情况。

本工程的供电系统为三相四线制系统，电源通过 4 芯截面为 50mm^2 的交联聚乙烯绝缘钢带铠装聚氯乙烯护套铜芯电力电缆埋地敷设引入建筑物后沿墙暗敷设至总电源箱 ZM，保护管为公称直径 50mm 的焊接钢管。接地形式采用 TN—C—S 系统，电源在进户处做重复接地，其工作零线和保护地线在接地点后严格分开，接地线分别采用 1 根截面为 25mm^2 的铜芯聚氯乙烯绝缘导线穿公称直径为 32mm 的硬质塑料管沿墙暗敷设。

电源引入总电源箱 ZM 后，经集中计量表箱 BM 分别配至各层用户配电箱 AM。每层有两个 AM 箱，每单元共 8 个 AM 箱受电。

总电源箱 ZM 内装有带漏电保护功能的施耐德牌断路器一台，装有零线排和保护线排。

总电源箱 ZM 和集中计量电表箱 BM 之间通过 4 根截面为 70mm^2 和 1 根截面为 35mm^2 的铜芯聚氯乙烯绝缘导线连接，穿公称直径为 70mm 的焊接钢管，沿墙暗敷设。BM 箱内有 Wh 型电能表 8 块，分别计量该单位 8 户用户的用电量；另有 1 块 Wh1 型电能表用来计量楼梯间照明和对讲门用电；箱内安装 NB1—63—C—50A/2P 断路器 4 台，NB1—63—C—25A/2P 断路器 2 台，NB1—63—C—10A/P+N 断路器 1 台。

集中计量表箱 BM 引出 5 条管线分别为一至四楼用户供电。其中，一层至用户配电箱 AM 的线路为 3 根截面为 10mm^2 的铜芯聚氯乙烯绝缘导线，穿公称直径为 32mm 的硬质塑料管，沿墙沿顶板暗敷设至 AM 箱；引至 2、3、4 楼的导线为 5 根截面 10mm^2 铜芯聚氯乙烯绝缘导线，穿公称直径为 32mm 的硬质塑料管，沿墙暗敷设至各层接线箱，在由接线箱分管后采用 3 根截面为 10mm^2 的铜芯聚氯乙烯绝缘导线，穿公称直径为 32mm 的硬质塑料管，沿墙沿顶板暗敷设至 AM 箱。值得注意的是，5 根截面 10mm^2 铜芯聚氯乙烯绝缘导线穿公称直径为 32mm 的硬质塑料管是识图的难点，之所以这样做是将在同一楼层的两户独立供电回路采用共管敷设方式，节省了一段对电能计量不产生影响的 PE 线，也节省了一段公称直径为 32mm 的硬质塑料管，方便了施工，减少因线管过多对建筑结构的影响。还有四路回路分别向车库和楼梯间照明及对讲门供电，在此不作赘述，请同理独立分析。

相关知识点如下：

1）同一交流回路的导线必须穿于同一管内。

2）不同回路、不同电压等级和不同电流种类的导线，不得同管敷设，但下列几种情况除外：① 电压为 50V 及以下的回路；② 同一台设备的电源线路和无干扰要求的控制线路；③ 同一花灯的所有回路；④ 同类照明的多个分支回路，但管内的导线总数不应超过 8 根。

此处属于同类照明的多个分支回路同管敷设。

AM 箱的配线情况是：从 AM 箱配出 5 条回路，分别为照明、厨房插座、其他插座、空调插座、卫生间插座回路。其中，照明回路采用 NB1—63—C—16A/1P+N 断路器控制，采用 2 根截面 4mm² 的铜芯聚氯乙烯绝缘导线穿公称直径 20mm 的硬质塑料管沿墙沿顶板暗敷设；厨房插座和卫生间插座回路均采用 NB1L—40—C—16A/2P/30mA 断路器控制，采用 3 根截面 6mm² 的铜芯聚氯乙烯绝缘导线穿公称直径 25mm 的硬质塑料管沿墙沿顶板暗敷设；其他插座回路采用 NB1L—40—C—16A/2P/30mA 断路器控制，采用 3 根截面 6mm² 的铜芯聚氯乙烯绝缘导线穿公称直径 25mm 的硬质塑料管沿墙沿地板暗敷设；空调插座回路采用 NB1—63—C—25A/2P 断路器控制，采用 3 根截面 6mm² 的铜芯聚氯乙烯绝缘导线穿公称直径 25mm 的硬质塑料管沿墙沿地板暗敷设。

CM 箱的配线情况是：从 CM 箱配出两条回路，分别为照明、插座及自动门电源回路。其中，照明回路采用 NB1—63—C—10A/1P+N 断路器控制，采用 2 根截面 4mm² 的铜芯聚氯乙烯绝缘导线穿公称直径 20mm 的硬质塑料管沿墙沿顶板暗敷设；插座及自动门电源回路采用 NB1L—40—C—16A/2P/30mA 断路器控制，采用 3 根截面 6mm² 的铜芯聚氯乙烯绝缘导线穿公称直径 25mm 的硬质塑料管沿墙沿地板暗敷设。

从系统图中，我们还可以清楚 ZM 箱安装在首层，而 BM 箱则安装在一层，接地通过总等电位联结箱完成。接线箱的规格为 300mm×200mm×150mm，安装高度为下沿距地 1.8m。

相序分配情况：考虑到三相负荷应尽量均匀分配的原则，设计中给出了该工程各部分相序分配表。通过识读可知，首层车库电源分别接至 A、B、C 三相电源上；一层甲单元左侧用户接在 C 相上，右侧用户接在 B 相上；一层乙单元左侧用户接在 A 相上，右侧用户接在 C 相上；二层甲单元左侧用户接在 A 相上，右侧用户接在 C 相上；二层乙单元左侧用户接在 B 相上，右侧用户接在 A 相上；三层甲单元左侧用户接在 B 相上，右侧用户接在 A 相上；三层乙单元左侧用户接在 C 相上，右侧用户接在 BC 相上；四层甲单元左侧用户接在 C 相上，右侧用户接在 B 相上；四层乙单元左侧用户接在 A 相上，右侧用户接在 C 相上；甲单元楼梯间电源接在 A 相上，乙单元楼梯间电源接在 B 相上。

通过对系统图的识读，我们对该住宅的配电系统有以下几点认识：

1) 了解全部配电设备的规格、型号和数量。

2) 了解配电系统中各部分的工作原理及计量方法。

3) 了解配电方式。

2.3.2 建筑电气安装工程工程量计量

在此涉及的要计算工程量的是控制设备及低压电器，主要是成套配电箱安装。通常情况下系统图与平面图配合使用，通过平面图的识读来进行工程量计量。

1. 计算规则

配电箱按设计图示数量计算，计量单位为"台"，按照名称、型号、规格和安装方式等进行分类。

2. 计算方法

在统计配电箱及控制开关工程量时，要分析系统图和平面图，按照图纸上所标示出的数量进行计算，统计出其具体工程数量。

3. 工程量计算

根据前面对系统图的分析，结合平面图纸，该工程的工程量计量见表2-3。

表 2-3 　　　　　　　　　 **工 程 量 计 算 表**

序号	项 目 名 称	规 格 型 号	计量单位	数量	计 算 过 程
1	成套配电箱安装（ZM）	500mm(h)×400mm×200mm	台	2	每个单元1台
2	集中计量表箱安装（BM）	1290mm(h)×900mm×180mm	台	2	每个单元1台
3	配电箱安装（AM）	250mm(h)×390mm×140mm	台	16	2(每层)×4(层数)×2(单元数)
4	配电箱安装（CM）	350mm(h)×440mm×180mm	台	12	首层车库照明平面图
5	配电箱安装（MX）	300mm×350mm(h)×180mm	台	2	每个单元1台

4. 工程量的涵义

配电箱安装工程内容包括基础型钢制作安装、箱体安装、焊压接线端子、补刷（喷）油漆和接地。这意味着2台ZM箱不仅仅指2台箱子，还指安装过程。

5. 在什么情况下需要焊、压接线端子

焊（压）接线端子项目只适用于导线，在计算配电箱工程量时，要格外注意进出配电箱的导线截面积，当导线截面积大于等于16mm^{2}时，按照定额要求就需要单独列项。小于16mm^{2}的导线的接线端子已综合在配电箱安装的定额内。当导线截面积超过6mm^{2}时，绝大多数为多芯导线，为了方便连接，通常采用焊（压）接线端子，接线端子有铜接线端子和铝接线端子之分。

2.4 建筑电气平面图识读与工程量计量

2.4.1 建筑电气照明工程基础知识

进行建筑电气工程图识读前，我们先学习下面的基础知识。

1. 照明（动力）平面图

照明（动力）平面图是用电气图形符号和文字标注绘制出来的用以表示建筑物内照明（动力）设备及其配电线路平面布置的位置简图。是假设沿水平方向剖切，从上向下进行水平投影所体现出的建筑平面形状及各部位尺寸位置及配电设备、照明（动力）设备等平面布置和线路走向等情况，建筑平面用细实线绘制，电气部分用中实线绘制。该平面图主要表示照明（动力）线路的敷设位置、敷设方式、导线规格型号、导线根数、穿管管径及用电设备（如灯具、插座等）的数量和配电设备（如配电箱）的数量、型号、相对位置等。但一般不反映线路和设备的具体安装方法及安装技术要求，识图时需通过安装大样图、标准图集和施工验收规范来解决。是编制照明（动力）工程造价和施工方案，进行安装施工的主要依据。

值得注意的是，在建筑电气平面图中往往不完全按照比例绘制导线和设备的形状和外形尺寸，而是采用施工说明和文字标注安装标高的方式来反映导线和设备的垂直距离和空间位置。

2. 对长度尺寸的规定

在《定额项目工程量计算规则》中总则第 4 条对长度尺寸有如下规定：本规则的计算尺寸，以设计图纸表示的或设计图纸能读出的尺寸为准。理解如下：

1）以图纸表示的尺寸：是指根据图纸的比例尺，用直尺量出并计算出的尺寸。在测量时以定位轴线为起点，较大的图形符号以图形符号中心点为终点，沿设计图线进行测量。

2）设计图纸能读出的尺寸：是指定位轴线标注尺寸直接读出的尺寸。由于电气线路都是画在墙轮廓线外，因此在计算尺寸时以轴线尺寸为准。

因此，在统计工程量时，确定长度尺寸的原则是能从轴线尺寸读出的尺寸直接使用，不能读出的部分再测量计算得出。

3. 建筑电气照明线路基本接线方式

1）一个单联开关控制一盏灯，如图 2-2 所示。

在接线图上我们发现，开关必须接在相线（火线）上；零线不进开关，直接进灯座。

2）一个单联开关控制两盏灯，如图 2-3 所示。

一个开关控制多盏灯时，各灯均应并联接线，而非串联接线。

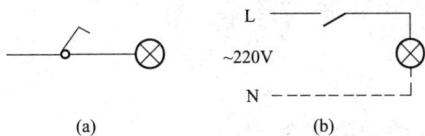

图 2-2　一个单联开关控制一盏灯

（a）电路图；（b）接线图

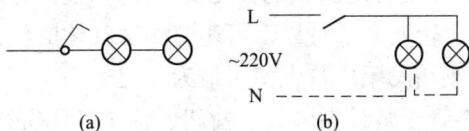

图 2-3　一个单联开关控制两盏灯

（a）电路图；（b）接线图

3）单控双联开关（两个单联开关）分别控制两盏灯，如图 2-4 所示。

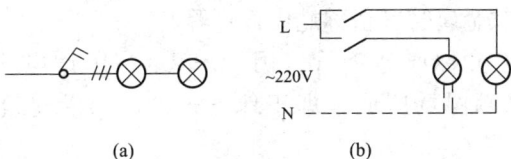

图 2-4　单控双联开关分别控制两盏灯

（a）电路图；（b）接线图

4）两只双控开关在两个地方控制一盏灯，如图 2-5 所示。这种方式适用于楼梯间、走廊两端同时控制。

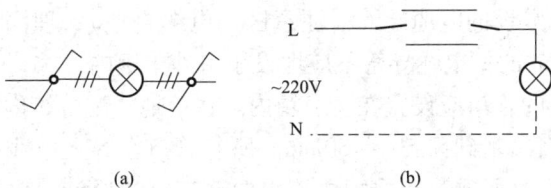

图 2-5　两只双控开关控制一盏灯

（a）电路图；（b）接线图

4. 室内配线工程施工程序

1）定位画线。

2）预埋支持件。

3）装设绝缘支持物、保护管（或线槽、桥架）等。

4）敷设导线。

5）安装灯具、开关及电器设备。

6）测试线路绝缘电阻。

7）试通电、校验、自检等。

5. 配管配线工程安装相关概念

1）内线工程：是指在建筑物内进行的线路敷设工程，即在建筑物外墙以内进行线路敷设。主要包括电气配管、线槽配线、电气配线等内容。

2）导管配线：又称线管配线、配管配线，即将绝缘导线穿于保护管内进行敷设。这种配线方式比较安全、可靠，可避免腐蚀气体的侵蚀和遭受机械损伤，更换电线方便。在工业和民用建筑中使用最为广泛。

3）明配管：即将管子敷设在墙壁、桁架、柱子等建筑结构的表面。

4）暗配管：即将管子敷设于墙壁、地坪、楼板等内部。

6. 配管配线常使用的管子

有水煤气钢管（又称焊接钢管，分镀锌和不镀锌两种，其管径以内径计算）、电线管（管壁较薄、管径以外径计算）、硬塑料管、半硬塑料管、塑料波纹管、软塑料管和软金属管（俗称蛇皮管）等。

1）水煤气管：又称厚壁钢管，用 SC 表示，用作电线电缆的保护管，可以暗敷设于一些潮湿场所或直埋于地下，也可以沿建筑物、墙壁、支吊架敷设。

2）电线管：又称薄壁钢管，用 MT 表示，多用于敷设在干燥场所的电线、电缆的保护管，明敷设、暗敷设均可。

7. 配管的一般要求

1）敷设于多尘和潮湿场所的电线保护管管口及其各连接处应做密封处理。

2）室外埋地敷设的电缆导管（注意区别电缆直埋），埋深不应小于 0.7m。壁厚小于等于 2mm 的钢电线导管不应埋设于室外土壤内。

3）室外导管的管口应设置在盒、箱内。在落地式配电箱内的管口，箱底无封板的，管口应高出基础面 50～80mm。所有管口在穿入电线、电缆后应做密封处理。由箱式变电所或落地式配电箱引向建筑物的导管，建筑物一侧的导管管口应设在建筑物内。

4）金属导管内外壁应做防腐处理；埋设于混凝土内的导管内壁应做防腐处理，外壁可做不防腐处理。

5）室内进入落地式柜、台、箱、盘内的导管管口，应高出柜、台、箱、盘的基础面 50～80mm。

6）暗配的导管，埋设深度与建筑物、构筑物表面的距离不应小于 15mm；明配的导管应排列整齐，固定点间距均匀。安装牢固；在终端、弯头中点或柜、台、箱、盘等边缘的距离 150～500mm 范围内设有管卡。

7）金属、非金属柔性导管敷设应符合下列规定：

① 刚性导管经柔性导管与电气设备、器具连接，柔性导管的长度在动力工程中不大于 0.8m，在照明工程中不大于 1.2m。

② 可挠金属管或其他柔性导管与刚性导管或电气设置、器具间的连接采用专用接头；复合型可挠金属管或其他柔性导管的连接处密封良好，防液覆盖层完整无损。

③ 可挠性金属导管和金属柔性导管不能做接地（PE）或接零（PEN）的连续导体。

8）导管和线槽在建筑物变形缝处应设补偿装置。

8. 导管敷设施工程序

（1）管子的选择

导管规格的选择：应根据所穿导线的根数和截面决定。一般规定，管内导线的总截面不应超过管子内径截面积的 40%，导线不应超过 8 根。具体见表 2-4。

表 2-4　　　　　BV、BLV 塑料绝缘导线穿管管径选择表

导线截面/mm²	PVC管外径/mm							焊接钢管内径/mm							电线管外径/mm						
导线根数/根	2	3	4	5	6	7	8	2	3	4	5	6	7	8	2	3	4	5	6	7	8
1.5	16				20			15				20			16				19		25
2.5	16				20			15				20			16				19		25
4	16		20					15				20			16		19		25		
6	16		20			25		15		20			25		19			25			32
10	20		25			32		20		25			32		25		32			38	
16	25		32			40		25		32			40		25		32		38		51
25	32			40			50	25		32		40		50	32				38		51
35	32			40			50	32			40			50	38			51			
50	40			50			60	32		50		65			51						
70	50			60			80	50			65			80	51						
95	50			60			80	50			65			80							
120	50		60		80		100	50			65			80							

（2）管子加工

管子加工主要包括管子防腐、切割、套丝、弯曲等。采用非镀锌钢管进行明敷设或敷设于顶棚或地下室时，为防止钢管生锈，在配管前应对钢管的内外

壁均做防腐处理；而埋设于混凝土内时，其外壁可以不做防腐处理，但要进行除锈。管子根据下料情况，采用钢锯或电动无齿锯进行切割，然后在管子端部套丝。根据线路敷设需要采用弯管器等工具进行弯管。

（3）盒、箱固定，管路连接

在施工过程中，按照工程图纸要求在适当位置敷设接线盒（箱）。

1）管与管的连接：采用螺纹（螺纹）连接，禁止采用电焊或气焊连接。为了保证两段管子之间有良好的电气连接，用螺纹连接时要焊跨接地线，跨接线采用规格为 $\phi 6$、$\phi 8$、$\phi 10$ 圆钢或 25×4 扁钢。

2）管与配电箱、盘、开关盒、灯头盒、插座盒等的连接：非镀锌钢管与盒（箱）等连接时可采用焊接固定，焊后应补涂防腐漆；镀锌钢管与盒（箱）等连接时应套螺纹、加锁母。

3）管子与电动机的连接：一般用蛇皮管连接，管口距地面高度为 200mm。

（4）线管敷设（俗称配管）

配管工作一般从配电箱或开关盒等处开始，逐段配至用电设备处，也可以从用电设备处开始，逐段配至配电箱或开关盒等处。

1）暗配管的安装：安装工作内容为测位、划线、锯管、套丝、煨弯、配管、接地、刷漆。配合土建施工做好预埋工作，埋入混凝土地面内的管子应尽量不入深土层中，配至用电设备的管子，出地管口高度（设计有规定者除外）不宜低于 200mm。进入落地式配电箱的管子，管口应高出配电箱基础面 50～80mm。

2）明配管的安装：主要工作内容是测位、画线、打眼、埋螺栓、锯管、套丝、煨弯、配管、接地、刷漆。

（5）穿管配线

1）导线在管内不应有接头盒扭结，接头应放在接线盒（箱）内。

2）同一交流回路的导线必须穿于同一管内。

3）不同回路、不同电压等级和不同电流种类的导线，不得同管敷设，但下列几种情况除外：

a. 电压为 50V 及以下的回路。

b. 同一台设备的电源线路和无干扰要求的控制回路。

c. 同一花灯的所有回路。

d. 同类照明的多个分支回路，但管内的导线总数不应超过 8 根。

回路是指同一个控制开关及保护装置引出的线路，包括相线和中性线或直流正、负 2 根电线，且线路自始端至用电设备器具之间或至下一级配电箱之间不再设保护装置。

4）当采用多相供电时，同一建筑物、构筑物的电线绝缘层颜色选择应一致，即保护地线（PE线）应是黄绿相间色，零线用淡蓝色，相线用：A相—黄色、B相—绿色、C相—红色。

（6）导线的连接

导线的连接方法有铰接、焊接、压板压接、压线帽压接、套管连接、接线端子连接、螺栓连接等。

导线连接的一般要求如下：

1）截面为 $10mm^2$ 及以下的单股导线，可直接与设备、器具的端子连接。

2）截面为 $2.5mm^2$ 及以下的多股铜芯线，应先拧紧、搪锡或压接端子，再与设备及器具的端子连接。

3）多股铝芯线和截面大于 $2.5mm^2$ 的多股铜芯线，应焊接或压接接线端子后再与设备及器具的端子连接。

9. 接线盒（拉线盒）设置原则

配管时应注意根据管路的长度、弯头的多少等实际情况在管路中间适当位置设置接线盒（拉线盒），设置原则为：

1）安装电器设备（灯具、开关、插座等）的部位应设置接线盒。

2）线路出现分支或导线规格改变处应设置接线盒。

3）水平敷设管路如遇到下列情况之一时，中间应增设接线盒（拉线盒），且接线盒的安装位置应便于穿线。若不增设接线盒，也可以增大管径。

① 管子长度每超过30m，无弯曲。

② 管子长度每超过20m，有1个弯曲。

③ 管子长度每超过15m，有2个弯曲。

④ 管子长度每超过8m，有3个弯曲。

4）垂直敷设的管路如遇到下列情况之一时，应增设固定导线用的拉线盒。

① 导线截面 $50mm^2$ 及其以下，长度每超过30m。

② 导线截面 $70\sim95mm^2$，长度每超过20m。

③ 导线截面 $120\sim240mm^2$，长度每超过18m。

5）导管通过建筑物变形缝处应增设接线盒作为补偿装置。

10. 开关安装

这里的开关安装指照明开关安装。照明开关是照明配电线路上的控制低压电器，根据安装方式的不同，可分为明装和暗装等；根据控制方式的不同，可分为单控开关和双控开关；根据开关面板上开关个数，可分为双联、三联、四联、五联和六联开关。这里要注意的是，在识图是在连接开关的线路中，导线的数量是开关的联数加1，即三联开关则有4条线与其相连，分别是1条进入开关的火线和3条从开关的三联中返回的控制火线，后面我们会详细分析。

照明开关在安装时开关边缘距门框为 0.15 ～ 0.2m。开关必须串联在相线上。

开关应与开关盒配套安装，插座安装也同样如此。

11. 插座安装

普通插座安装通常靠近地面（距地 0.3m），按照设计要求通常从配电箱引出的导管要从配电箱向下沿墙暗敷设（设计标注 WC）到地面，再沿地面暗敷设（设计标注 FC）到插座位置的墙体，然后沿墙向上敷设到插座位置。单相插座的供电线路通常为三线，即相线、中性线（零线 N）和保护线（PE）。无论是单相插座还是三相插座，都可以根据孔数不同进行分类，有2、3、4、5孔等。

12. 照明器具（灯具）安装

照明系统分为视觉照明和装饰照明两种。其中，视觉照明主要包括正常照明、应急照明（疏散照明、安全照明、备用照明等）、值班照明、警卫照明和障碍照明等；装饰照明主要包括建筑物泛光照明、节日彩灯、广告霓虹灯、喷泉照明和舞厅照明等。

常用光源按发光原理可分为热辐射光源和气体放电光源两大类。热辐射光源主要包括白炽灯（即普通照明灯泡）、卤钨灯；气体放电光源主要包括汞灯、钠灯、氙灯等。

照明器具安装时，当灯具距地面高度小于 2.4m 时，灯具的可靠性裸露导体必须接地（PE）或接零（PEN）可靠。

13. 识图技巧

1）为了分析方便，我们可以将从开关到用电设备上的这段导线称为开关（或控制）线，用 K 表示。开关线是有一个开关就有 1 根控制线。

2）在照明等电器设备回路中，组成一个完整的回路最少需要 2 根线（火线 L 与零线 N）。

3）火线是经过开关接到灯，而零线是直接接到灯。

4）要想知道配线用的保护管的管长和线长，就需要知道配管的路径如何，管中应穿几根线，这就需要有实践经验才能知道配管怎样布置合理，做到既省管又省线，既安全又可靠，既美观又方便等。这是本书要重点体现的内容，也是成为工程师、造价师、审计师等必备的基础知识。

5）平面图是用于理论分析的，而实际的配线要参阅图纸的表述（如 FC、CC 等）。可分为有吊顶和无吊顶的。有吊顶时为吊顶内穿管明配，与楼板结构无关，其配管配线可以与平面图布置基本相同，是一种比较常见的配线方式。

现浇楼板的配管可以在土建浇筑混凝土之前将导管及灯位盒先固定在钢筋

上，后期穿导线和接灯。如果在导线分支的地方允许加装接线盒，其接线盒的位置一般安装在墙上，距离顶棚 300mm（砖混结构时），梁下 150mm（框架结构时）。如果在导线分支的地方不允许加装接线盒，就要避免在无灯位盒的地方进行分支。根据图纸上导线根数可确定所用图纸是否加装接线盒。

6）遇到配管配线的分支时，中途可以加装接线盒（又称拉线盒，导线不需要断开时就不要断开，即使有分支，导线也不要断开后再接。最好采用 T 字形接线，即将干线绝缘剥开一段，将分支线端头绝缘也剥开，在干线上缠绕几圈或压接，再用绝缘材料恢复绝缘），使线路尽量短。

7）具体施工时，配管两端的接头线（预留不小于 150mm）必须考虑，配管和线如果一样长就无法连接电器或接头。在造价预算工程量计算时，可以不考虑线路分支接头线及进入灯具、开关、插座、按钮等预留导线的长度，因为预留线已经放在其他项目中统一考虑了。

2.4.2 建筑电气安装工程平面图识读

在识读建筑电气安装工程平面图之前，要先对图纸中常采用的图形符号进行了解。通常，这些图形符号采用国家建筑统一标准设计图集《建筑电气工程设计常用图形和文字符号》（09DX001）中的规定图形符号和文字标注，在前面第 1 章的基础知识中有所涉及。但往往有些设计图纸中的符号会略有不同，在图纸总说明中常常会有本套图纸图形符号说明。所采用的工程中在主要设备选用表中给出了图形符号、名称、规格及安装方式、高度等信息。在识图前一定要做到心中有数。

根据建筑电气工程图阅读习惯及一般规律，按照电源入户方向一次阅读，从进户线开始，按配电箱、干线回路、分支线回路、分支线及用电设备顺序阅读。

1. 进户线

从一层配电干线平面图可知，该工程进户点位置在建筑物的北侧③轴线和⑨轴线处，根据标注 $ZRYJV_{22}$—4×50—SC—FC. WC 可知，进户线均采用一根 4 芯截面积为 50mm² 的阻燃型交联聚乙烯绝缘钢带铠装聚氯乙烯护套电力电缆，穿公称直径为 50mm 的镀锌钢管保护，采用埋地方式入户引入每单元的一层总开关箱（ZM），室外埋深为 1.1m，根据室外自然地坪标高可知该进户电缆埋设标高为−3.400m。按照辽宁省标准图集《新建住宅电气安装图》（辽 2000D703）要求，进户保护管伸出室外长度为外墙皮厚外加 1.0m。保护管长度为 2.70（水平）+ 1.0（伸出外墙长度）+[1.1+(2.30−1.45)+1.5]（垂直）= 7.15m。关于电缆敷设的具体内容我们在电缆敷设工程中将详细介绍。

室内电源是从室外低压供电线路上接入户的，室外引入电源有单相二线制、三相三线制和三相四线制。有架空入户和电缆埋地入户两种方式。为安全将室外电源引入室内，引入时一般都要设置进户装置。进户装置是户外架空电力线路与户内线路的衔接装置，包括横担（钢制或木制）、瓷瓶、引下线（从室外电杆引下至横担的电线，也叫接户线）和进户线（从横担通过进户管至配电箱的电线）、进户管（保护过墙进户线的管子）。横担如需要安装在支架上时，还应设置支架。

根据规范要求，低压引入线从支持绝缘子起至地面的距离不小于2.5m。进户线应采用金属管保护，其墙外管露出部分不小于150mm，并加装防水弯头。进户线采用金属管敷设时，同一回路各相和零线的导线必须穿在同一根管内。

进户镀锌钢管在接户线支架横担正下方，垂直距离为250mm，伸出外墙部分不小于150mm，且加装防水弯头，周围堵塞严密，以防雨水进入室内。采用蝶式绝缘子4个，如图2-6所示。

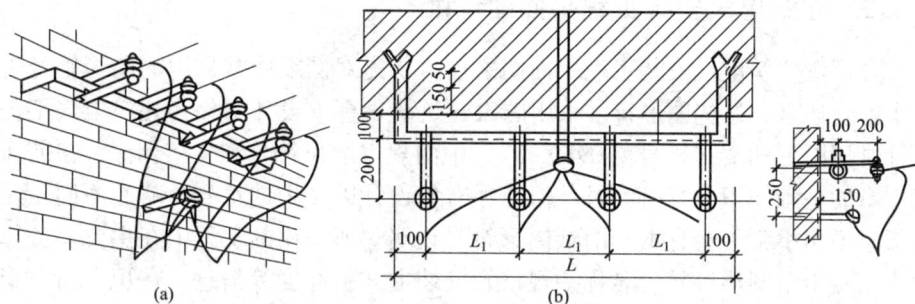

图2-6　接户线横担安装方法示意图
（a）立视图；（b）俯视图和侧视图

2. 配电箱安装位置

在系统图识读中，我们已分析了配电箱安装的相关内容。通过常用设备选用表可以知道各种类型配电箱的规格。通过识读一层配电干线平面图可知，总电源箱（ZM）和集中计量表箱（BM）安装在单元入口处的③轴线和⑨轴线楼梯间墙体上，对照系统图可知，总电源箱（ZM）安装在首层，下沿距地1.5m，即相对于首层地面而言，标高为0.05m处墙体上；集中计量表箱（BM）安装在一层，下沿距地0.5m，即相对于一首层地面而言，标高为0.5m处墙体上。具体安装形式如图2-7所示。在识图时的难点是下沿距地中的"地"具体指哪里，对于正确识图，计算工程量是非常重要的。要根据平面图具体位置来分析，看箱体正下方是什么位置，再作出结论。如安装在楼梯踏步上方，则以所对楼梯踏步为基准点。

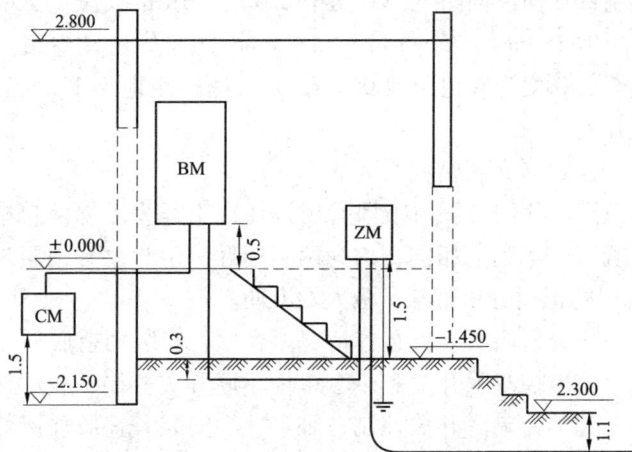

图 2-7　进户线及配电箱安装立面图

住宅工程的供电系统应采用 TN—C—S 系统，保护接地与重复接地共用一组接地体；其重复接地的引出线，直接进入总照明配电柜与工作零线和保护零线连接；从总配电柜引出时，再将工作零线和保护零线分开。此处在后面的防雷接地工程中将详细阐述。

当箱顶宽度在 300mm 以上时，应设钢筋混凝土过梁。

总电源箱至集中计量表箱的配管配线根据系统图设计要求，沿墙暗配，在框架结构中，墙体为填充式，在钢筋混凝土框架施工结束后砌筑，配管是随着土建专业的施工进行的。按照辽宁省标准图集《新建住宅电气安装图》(辽2000D703)，结合工程实际具体分析如图 2-7 所示，图集中要求楼内埋设电线在地面下 300mm。配管长度为[(1.5+0.3)(ZM 箱垂直)+(0.5+1.45+0.3)(BM箱垂直)+3(水平)]m=7.05m。管内穿线单根长度为[7.05+(0.4+0.5)(ZM 箱预留)+(0.9+1.29)(BM 箱预留)]m=10.14m。导线进入配电箱的预留长度为箱体的宽加高之和，即箱体(盘面尺寸)半周长。

首层车库及各层用户配电箱安装以此类推。

3. 照明设备布置情况

由于各房间用途不同，因此，各房间布置的灯具类型和数量也不尽相同。

(1) 首层车库设备布置情况

首层车库根据设计时电源分配情况，分为 A、B、C 三种类型。A、C 型车库中均安装一盏 250V、4A 的胶质座灯头，由一套单控单联扳式开关控制；在插座回路上，分别有两个 250V、16A 的安全型二极加三极暗插座和一个底边距地 1.9m 的 75mm×75mm×60mm 的车库电动卷帘门接线盒，墙上暗设。同样如此，在 B 型车库中，安装有两盏 250V、4A 的胶质座灯头，分别由一套单控单联扳式开关控制；在插座回路上，有两个 250V、16A 的安全型二极加三极暗插座和两个底边距地 1.9m 的 75mm×75mm×60mm 的车库电动卷帘门接线盒，墙上暗设。插座安装高度为底边距地 0.3m，开关底边距地为 1.2m 且安装在车库门侧，以方便开关使用。

（2）一～三层设备布置情况

通过建筑识图，我们可以清晰地看出该住宅工程为一梯两户格局，且两户格局布置及建筑面积等完全相同，均为两室两厅一卫户型，顶层带阁楼，层高2.8m。这给我们的识图分析带来了极大的方便。

首先，我们来分析照明设备布置情况。客厅，安装两盏胶质座灯头和一盏壁灯，分别由一套单控双联开关和一套单控单联开关控制；餐厅，安装一盏胶质座灯头，由一套单控单联开关控制；卧室，均安装一盏胶质座灯头，由一套单控单联开关控制；卫生间，安装有一盏 250V、4A 的防水型座灯头和排气扇接线盒，由一套单控双联开关控制；厨房，安装一盏防水型座灯头，由一套单控单联开关控制；阳台，安装一盏胶质座灯头，由一套单控单联开关控制。排气扇预留接线盒墙内暗装，底边距地 2.5m；开关墙内暗设，安装高度为底边距地 1.2m；壁灯安装高度为 2.4m。

接下来我们分析插座布置情况。客厅，安装三套安全型二极加三极暗插座和一套单相三极暗插座；餐厅，安装两套安全型二极加三极暗插座；卧室，均安装两套安全型二极加三极暗插座和一套单相二极暗插座；卫生间，安装两套防溅型单相两极加三极暗插座，并安装有局部等电位联结箱，墙内暗设，底边距地 0.5m；厨房，安装有三套防溅型单相二极加三极暗插座；阳台，安装有一套防溅型单相二极加三极暗插座。防溅插座底距地 1.8m，卧室、书房空调插座底距地 2.2m，客厅空调插座底距地 0.3m，其余插座底距地 0.3m，参照照明配电箱系统图具体分析。

根据设计图纸一～三层照明、插座、局部等电位箱平面图的说明可知，乙单元两户的照明、插座、局部等电位箱平面互为对称，甲单元的照明、插座、局部等电位箱平面与乙单元的相同。

（3）四层设备布置情况

四层设备布置情况同一～三层。在此不作具体分析。

（4）阁楼层设备布置情况

根据跃层照明、插座平面图可知，该层布置有两盏胶质座灯头，由一套单控双联开关控制。在进入跃层的楼梯间处安装有一盏壁灯，由两套双控单联开关控制，分别位于四层和阁楼层楼梯间处。安装有三套安全型二极加三极暗插座。

（5）楼梯间设备布置情况

此处所指的楼梯间不含进入跃层的楼梯间。根据一层配电干线平面图可知，各楼梯间处均安装有一盏声控灯。并且在一层楼梯间中安装有一台对讲门电源箱，规格为300mm×350mm(h)×180mm，底边距地（-1.450m 标高处）1.8m。

4. 各配电回路连接情况

在建筑电气安装工程平面图中主要表现的内容是各条线路导线的根数及其走向情况。对于初学者而言，要想真正识读出每根导线及导线根数的变化原因，是难点之一。我们应该清楚的是，在识别线路连接情况时，首先，要了解采用的接线方法是在开关盒、灯头盒内接线，还是在线路上直接接线；其次，要了解各照明灯具的控制方式，应特别注意分清哪些开关控制哪些灯的接线，然后再一条线路一条线路查看，这样就不至于搞错线路上导线的数量了。下面我们根据照明电路的工作原理，对各回路的接线情况进行分析。

（1）总电源箱（ZM）至集中计量表箱（BM）

结合系统图可知，该回路为1条3相回路，外加1根PE线，共5条线，即3条相（火）线、1条零线和1条PE线，分别为4根截面积为70mm²的铜芯聚氯乙烯绝缘导线和1根截面积为35mm²的铜芯聚氯乙烯绝缘导线，穿公称直径为70mm的镀锌钢管沿墙内暗配。

（2）集中计量表箱（BM）至各层用户配电箱（AM）

至一层配电箱：为单相回路，外加1根PE线，共3根导线，即1条相（火）线、1条零线和1条PE线，截面积为10mm²的铜芯聚氯乙烯绝缘导线，穿公称直径为32mm的硬质塑料管，沿墙、顶板暗配。这里的顶板和地板是相对的概念，在识图是一定要加以注意并分清楚，这将直接影响配管配线工程量计量的工程数量。

至二~四层配电箱：我们通过结合系统图识读，可以看出均通过接线箱来实现分线。首先至接线箱时为2条单相回路，外加1条PE线（因PE线不影响系统正常工作，这里的PE线为两条回路共用，这是个识读的难点，不易理解），共5条线，即2条相线（火线）、2条零线和1条PE线。这5条线穿于一条公称直径为32mm的镀锌钢管内，沿墙暗敷设。经接线箱分线后分成2条管路，每条管路内穿共3根导线，即1条相（火）线、1条零线和1条PE线，截面积为10mm²的铜芯聚氯乙烯绝缘导线，穿公称直径为32mm的硬质塑料管，沿墙、顶板暗配。

（3）集中计量表箱（BM）至车库层配电箱（CM）

为单相回路，外加1根PE线，共3根导线，即1条相（火）线、1条零线和1条PE线，截面积为6mm²的铜芯聚氯乙烯绝缘导线，穿公称直径为25mm的硬质塑料管，沿墙、顶板暗配。

（4）集中计量表箱（BM）至对讲门电源箱（MX）

为单相回路，外加1根PE线，共3根导线，即1条相（火）线、1条零线和 1 条 PE 线，截面积为 2.5mm² 的铜芯聚氯乙烯绝缘导线，穿公称直径为 20mm 的硬质塑料管，沿墙、顶板暗配。

（5）用户配电箱（AM）各配电回路连接情况

结合系统图可知，该工程由各用户配电箱共配出 5 条配电回路，分别为照明回路 WL1、厨房插座回路 WL2、其他插座回路 WL3、空调插座回路 WL4、卫生间插座回路 WL5，符合规范要求。

1）WL1 回路。结合系统图识读可知，WL1 回路是照明回路，由用户配电箱（AM）配出 2 根截面积为 4mm² 的铜芯聚氯乙烯绝缘导线（即 1 根火线 L 和 1 根零线 N），穿公称直径为 20mm 的硬质塑料管，沿墙、沿顶板暗配。配管由配电箱配出后因出现分支情况，按照接线盒设置原则，此处需要设置 1 个接线盒进行分线。壁灯安装高度 2.4m，而配电箱安装高度为下沿距地 1.8m，其规格为 250mm（h）×390mm×140mm，即高度为 0.25m，可以计算出配电箱上沿距地 2.05m。因此，在 2.4m 高度设置接线盒进行分线较为合理，分成向门厅处壁灯供电分支和向客厅等处供电分支。

门厅壁灯供电分支，从接线盒沿墙水平暗配管至壁灯，根据识图原则可知，在照明回路中未进行标注的为 2 根导线（插座回路为 3 根导线：火线、零线、保护线）：火线 L 和零线 N，因此，该段配管中为火线 L 和零线 N 2 根导线，属于支线（两个用电端以下），导线截面积为 2.5mm²。壁灯到其控制开关之间，先水平后垂直沿墙暗配管，管内穿导线为通过该壁灯灯位的火线 L 及经开关后返回壁灯的控制火线 K（为了能够更加清晰的说明问题，我们称其为控制火线，以和火线区别，用字母 K 来表示，下同）。

客厅供电分支，从接线盒至客厅北侧灯位盒配管先沿墙暗配再沿顶板暗配，管内穿 2 根导线（火线 L 和零线 N）、干线，截面积为 4mm²。其后有三个分支。分支一至客厅南侧灯位置，沿顶板暗配管，管内穿 2 根导线（控制火线 K2 和零线 N），支线，截面积为 2.5mm²；分支二至客厅灯的单控双联开关，配管先沿顶板、再沿墙暗配，从图上可以识读出该段管内穿 3 根导线，根据电气原理可知此 3 根导线，分别为火线 L、控制火线 K1（控制客厅北侧灯）和控制火线 K2（控制客厅南侧灯），支线（两个用电端以下），导线截面积均为 2.5mm²；分支三至南侧卧室灯位，沿顶板暗配管，管内穿 2 根导线（火线 L 和零线 N）、干线，截面积为 4mm²。至此，又出现两个分支，分支一先沿顶板、再沿墙暗配管至卧室灯的单控单联开关，管内穿 2 根导线（火线 L 和控制火线 K），支线，截面积为 2.5mm²；分支二沿顶板暗配管至卫生间灯位，管内穿 2 根导线（火线 L 和零线 N），干线，截面积为 4mm²。其后有三个分支，分支一先沿顶板、再沿墙暗配管至卫生间排气扇预留接线盒，管内穿 2 根导线（火线 L 和零线 N），支线，截面积为 2.5mm²；分支二先沿顶板、再沿墙暗配管至过厅处的单控双联开关，管内穿 3 根导线，分别为火线 L、控制火线 K1（控制卫生间灯）和控制火线 K2（控制卫生间排气扇），支线，截面积为 2.5mm²；分支三沿顶板暗配管至北侧卧室灯位，管内穿 2 根导线（火线 L 和零线 N），干线，截面积为 4mm²。此后有两个分支，分支一至卧室灯开关，先沿顶板、再沿墙暗配管，管内穿 2 根导线（火线 L 和控制火线 K），支线，截面积为 2.5mm²；分支二沿顶板暗配管至餐厅灯位盒，管内穿 2 根导线（火线 L 和零线 N），干线，截面积为 4mm²。此后有两个分支，分支一至餐厅灯开关，先沿顶板、再沿墙暗配管，管内穿 2 根导线（火线 L 和控制火线 K），支线，截面积为 2.5mm²；分支二沿顶板暗配管至厨房灯位盒，管内穿 2 根导线（火线 L 和零线 N），支线（其后只有厨房灯和阳台灯两个用电端），截面积为 2.5mm²。此后有两个分支，分支一至厨房灯开关，先沿顶板、再沿墙暗配管，管内穿 2 根导线（火线 L 和控制火线 K），支线，截面积为 2.5mm²；分支二沿顶板暗配管至阳台灯位盒，管内穿 2 根导线（火线 L 和零线 N），支线，截面积为 2.5mm²，接着沿顶板、沿墙配管至该灯的单控单联开关，管内穿 2 根导线（火线 L 和控制火线 K），支线，截面积为 2.5mm²。至此，WL1 回路所有配管配线连接情况分析结束。

此部分要求识读者具有一定的空间想象能力，具体可参见 WL1 回路接线原理示意图，如图 2-8 所示。

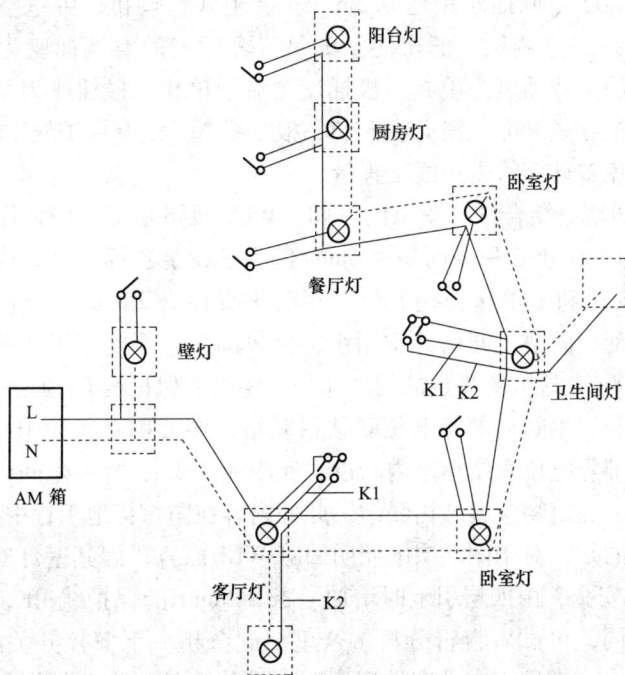

图 2-8　WL1 回路接线原理示意图

2）WL2 回路。结合系统图识读可知，WL2 回路是厨房插座回路，由用户配电箱（AM）配出 3 根截面积为 6mm² 的铜芯聚氯乙烯绝缘导线（即 1 根火线 L、1 根零线 N 和 1 根保护线 PE），穿公称直径为 25mm 的硬质塑料管，沿墙、沿顶板暗配。厨房插座为防溅型插座，距地 1.8m。由识读常识可知，插座回路无标注时表示管内穿 3 根导线。相对照明回路而言，识读相对容易，注意的是两个以下用电端为支线，导线截面积为 4mm²。接线在插座盒内完成。

3）WL3 回路。结合系统图识读可知，WL3 回路是其他插座回路，即我们平常所讲的普通插座回路，通常该类插座安装高度距地为 0.3m，本工程即为此类插座安装。由用户配电箱（AM）配出 3 根截面积为 6mm² 的铜芯聚氯乙烯绝缘导线（即 1 根火线 L、1 根零线 N 和 1 根保护线 PE），穿公称直径为 25mm 的硬质塑料管，沿墙、沿地板暗配，注意区别沿地板暗配与沿顶板暗配不同，因插座安装高度距地为 0.3m，沿地板暗配比沿顶板暗配能够相对节省垂直配管，且在框架结构中也更容易施工，在计算配管配线工程量时要千万加以注意。WL3 回路先后经过客厅、南北卧室和餐厅，沿⑦轴线配管至北侧卧室。

4）WL4 回路。结合系统图识读可知，WL4 回路是空调插座回路，由用户配电箱（AM）配出 3 根截面积为 6mm² 的铜芯聚氯乙烯绝缘导线（即 1 根火线 L、1 根零线 N 和 1 根保护线 PE），穿公称直径为 25mm 的硬质塑料管，沿墙、沿地板暗配。客厅空调插座距地 0.3m，安装柜式空调机；卧室空调插座距地 2.2m，安装壁挂式空调机。值得注意的是，客厅内的空调插座为单相三极插座，而卧室内的空调插座为单相二极插座，对于单相二极插座为用电端时，配管内应该配 2 根导线，即一根火线 L 和一根零线 N，没有保护线 PE，识图时一定要仔细，以免多计算管内穿线工程量。

5）WL5 回路。结合系统图识读可知，WL5 回路是卫生间插座回路，由用户配电箱（AM）配出 3 根截面积为 6mm² 的铜芯聚氯乙烯绝缘导线（即 1 根火线 L、1 根零线 N 和 1 根保护线 PE），穿公称直径为 25mm 的硬质塑料管，沿墙、沿顶板暗配。因卫生间内经常用水，比较潮湿，因此使用防溅型插座，安装高度距地 1.8m。这里要注意的是，此处插座内的保护线 PE 通过 1 根 6mm² 的铜芯绝缘导线与卫生间局部等电位联结箱联结，穿公称直径为 16mm 的硬质塑料管保护，局部等电位联结箱墙内暗设，底距地 0.5m，将卫生间内所有金属管道、金属构件、建筑物金属结构联结。此处内容在防雷接地工程中将详细讲述。

值得注意的是，对于阁楼层的照明回路 WL1 而言，因其壁灯安装高度低于 2.4m，为确保安全，由四层引上时增加一条 2.5mm² 的保护线 PE，其他接线情况与标准层相同，可试着自行分析。这里一起分析一下双控开关的接线情况，如图 2-9 所示。由四层引来的阁楼层照明电源线直接接入阁楼层门口处的双控单联开关内，在其内部进行分线和接线，安装高度距地 1.2m，然后沿墙、沿顶板暗配管至走廊内的壁灯接线盒内，管内穿 4 根导线，分别为零线 N、保护线 PE 和 2 根联络控制火线 SK，截面积为 $2.5mm^2$；通过灯位盒后配管至四层的双控单联开关，管内穿 3 根导线，分别为控制火线 K 和 2 根联络控制火线 SK。每个双控开关有 3 个接线端子，中间的端子一个接火线 L（例如阁楼层），另一个接控制火线 K（例如四层），两边接线端子接 2 个开关的联络控制火线 SK。图中的开关所处的位置表明该灯是点亮的，如搬动任何一个开关均可以熄灭该灯。

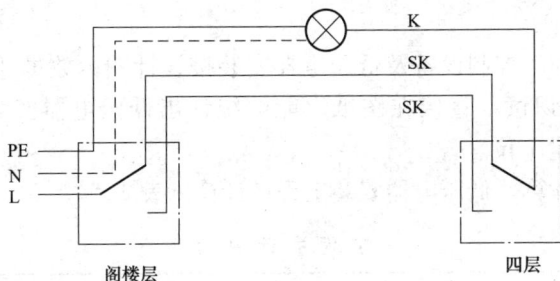

图 2-9　双控开关接线示意图

（6）车库预付费电表箱（CM）各配电回路连接情况

1）WL1 回路。结合系统图识读可知，WL1 回路是照明回路，由车库预付费电表箱（CM）配出 2 根截面积为 $4mm^2$ 的铜芯聚氯乙烯绝缘导线（即 1 根火线 L 和 1 根零线 N），穿公称直径为 20mm 的硬质塑料管，沿墙、沿顶板暗配。C 类型车库配管由配电箱配出至灯位盒，管内 2 根导线，用一套单控单联开关控制。A 类型车库同 C 类型车库。B 类型车库配管由配电箱配出至 2 个灯位盒，管内 2 根导线，分别由一套单控单联开关控制。

2）WL2 回路。结合系统图识读可知，WL2 回路是插座和自动门电源回路，由配电箱（CM）配出 3 根截面积为 $6mm^2$ 的铜芯聚氯乙烯绝缘导线（即 1 根火线 L、1 根零线 N 和 1 根保护线 PE），穿公称直径为 25mm 的硬质塑料管，沿墙、沿地板暗配。插座距地 0.3m，车库电动卷帘门接线盒墙上暗设，底边距地 1.9m。

2.4.3　工程量计算

建筑电气工程平面图部分主要反映配管配线、照明器具和控制设备及低压电器安装等的相关内容。《通用安装工程工程量计算规范》中规定的项目名称、计算规则、计量单位、工作内容等详见表 1-7～表 1-17。）我们在进行工程量统计时主要统计涉及这些项目的工程量，难点是配管配线的工程量统计。

1. 控制设备及低压电器安装

关于控制设备安装的相关内容，我们在前面的系统图的识读与工程量计算中已经详细阐述过，在此不再赘述。需要强调的是，控制设备安装的工程量计量也要系统图与平面图结合识读才能够准确无误地统计出工程量。这里我们主要计算低压电器安装的工程量。

1）工程内容。主要包括按钮、照明用开关、插座、电笛、电铃、电风扇、水位电气信号装置、测量表计、继电器电磁锁、屏上辅助设备、辅助电压互感器、小型安全变压器等。在普通民用住宅楼工程中主要涉及的有照明开关、插座、电风扇等。

2）计算规则。控制设备及低压电器安装按设计图示数量计算。也就是说，通过平面图纸的识读，直接在图纸上能够统计出低压电器安装的工程量。以"个或套"为计量单位。

3）工程量计算。低压电器安装工程量计算见表2-5。

表2-5 工 程 量 计 算 表

序号	项 目 名 称	规格型号	计量单位	数量	计 算 过 程
1	单控单联开关暗装	250V，6A	套	96	平面图查出
2	单控双联开关暗装	250V，6A	套	36	平面图查出
3	双控单联开关暗装	250V，6A	套	8	平面图查出
4	单相暗插座二极+三极安全形	250V，15A	套	180	平面图查出
5	单相暗插座二极+三极防溅形	250V，15A	套	96	平面图查出
6	单相暗插座二孔	250V，15A	套	32	平面图查出
7	单相暗插座三孔	250V，15A	套	16	平面图查出

2. 配管配线

1）工程内容。配管工程内容包括预留沟槽，钢索架设（拉紧装置安装），电线管路敷设和接地。

线槽工程内容包括本体安装、补刷（喷）油漆。

配线工程内容包括支持体（夹板、绝缘子、槽板等）安装，钢索架设（拉紧装置安装），配线。

2）计算规则。配管、线槽按设计图示尺寸以长度计算，不扣除管路中间的接线箱（盒）、灯头盒、开关盒所占长度。配线按设计图示尺寸以单线计算（含预留长度）。

3）计算要领。关于配管配线工程的工程量计算，可以从配电箱开始按照各个回路分别进行计算；也可以按照建筑物自然层划分来进行计算；或者按照建筑平面形状特点以及系统图的组成特点分块进行计算。注意一定不要跳着算，这样会发生混乱，容易漏算，进而影响工程量计算的准确性。

4）计算方法。长度的含义是指从设备中心点到设备中心点的距离。

$$L_{管长} = L_{水平} + L_{垂直}$$

① 线管水平方向敷设时，以施工平面图中的管线走向、敷设部位和设备安装位置的中心点为依据，并借助建筑平面图中所标示的墙、柱等轴线尺寸进行线管长度的计算。如果没有轴线尺寸可以利用时，则用比例尺或直尺直接在平面图上量取出线管的长度。对于明敷设和暗敷设的计算方法又不大相同。当线管沿墙明敷设（图上标注为 WS）时，按相关墙面净空长度尺寸计算线管长度。当线管沿墙暗敷设（图上标注为 WC）时，按相关墙轴线尺寸计算线管长度。例如，在一～三层照明、插座、局部等电位箱平面图中 WL2 回路沿⑨轴的水平长度就等于Ⓑ至Ⓒ轴的距离 4.8m，图上很多线管长度没有轴线尺寸可以利用，就用直尺来量取。

② 线管垂直方向敷设时，即沿墙、柱引上或引下，其工程量计算与楼层高度及箱、柜、盘、板、开关、插座等的安装高度有关，应据其进行计算。不分明敷设还是暗敷设均按图 2-10 进行计算。其计算公式如下：

垂直方向敷设的配管长度＝楼层高度－设备距楼地面安装高度－设备自身高度

在实际应用中，通常将开关、插座的自身高度忽略不计。

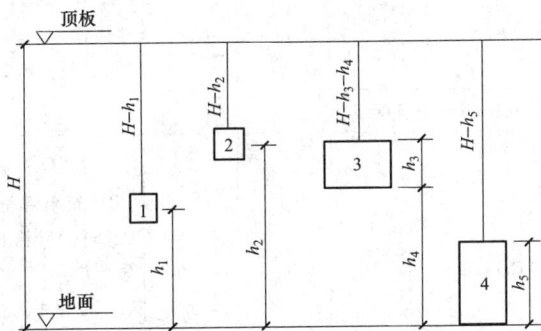

图 2-10 线管垂直长度计算示意图

1—开关；2—插座；3—悬挂嵌入式配电箱；4—落地式配电箱

③ 当配管埋地暗配（图上标注为 FC），穿出地面或向墙上插座等设备配管时，按埋地深度和由地面引上至设备的高度进行计算。通常在楼地面埋设深度按 0.1m 考虑，如埋设在底层地面下时通常按 0.3m 考虑；设备落地式安装时，其基础高度按 0.2m 考虑。

④ 配线工程量计算方法：

管内穿线单线长度（m）=（配管长度+规定的导线预留长度）×
管内所穿同型号规格导线根数

5）工程量计算。在本节的基础知识中我们曾对设计图纸表示的和设计图纸能够读出的尺寸两个概念进行了解释。按照这一原则，我们就可以进行配管配线工程量的统计工作，见表2-6。

表2-6　　　　　　　　　　工程量计算表

序号	项目名称	计量单位	数量	计算过程
一	进户线			
1	镀锌钢管 SC50	m	14.30	{2.7(ZM 至外墙皮水平长度)+1 (出户增加长度)+[1.1(埋深)+(2.3-1.45)+1.5](垂直)}×2(2 个单元)
二	ZM 箱至 BM 箱配管配线			
1	镀锌钢管 SC70	m	14.10	[(1.5+0.3)(ZM 箱垂直)+(0.5+X1.45+0.3)(BM 箱垂直)+3(水平)]×2(2 个单元)
2	管内穿线 35mm^2	m	20.28	[14.10/2+（0.4+0.5）(ZM 箱半周长)+（0.9+1.29）(BM 箱半周长)]×1×2 (2 个单元)
3	管内穿线 70mm^2	m	81.12	[14.10/2+（0.4+0.5）(ZM 箱半周长)+（0.9+1.29）(BM 箱半周长)]×4×2 (2 个单元)
三	BM 箱至一层 AM 箱配管配线			
1	硬质塑料管 PC32	m	21.64	{[3.75(水平)+(2.8-0.5-1.29)(BM 箱上部垂直管)+(2.8-1.8-0.25)(AM 箱上部垂直管)](①～④轴用户)+[3.55(水平)+(2.8-0.5-1.29)(BM 箱上部垂直管)+(2.8-1.8-0.25)(AM 箱上部垂直管)](④～⑦轴用户)}×2(2 个单元)
2	管内穿线 10mm^2	m	72.60	[21.64+（0.9+1.29）(BM 箱半周长)+（0.39+0.25）(AM 箱半周长)]×3
四	BM 箱至二层 AM 箱配管配线			
1	镀锌钢管 SC32	m	5.62	(2.8-0.5-1.29+1.8)×2(2 个单元)

序号	项目名称	计量单位	数量	计算过程
2	硬质塑料管 PC32	m	21.60	{[3.75(水平)+(2.8-1.8)(接线箱上部配管)+(2.8-1.8-0.25)(AM 箱上部配管)](⑦~⑩轴用户)+[3.55(水平)+(2.8-1.8)(接线箱上部配管)+(2.8-1.8-0.25)(AM 箱上部配管)](⑩~⑬轴用户)}×2(2个单元)
3	管内穿线 10mm²	m	122.48	[5.62+(0.9+1.29)(BM 箱半周长)×2(2个 BM 箱)]×5(SC32 管内穿线)+[21.60+(0.39+0.25)(AM 箱半周长)×4(4个 AM 箱)]×3(PC32 管内穿线)
五	BM 箱至三层 AM 箱配管配线			
1	镀锌钢管 SC32	m	11.22	[(2.8-0.5-1.29+1.8)+2.8]×2
2	硬质塑料管 PC32	m	21.60	同二层
3	管内穿线 10mm²	m	150.48	[11.22+(0.9+1.29)(BM 箱半周长)×2(2个 BM 箱)]×5(SC32 管内穿线)+[21.60+(0.39+0.25)(AM 箱半周长)×4(4个 AM 箱)]×3(PC32 管内穿线)
六	BM 箱至四层 AM 箱配管配线			
1	镀锌钢管 SC32	m	16.82	[(2.8-0.5-1.29+1.8)+2.8×2]×2
2	硬质塑料管 PC32	m	21.60	同二层
3	管内穿线 10mm²	m	178.48	[16.82+(0.9+1.29)(BM 箱半周长)×2(2个 BM 箱)]×5(SC32 管内穿线)+[21.60+(0.39+0.25)(AM 箱半周长)×4(4个 AM 箱)]×3(PC32 管内穿线)
七	BM 箱至 A 相电车库 CM 箱配管配线			
1	硬质塑料管 PC25	m	16.90	{0.5(BM 箱下垂直)+2.55(②~③轴水平距离)+2.4(接线盒至 CM 箱水平)+(2.15-1.5-0.35)(CM 箱垂直)]×2(2条管路接至 CM 箱)}(2个单元)

序号	项目名称	计量单位	数量	计算过程
2	管内穿线 6mm²	m	73.32	［16.90+（0.9+1.29）（BM 箱半周长）×2（2 路线管由 BM 配出）+（0.44+0.35）（CM 箱半周长）×4（4 个 CM 箱）］×3
八	BM 箱至 B 相电车库 CM 箱配管配线			
1	硬质塑料管 PC25	m	10.60	｛［0.5（BM 箱下垂直）+1.2（水平至接线盒上方）+（2.15−1.5−0.35）（CM 箱垂直）］（①～③轴车库 CM 箱）+［2.7（③～⑤轴水平距离）+0.3（接线盒至楼板取）+（2.15−1.5−0.35）（CM 箱垂直）］｝×2（2 个单元）
2	管内穿线 6mm²	m	54.42	［10.60+（0.9+1.29）（BM 箱半周长）×2（2 路线管由 BM 配出）+（0.44+0.35）（CM 箱半周长）×4（4 个 CM 箱）］×3
九	BM 箱至 C 相电车库 CM 箱配管配线			
1	硬质塑料管 PC25	m	19.90	｛0.5（BM 箱下垂直）+1.2（水平）+（2.7+2.55）（③～⑥轴水平距离）+［1.2（水平）+（2.15−1.5−0.35）（CM 箱垂直）］×2（2 条管路）｝×2（2 个单元）
2	管内穿线 6mm²	m	82.32	［19.90+（0.9+1.29）（BM 箱半周长）×2（2 路线管由 BM 配出）+（0.44+0.35）（CM 箱半周长）×4（4 个 CM 箱）］×3
十	一层用户配管配线			
1	WL1 回路（照明回路）（以乙单元一户为例）			
1.1	AM 箱至接线盒			
1.1.1	硬质塑料管 PC20	m	0.35	2.4−（1.8+0.25）（AM 箱上沿距地）
1.1.2	管内穿线 4mm²	m	1.98	［0.35+（0.39+0.25）（AM 箱半周长）］×2
1.2	接线盒至门厅壁灯			

续表

序号	项目名称	计量单位	数量	计算过程
1.2.1	硬质塑料管 PC20	m	0.70	0.7（水平量取）
1.2.2	管内穿线 2.5mm²	m	1.40	0.70×2 支线用 2.5mm²
1.3	门厅壁灯至其开关			
1.3.1	硬质塑料管 PC20	m	1.60	0.4(水平)+(2.4-1.2)(开关垂直)
1.3.2	管内穿线 2.5mm²	m	3.20	1.60×2
1.4	接线盒至客厅灯			
1.4.1	硬质塑料管 PC20	m	2.90	(2.8-2.4)(垂直)+2.5(水平量取)
1.4.2	管内穿线 4mm²	m	5.80	2.90×2
1.5	客厅灯至开关			
1.5.1	硬质塑料管 PC20	m	3.90	2.3(水平)+(2.8-1.2)(开关垂直)
1.5.2	管内穿线 2.5mm²	m	11.70	3.90×3（支线）
1.6	客厅灯至南侧阳台灯			
1.6.1	硬质塑料管 PC20	m	3.60	3.6（水平量取）
1.6.2	管内穿线 2.5mm²	m	7.20	3.60×2
1.7	客厅灯至南侧卧室灯			
1.7.1	硬质塑料管 PC20	m	3.60	3.60（水平量取）
1.7.2	管内穿线 4mm²	m	7.20	3.60×2
1.8	南侧卧室灯至其开关			
1.8.1	硬质塑料管 PC20	m	4.10	2.5(水平)+(2.8-1.2)(开关垂直)
1.8.2	管内穿线 2.5mm²	m	8.20	4.10×2
1.9	南侧卧室灯至卫生间灯			
1.9.1	硬质塑料管 PC20	m	3.40	3.4（水平量取）
1.9.2	管内穿线 4mm²	m	6.80	3.40×2
1.10	卫生间灯至其开关			
1.10.1	硬质塑料管 PC20	m	3.90	2.3(水平)+(2.8-1.2)(开关垂直)
1.10.2	管内穿线 2.5mm²	m	11.70	3.90×3
1.11	卫生间灯至卫生间排气扇预留接线盒			
1.11.1	硬质塑料管 PC20	m	1.50	1.2(水平)+(2.8-2.5)(垂直)
1.11.2	管内穿线 2.5mm²	m	3.00	1.50×2
1.12	卫生间灯至北侧卧室灯			
1.12.1	硬质塑料管 PC20	m	3.00	3.0（水平量取）
1.12.2	管内穿线 4mm²	m	6.00	3.00×2

续表

序号	项目名称	计量单位	数量	计算过程
1.13	北侧卧室灯至其开关			
1.13.1	硬质塑料管 PC20	m	3.40	1.8(水平)+(2.8-1.2)(开关垂直)
1.13.2	管内穿线 2.5mm²	m	6.80	3.40×2
1.14	北侧卧室灯至餐厅灯			
1.14.1	硬质塑料管 PC20	m	3.20	3.2（水平量取）
1.14.2	管内穿线 4mm²	m	6.40	3.20×2
1.15	餐厅灯至其开关			
1.15.1	硬质塑料管 PC20	m	3.10	1.5(水平)+(2.8-1.2)(开关垂直)
1.15.2	管内穿线 2.5mm²	m	6.20	3.10×2
1.16	餐厅灯至厨房灯			
1.16.1	硬质塑料管 PC20	m	2.30	2.3（水平量取）
1.16.2	管内穿线 2.5mm²	m	6.40	2.30×2 支线
1.17	厨房灯至其开关			
1.17.1	硬质塑料管 PC20	m	2.80	1.2(水平)+(2.8-1.2)(开关垂直)
1.17.2	管内穿线 2.5mm²	m	5.60	2.80×2
1.18	厨房灯至北侧阳台灯			
1.18.1	硬质塑料管 PC20	m	2.00	2.0（水平量取）
1.18.2	管内穿线 2.5mm²	m	4.00	2.00×2
1.19	北侧阳台灯至其开关			
1.19.1	硬质塑料管 PC20	m	2.40	0.8(水平)+(2.8-1.2)(开关垂直)
1.19.2	管内穿线 2.5mm²	m	4.80	2.40×2
1.20	小计			
1.20.1	硬质塑料管 PC20	m	51.75	上述所有 PC20 之和
1.20.2	管内穿线 4mm²	m	34.18	上述所有 4mm² 导线之和
1.20.3	管内穿线 2.5mm²	m	80.20	上述所有 2.5mm² 导线之和
2	WL2 回路（厨房插座回路）（以乙单元一户为例）			
2.1	硬质塑料管 PC25	m	18.50	(2.8-1.8-0.25)(配电箱垂直)+10.75(至最末一个插座水平距离)+(2.8-1.8)×7(插座垂直配管)
2.2	管内穿线 4mm²	m	22.50	[3.5(最后两个插座连线水平距离)+(2.8-1.8)×4(插座垂直配管)]×3

续表

序号	项目名称	计量单位	数量	计算过程
2.3	管内穿线 6mm²	m	34.92	｛[18.5-7.5（上式中管的长度）]+（0.39+0.25）（AM 箱半周长）｝×3
3	WL3 回路（其他插座回路）（以乙单元一户为例）			
3.1	硬质塑料管 PC25	m	33.90	（1.8+0.1）（配电箱垂直）+27.6（至最末一个插座水平距离）+（0.3+0.1）×11（插座垂直配管）
3.2	管内穿线 4mm²	m	15.90	[4.5+（0.3+0.1）×2]×3
3.3	管内穿线 6mm²	m	87.72	[（33.90－5.3）+（0.39+0.25）（AM 箱半周长）]×3
4	WL4 回路（空调插座回路）（以乙单元一户为例）			
4.1	硬质塑料管 PC25	m	21.30	（1.8+0.1）（配电箱垂直）+14.2（至最末一个插座水平距离）+（0.3+0.1）×2（客厅插座垂直配管）+（2.2-0.3）（南侧卧室插座垂直）+（2.2+0.1）（北侧卧室插座垂直）+0.2（穿墙管）
4.2	管内穿线 6mm²	m	23.82	[（1.8+0.1）+5+（0.1+0.3）+（0.39+0.25）（AM 箱半周长）]×3
4.3	管内穿线 4mm²	m	28.00	[21.30－7.3（至第一个插座长度）]×2（后接 2 极插座）
5	WL5 回路（卫生间插座回路）（以乙单元一户为例）			
5.1	硬质塑料管 PC25	m	11.45	（2.8-1.8-0.25）（配电箱垂直）+7.7（至最末一个插座水平距离）+（2.8-1.8）×3（插座垂直配管）
5.2	管内穿线 6mm²	m	36.27	[11.45+（0.39+0.25）（AM 箱半周长）]×3
6	小计（全楼层）			
6.1	硬质塑料管 PC20	m	207.00	51.75×2（一梯两户）×2（2个单元）
6.2	硬质塑料管 PC25	m	340.60	（18.5+33.9+21.3+11.45）×2（一梯两户）×2（2个单元）
6.3	管内穿线 2.5mm²	m	320.80	80.2×2（一梯两户）×2（2个单元）
6.4	管内穿线 4mm²	m	402.32	（34.18+22.50+15.90+28.00）×2（一梯两户）×2（2个单元）

序号	项目名称	计量单位	数量	计算过程
6.5	管内穿线 6mm²	m	730.92	(34.92+87.72+23.82+36.27)×2（一梯两户）×2（2个单元）
十一	二层用户配管配线（同一层）			
1	硬质塑料管 PC20	m	207.00	
2	硬质塑料管 PC25	m	340.60	
3	管内穿线 2.5mm²	m	320.80	
4	管内穿线 4mm²	m	402.32	
5	管内穿线 6mm²	m	730.92	
十二	三层用户配管配线（同一层）			
1	硬质塑料管 PC20	m	207.00	
2	硬质塑料管 PC25	m	340.60	
3	管内穿线 2.5mm²	m	320.80	
4	管内穿线 4mm²	m	402.32	
5	管内穿线 6mm²	m	730.92	
十三	四层用户配管配线（同一层，增加量算至阁楼层）			
1	硬质塑料管 PC20	m	207.00	
2	硬质塑料管 PC25	m	340.60	
3	管内穿线 2.5mm²	m	320.80	
4	管内穿线 4mm²	m	402.32	
5	管内穿线 6mm²	m	730.92	
十四	阁楼层配管配线			
1	WL1 回路（以一户为例）			
1.1	四层接线盒至阁楼开关			
1.1.1	硬质塑料管 PC20	m	2.80	(2.8-2.4)（四层垂直部分)+1.2（开关距地高度)+1.2（水平）
1.1.2	管内穿线 2.5mm²	m	8.40	2.80×3（火线、零线、保护线）
1.2	开关至第一盏灯具			
1.2.1	硬质塑料管 PC20	m	4.10	(2.8-1.2)（垂直)+2.5（水平）
1.2.2	管内穿线 2.5mm²	m	12.30	4.10×3
1.3	第一盏灯具至第二盏灯具			
1.3.1	硬质塑料管 PC20	m	3.70	3.7（水平）
1.3.2	管内穿线 2.5mm²	m	7.40	3.70×2

续表

序号	项目名称	计量单位	数量	计算过程
1.4	阁楼双控开关至楼梯壁灯			
1.4.1	硬质塑料管PC20	m	4.00	(2.8-1.2)(垂直)+2(水平)+(2.8-2.4)(壁灯垂直)
1.4.2	管内穿线2.5mm^2	m	16.00	4.00×4
1.5	楼梯壁灯至四层双控开关			
1.5.1	硬质塑料管PC20	m	6.20	2.2(水平)+(2.8+2.4-1.2)(双控开关垂直)
1.5.2	管内穿线2.5mm^2	m	18.60	6.20×3
2	WL3回路（自四层该回路第一插座起）（以一户为例）			
2.1	硬质塑料管PC25	m	18.90	(2.8-0.3)(四层引上垂直)+(1+4+3.3+3.9+2.2)(水平)+(0.3+0.1)×5(插座距地高度)
2.2	管内穿线4mm^2	m	56.70	18.90×3
3	小计（全层）			
3.1	硬质塑料管PC20	m	83.20	20.80×2(一梯两户)×2(2个单元)
3.2	硬质塑料管PC25	m	78.60	18.90×2(一梯两户)×2(2个单元)
3.3	管内穿线4mm^2	m	226.80	56.70×2(一梯两户)×2(2个单元)
3.4	管内穿线2.5mm^2	m	250.80	62.70×2(一梯两户)×2(2个单元)
十五	车库层配管配线			
1	车库一配管配线			
1.1	WL1回路（照明回路）			
1.1.1	硬质塑料管PC20	m	28.20	[(2.15-1.5-0.35)(CM箱上部垂直配管)+2.2(水平,至灯)+3.6(水平,至开关)+(2.15-1.2)(开关上部垂直配管)]×4(车库一数量)
1.1.2	管内穿线2.5mm^2	m	62.72	[28.20+(0.44+0.35)(CM箱半周长)×4(4个CM箱)]×2
1.2	WL2回路（插座回路）			
1.2.1	硬质塑料管PC25	m	44.80	[(1.5+0.1)(CM箱下部垂直)+(2.1+1.4+3.3)(水平)+(0.3+0.1)×3(插座垂直)+(1.9-0.3)(电动卷帘门接线盒垂直配管)]×4(车库一数量)

序号	项目名称	计量单位	数量	计算过程
1.2.2	管内穿线 4mm²	m	85.20	{[1.4+(1.9-0.3)+3.3+(0.3+0.1)×2]}4(车库一数量)×3
1.2.3	管内穿线 6mm²	m	58.68	[(44.80-7.1×4)+(0.44+0.35)(CM箱半周长)×4(4个CM箱)]×3
2	车库二配管配线			
2.1	WL1回路（照明回路）			
2.1.1	硬质塑料管 PC20	m	33.80	[(2.15-1.5-0.35)(CM箱上部垂直配管)+3.2(水平,至灯)+4(水平,至开关)+(2.15-1.2)(开关上部垂直配管)]×4(车库二数量)
2.1.2	管内穿线 2.5mm²	m	73.92	[33.80+(0.44+0.35)(CM箱半周长)×4(4个CM箱)]×2
2.2	WL2回路（插座回路）			
2.2.1	硬质塑料管 PC25	m	47.60	[(1.5+0.1)(CM箱下部垂直)+(2.1+1.4+4)(水平)+(0.3+0.1)×3(插座垂直)+(1.9-0.3)(电动卷帘门接线盒垂直配管)]×4(车库二数量)
2.2.2	管内穿线 4mm²	m	93.60	[1.4+(1.9-0.3)+4+(0.3+0.1)×2]×4(车库二数量)×3
2.2.3	管内穿线 6mm²	m	58.68	[(47.60-7.8×4)+(0.44+0.35)(CM箱半周长)×4(4个CM箱)]×3
3	车库三配管配线			
3.1	WL1回路（照明回路）			
3.1.1	硬质塑料管 PC20	m	51.20	[(2.15-1.5-0.35)(CM箱上部垂直配管)+1.7(水平,至第一盏灯)+3.3(水平,至第一盏灯开关)+2.6(水平,至第二盏灯)+3(水平,至第二盏灯开关)+(2.15-1.2)×2(开关上部垂直配管)]×4(车库二数量)
3.1.2	管内穿线 2.5mm²	m	108.72	[51.20+(0.44+0.35)(CM箱半周长)×4(4个CM箱)]×2
3.2	WL2回路（插座回路）			

续表

序号	项目名称	计量单位	数量	计算过程
3.2.1	硬质塑料管 PC25	m	68.60	[（1.5+0.1）（CM 箱下部垂直）+（0.9+2.55+3.3+2.2×2）（水平）+（0.3+0.1）×3（插座垂直）+（1.9-0.3）×2（电动卷帘门接线盒垂直配管）]×4（车库二数量）
3.2.2	管内穿线 4mm²	m	171.00	[2.2×2+（1.9-0.3）×2+2.55+3.3+（0.3+0.1）×2]×4（车库二数量）×3
3.2.3	管内穿线 6mm²	m	44.28	[（68.60－14.25×4）+（0.44+0.35）（CM 箱半周长）×4（4 个 CM 箱）]×3
4	小计			
4.1	硬质塑料管 PC20	m	113.20	
4.2	硬质塑料管 PC25	m	161.00	
4.3	管内穿线 2.5mm²	m	245.36	
4.4	管内穿线 4mm²	m	349.80	
4.5	管内穿线 6mm²	m	161.64	
十六	楼梯间感应灯及对讲门电源配管配线			
1	BM 箱至分线箱（以甲单元为例）			
1.1	硬质塑料管 PC20	m	0.71	2.8-0.5（BM 箱下沿距地）-1.29（BM 箱高度）-0.3（板下 300mm，分线箱的安装位置）
1.2	管内穿线 2.5mm²	m	8.67	[0.71+（0.9+1.29）（BM 箱半周长）]×3
2	分线箱至对讲门电源箱 MX（以甲单元为例）			
2.1	硬质塑料管 PC20	m	8.05	（2.8-0.3）（垂直）+（2.7+2.5）（水平）+（1.8-1.45）（MX 箱下部垂直）
2.2	管内穿线 2.5mm²	m	26.10	[8.05+（0.3+0.35）（MX 箱半周长）]×3
3	分线箱至其他各层配管配线（以甲单元为例）			
3.1	硬质塑料管 PC20	m	8.70	11.2-2.8+0.3
3.2	管内穿线 2.5mm²	m	17.40	8.70×2

序号	项目名称	计量单位	数量	计算过程
4	各层分线箱至声控灯（以甲单元为例）			
4.1	硬质塑料管 PC20	m	6.60	［0.3（垂直）+2.7/2（水平）］×4（四层）
4.2	管内穿线 2.5mm²	m	13.20	6.60×2
5	小计（全楼）			
5.1	硬质塑料管 PC20	m	47.92	24.06×2（2个单元）
5.2	管内穿线 2.5mm²	m	130.74	65.37（上述各值之和）×2（2个单元）

6）工程量计算分析。

第一部分，进户线配管。通过一层配电干线平面图识图可知，进户处采用 SC50 的镀锌钢管，室外部分埋深 1.1m，穿电力电缆。计算水平长度时，用直尺量出从配电箱 ZM 中心点到外墙皮水平长度为 2.7m；电缆保护管穿过建筑外墙时，要按基础外缘以外增加 1m 的增加长度，这里因无法识读出基础外缘位置，故我们取 1m 长度。垂直长度计算，从图 2-7 进户线及配电箱安装立面图可知，埋深 1.1m，配电箱下沿距地 1.5m，即 ［1.1+（2.3-1.45）+1.5］m = 3.45m。SC50 的镀锌钢管长度为（2.7+1+3.45）m = 7.15m。特别强调，此处的电力电缆算至外线工程中，在此可以不进行计算。

第二部分，ZM 箱至 BM 箱配管配线。通过识读一层配电干线平面图和系统图可知，配管为沿墙暗配。结合图 2-7 可知，BM 箱垂直配管长度计算，0.5+1.45+0.3 = 2.25m；ZM 箱垂直配管长度计算，1.5+0.3 = 1.80m；量出两箱中心点间水平距离为 3m。因此 SC70 配管长度：2.25+1.80+3 = 7.05m。管内穿线 35mm² 一根，单线长度等于管长为 ［7.05+（0.4+0.5）+（0.9+1.29）］ = 10.14m，其中，（0.4+0.5）为 ZM 箱半周长，（0.9+1.29）为 BM 箱半周长，即宽+高；管内穿线 70mm² 四根，总长度为 10.14×4 = 40.56m。这里仅计算一个单元。

第三部分，BM 箱至一层 AM 箱配管配线。通过识读一层配电干线平面图和系统图可知，配管沿墙、顶板直接配至 AM 箱。在图上量取 BM 箱到 AM 箱水平长度：①～④轴用户 3.75m，④～⑦轴用户 3.55m。BM 箱上部垂直配管为（2.8-0.5-1.29）m = 1.01m；AM 箱部上垂直配管为（2.8-1.8-0.25）m = 0.75m。因此，2 个单元的配管长度为 ［（3.75+1.01+0.75）+（3.55+1.01+0.75）］×2m = 21.64m。管内穿线：21.64×3m = 64.92m，如图 2-11 所示。

第四部分，BM 箱至二层 AM 箱配管配线（以一个单元为例）。根据系统图和平面图可知，配管先沿墙暗配至接线箱，而后再分成两根管沿墙、沿顶板暗

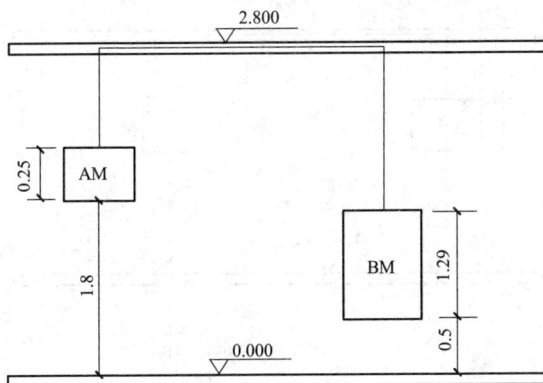

图 2-11　BM 箱至 AM 箱配管示意图（单位：m）

配至 AM 箱。可建立空间想象并绘出图 2-12，镀锌钢管 SC32：$(2.8-0.5-1.29+1.8)m=2.81m$。按照计算规则不扣除此处的接线箱所占长度。硬质塑料管 PC32：{3.75（水平量取）+（2.8-1.8）（接线箱上部配管，不扣除接线箱所占长度）+（2.8-1.8-0.25）（AM 箱上部配管）}（⑦～⑩轴用户）+{3.55（水平）+（2.8-1.8）（接线箱上部配管）+（2.8-1.8-0.25）（AM 箱上部配管）}（⑩～⑬轴用户）=10.80m。管内穿线 $10mm^2$：$[2.81+（0.9+1.29）]×5$（SC32 管内穿线）+$[10.80+（0.39+0.25）]×3$（PC32 管内穿线）=59.32m。之所以 SC32 的管内穿 5 根导线，是因为此处两个回路共用一根保护线 PE，节省一根导线，从而降低工程造价。其他各层分析方法同该层，SC32 配管每层增加一个楼层高度，不再赘述第五、六部分。

第七部分，BM 箱至 A 相电车库 CM 箱配管配线（以一个单元为例）。通过识读一层及首层车库照明、插座平面图可知，配管配线由 BM 箱引来，沿墙、沿顶板暗配管至接线盒后分成两根管沿墙、沿顶板暗配至 CM 箱，管内穿 3 根 $6mm^2$ 的导线。硬质塑料管 PC25：0.5（BM 箱下垂直配管至一层楼地板）+2.55（②～③轴水平距离）+[2.4（接线盒至 CM 箱水平）+（2.15-1.5-0.35）（CM 箱上部垂直配管至楼板处）]×2（2 条管路接至 CM 箱）=8.45m。第八、九部分即 BM 箱至 B、C 相电车库 CM 箱配管配线分析方法同该部分，不再赘述。

第十部分，一层用户配管配线（以乙单元一户为例）。根据一至三层照明、插座平面图的截图 2-13 及系统图分析可知，自 AM 箱后配出 5 条回路，分别为照明、厨房插座、其他插座、空调插座和卫生间插座回路，各回路配管的敷设方式不尽相同。

WL1 回路（照明回路）：BV—2×4—PC20.WC.CC，即配管沿墙、沿顶板暗敷设，分析如下：

① 自 AM 箱至接线盒。因 WL1 回路自 AM 箱配出后出现分支，故加装接线

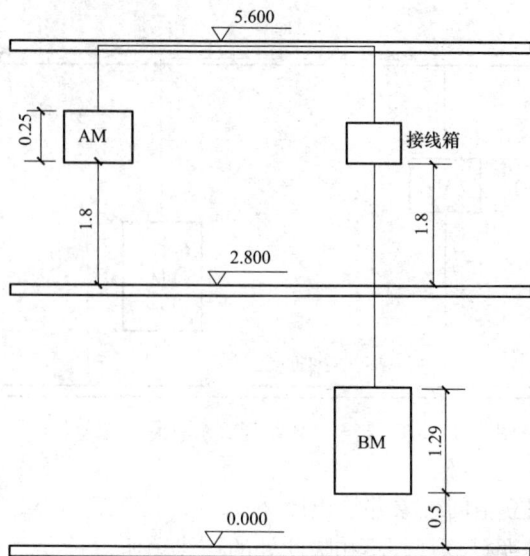

图 2-12　BM 箱至 AM 箱配管（经接线箱）示意图

盒。配管长度为 $[2.4-(1.8+0.25)]m=0.35m$。其中，2.4 为壁灯安装高度，在此分线较为合理，1.8 为 AM 箱距地高度，0.25 为 AM 箱高度，单位为 m。管内穿线长度为：$[0.35+(0.39+0.25)]\times 2m=1.98m$。

② 接线盒至门厅壁灯。配管长度为 0.7m，水平量取（即上图中括号内的数值，下同）。因两个用电端以下，故管内穿线为支线（下同），长度为 $0.7\times 2m=1.40m$。

③ 门厅壁灯至其开关。配管长度为 $[0.4+(2.4-1.2)]m=1.6m$。其中 0.4 为水平长度，开关安装高度为 1.2m。管内穿线为 $1.60\times 2m=3.2m$，分别为火线及控制火线。

④ 接线盒至客厅灯。沿顶板暗配管，配管长度为 $[(2.8-2.4)(垂直)+2.5]m=2.90m$。其中 2.5 为水平量取。管内穿线为 $2.90\times 2m=5.80m$。

⑤ 客厅灯至开关。配管长度为 $2.3(水平)+(2.8-1.2)(开关垂直)=3.90m$。以下以此类推。

WL2 回路（厨房插座回路）：BV—3×6—PC25. WC. CC，即配管沿墙、沿顶板暗敷设。

WL3 回路（其他插座回路）：BV—3×6—PC25. WC. FC，即配管沿墙、沿地板暗敷设，因此配管在地板中的埋设深度取 0.1m，与在底层地面中的 0.3m 埋深要加以区分，之所以不同是因为楼地面与楼板层的构造不同。

在插座回路配管配线中要注意的是，如果两个插座在一面墙的两侧，如此墙为 240mm 墙，则取穿管长度为 0.20m。

第十一、十二、十三部分分析方法同该部分。

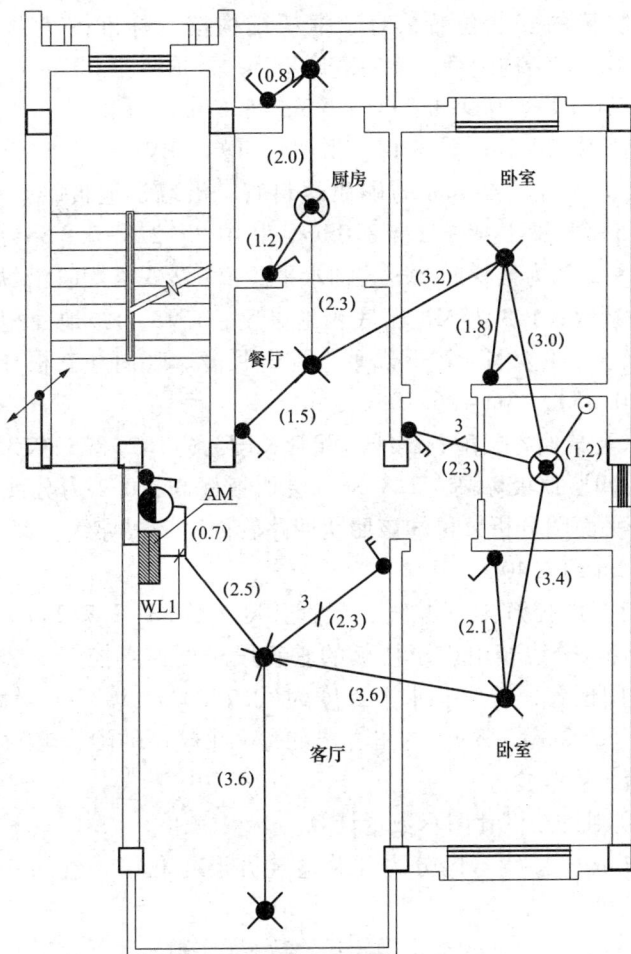

图 2-13 住宅楼工程平面图截图

第十四部分，阁楼层配管配线分析方法也与第十部分相同，该部分引起注意的是照明回路中由于安装了高度低于 2.4m 的壁灯，出于安全考虑，在设计中加了一根保护线 PE。配管配线至四层相应照明、插座回路引来。楼梯间的壁灯为双控开关，在前面已经分析过。

第十五部分，车库层配管配线同第十部分的分析方法。

第十六部分，楼梯间感应灯及对讲门电源配管配线（以甲单元为例）。根据一层配电干线平面图可知，BV—3×2.5—PC20. WC. CC 引至其他各层，即配管采用公称直径为 20mm 的硬质塑料管，沿墙、沿顶板暗敷设。因此，分析如下：

① BM 箱至分线箱，硬质塑料管 PC20 长度为（2.8−0.5−1.29−0.3）m＝0.71m。其中，2.8 为楼层高度；0.5 为 BM 箱下沿距地高度；1.29 为 BM 箱高

度；0.3 为分线箱的安装位置，对于框架结构按照标准图集要求应取梁下 150mm，但本图没有结构图纸，梁的高度不详，固取板下 300mm。管内穿三根导线，长度为 [0.71+(0.9+1.29)]×3m＝8.67m。

② 分线箱至对讲门电源箱 MX，由图示可知，BV—3×2.5—PC20.WC.FC，即配管采用公称直径为 20mm 的硬质塑料管，沿墙、地板暗敷设，[(2.8-0.3)+2.7+2.5+(1.8-1.45)]m＝8.05m。其中，(2.8-0.3) 为分线箱至地板的配管高度；2.7 为楼梯间③～⑤轴水平距离；2.5 为配管沿纵墙配管水平长度，用直尺量取；1.8 为 MX 箱底距地高度，1.45 为楼地面相对楼梯前室的高度，二者之差即为 MX 箱下部垂直配管长度。管内穿三根导线，长度为 [8.05+(0.3+0.35)]×3m＝26.10m。

③ 分线箱至其他各层配管配线。配管长度为 (11.2-2.8+0.3)m＝8.70m。其中，11.2 为四层顶板标高；2.8 为一层顶板标高；0.3 为分线箱距一层顶板高度。根据平面图分析，可知该照明回路管内穿 2 根导线，即火线和零线，长度为 8.70×2m＝17.40m。

④ 分线箱至声控灯配管配线。配管长度为 (0.3+2.7/2)m＝1.65m。其中，0.3 为配管从分线箱引出至楼板的垂直段长度；声控灯安装在楼梯间的楼层平台的中间位置，因此，水平长度为 (2.7/2)m＝1.35m。管内穿 2 根导线，长度为 1.65×2m＝3.3m。这里算出的是一个楼层的配管配线。

3. 接线箱、接线盒

1）计算规则：按设计图示数量计算。

2）计算方法。接线盒区分为开关盒（方形）和接线盒（八角形）两种类型。

$$开关盒数＝开关数+插座数$$

$$接线盒数＝灯位数+专用接线盒数$$

3）工程量计算。依据工程图纸统计该工程接线箱、盒工程量见表 2-7。

表 2-7　　　　　　　　　　工 程 量 计 算 表

序号	项目名称	规格型号	计量单位	数量	计算过程
1	接线盒		个	180	(4+32+8+120)（灯）+16
2	开关盒		个	480	(96+36+8)（开关）+(32+16+180+96)（插座）+16（卫生间排气扇插座预留）

4. 照明器具安装

1）工程内容。照明器具安装主要包括普通灯具、工厂灯、装饰灯、荧光灯、医疗专用灯、一般路灯、广场灯安装、高杆灯安装、桥栏杆灯、地道涵洞灯等内容。对于一般工程而言通常涉及的有普通吸顶灯及其他灯具和荧光灯两个项目。

普通灯具包括：圆球吸顶灯、半圆球吸顶灯、方形吸顶灯、软线吊灯、吊链灯、防水吊灯、壁灯、座灯头等。我们这个工程涉及的有座灯头和壁灯。

普通灯具、荧光灯安装的工程内容为本体安装。

2）计算规则。照明器具安装按设计图示数量计算，以"套"为计量单位。

3）工程量计算。依据工程图纸统计该工程照明器具安装工程量见表2-8。

表2-8 **工程量计算表**

序号	项目名称	规格型号	计量单位	数量	计算过程
1	一般壁灯	220V，25W	套	4	平面图
2	防水灯头	250V，4A	套	32	平面图
3	节能座灯头	250V，4A	套	8	楼梯间声控灯
4	座灯头	250V，4A	套	120	平面图

2.5 建筑防雷与接地工程图识读及工程量计量

2.5.1 建筑防雷与接地基础知识

1. 防雷装置工程

（1）雷电

雷电是一种自然的放电现象，是由雷云之间或雷云对地面建筑物之间产生的一种放电。

（2）雷电的危害

雷电的危害常见的有三种形式：直击雷即直接雷击，所谓直击雷是指雷云与大地之间直接通过建筑物（构筑物）、电气设备等放电，可能引起火灾或爆炸，造成建筑物倒塌、设备毁坏及人身伤害等，破坏最为严重；感应雷即雷电感应，有静电感应和电磁感应之分，易引起过电压从而引起火灾或爆炸，并危及人身安全；雷电波侵入，由架空线路或金属管道遭受雷击形成，其冲击电压侵入建筑物内，危害较大，占雷害事故比重较大。

（3）建筑物的防雷措施

为了防止雷电对建筑物造成危害，应对建筑物采取不同的防雷措施，以保护建筑物及人员生命财产安全。

1）防止直击雷的措施。防止直击雷的方法是在建筑物易遭雷击部位装设避雷针、避雷带、避雷网等。

2）防止雷电感应的措施。防止建筑物内金属物体上雷电感应的方法是将金属设备、管道等金属物通过接地装置与大地作可靠的电气连接。

3）防止雷电波侵入的措施。为了防止雷电波沿供电线路侵入建筑物，可在线路上安装避雷器或采用地下电缆供电的方式。

（4）建筑物易受雷击的部位

根据建筑物的性质、结构以及建筑物所处位置的不同，其遭受雷击的部位也不尽相同。

1）平屋顶或坡度小于等于1/10的屋顶易遭雷击的部位为檐角、女儿墙、屋檐。

2）坡度大于1/10且小于1/2的屋顶易遭雷击的部位为屋角、屋脊、檐角、屋檐。

3）坡度大于等于1/2的屋顶易遭雷击的部位为屋角、屋脊、檐角。

（5）防止直击雷的防雷装置的组成

建筑物的防雷装置通常由接伞器、引下线和接地装置三部分组成。工作原理是通过接伞器将雷电引向大地，从而保护建筑物免受雷击。

1）接闪器。

① 避雷针。采用直径不小于20mm、长度为1～2m的圆钢，或采用直径不小于25mm的镀锌金属管制成。

② 避雷带和避雷网。避雷带就是用小截面圆钢或扁钢装于建筑物易遭雷击的部位，如屋脊、屋檐、屋角、女儿墙和山墙等条形长带。避雷网相当于纵横交错的避雷带叠加在一起，形成多个网孔。避雷带和避雷网可以采用圆钢或扁钢，圆钢直径应不小于8mm；扁钢截面积应不小于48mm^2，其厚度不得小于4mm。如果建筑物楼顶上有女儿墙，避雷网安在女儿墙上。安装时先在混凝土结构上打孔，安装铁支架，支架间距1m。如果无女儿墙，则安装在楼顶天沟外沿。如果楼面较大时，要在楼面上做成网格，网格上的圆钢与周围的圆钢焊在一起，连成一体，并将屋面凸出的金属物体都和避雷网焊成一体，如排水管的通气管、共用天线的铁架等。屋面中间的避雷网要敷设在混凝土块上，间距1m。对于不允许明装避雷网的建筑物，可以将圆钢或扁钢安装在建筑物的结构表面内，外面用装饰面遮蔽。具体安装方法稍后介绍。

③ 避雷线。一般采用截面积不小于35mm^{2}的镀锌钢绞线，架设在架空线路之上，以保护架空线路免受直接雷击。

2）引下线。引下线是接闪器与接地体之间的连接线。它将接闪器上的雷电流安全的引入接地体，使之尽快地泄入大地。一般采用圆钢或扁钢，优先采用圆钢。

① 引下线的选择和设置。采用圆钢时，直径不应小于8mm；采用扁钢时，其截面应不小于48mm^2，厚度应不小于4mm。

明敷的引下线应镀锌，焊接处应涂防腐漆。建筑物的金属构件（如消防梯等）、金属烟囱、烟囱的金属爬梯、混凝土柱内钢筋、钢柱等都可作为引下线，但其所有部件之间均应连成电气通路。在易受机械损坏和人身接触的地方，地面上1.7m至地面下0.3m的一段引下线应采取暗敷或用镀锌角钢、改性塑料管等保护设施。

暗敷设引下线是把圆钢或扁钢暗敷设在结构内，用得最多的是利用建筑物混凝土柱内的钢筋做防雷引下线。做引下线的柱内主筋直径不小于10mm，每根柱子内要焊接不少于2根主筋。

② 断接卡。设置断接卡的目的是为了便于运行、维护和检测接地电阻。采用多根专设引下线时，为了便于测量接地电阻以及检查引下线、接地线的连接状况，宜在各引下线上距地面0.3～1.8m之间设置断接卡。断接卡应有保护措施。

由于利用建筑物钢筋作引下线时，是自上而下连成一体的，故不能设置断接卡子来测试接地电阻值。这时，要在作为引下线的柱（或剪力墙）主筋上另焊一根圆钢引至柱（或墙）外侧的墙体上，在距地1.8m处，设置接地电阻测试箱。这时有两种接地情况，一是如果采用埋于土壤中的人工接地体时，箱内设断接卡子，下端接40mm×4mm镀锌扁钢接地线；二是如果采用建筑物基础钢筋作接地体时，要在地下0.8～1m处预留一处采用ϕ12mm圆钢或40mm×4mm镀锌扁钢的接地连接板，在建筑结构施工完成后测得接地电阻达不到设计要求时连接人工接地体使用，如图2-14所示。具体在识图时可参见相关图集要求。

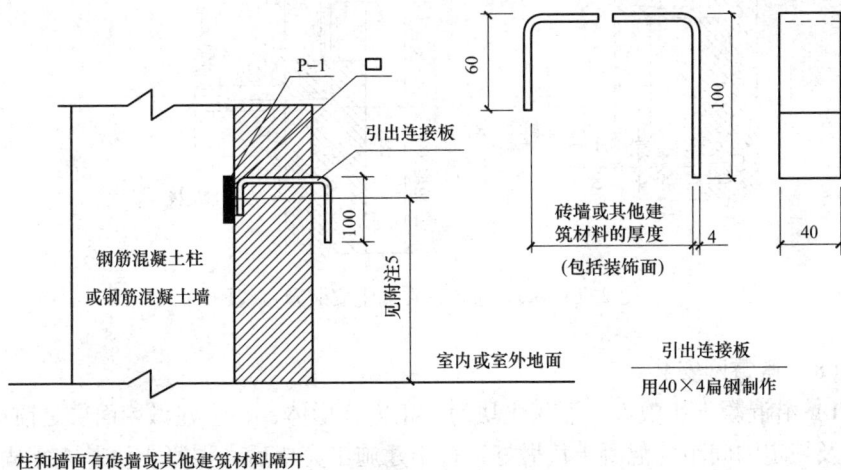

图2-14 利用建筑物钢筋作引下线的安装图

3）接地装置。接地装置包括接地体（又称接地极）和接地线。它的作用是把引下线引下的雷电流迅速流散到大地土壤中去。具体内容将在后面的接地装置工程中进行详细介绍。

（6）高层建筑物防侧向雷击的方法

当建筑物的高度过高时，安装在屋顶的避雷网往往不能有效地防护建筑物的侧面，使其免受侧向雷击。通常高层建筑物在设计过程中，从首层起每三层把结构圈梁水平钢筋焊接成环，并与作为防雷引下线的柱内主筋焊接，焊接数量不少于2根，称其为均压环。从30m高度起，每向上三层在结构圈梁内敷设一条25mm×4mm的镀锌扁钢与引下线焊接，形成环形水平避雷带。当高度超过45m时，将45m以上的建筑物外墙上的栏杆、门窗等较大金属物与防雷装置连接。

（7）避雷器

避雷器是用来防止雷电波沿线路侵入变电所或其他建（构）筑物内，以免危及被保护设备的绝缘。避雷器与被保护设备并联，装在被保护设备的电源侧。当线路上出现危及设备绝缘的过电压时，它就对大地放电。

避雷器的类型有阀式、管型和金属氧化物避雷器。常用的是阀式避雷器。阀式避雷器的墙上安装及接线示意图如图2-15所示。

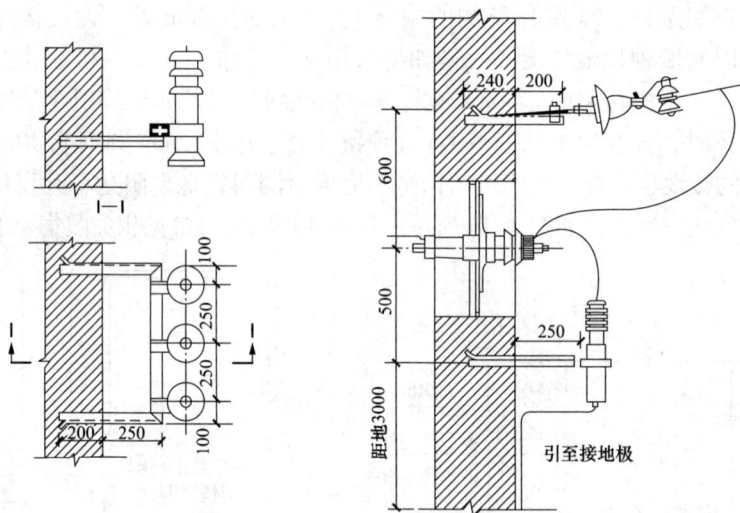

图2-15　阀式避雷器在墙上安装及接线图

（8）避雷网安装

1）沿混凝土块敷设。混凝土块为一正方梯形体，在土建做屋面层之前按照图纸及规定的间距把混凝土块做好，待土建施工完毕后，混凝土块基本牢固了，然后将避雷带（网）用焊接或用卡子固定于混凝土块的支架上。中间支座的间距为1m，转角处支座的间距为0.5m。具体安装方法如图2-16所示。

2）沿支架敷设。根据建筑物结构、形状的不同分为沿天沟敷设、沿女儿墙敷设。所有防雷装置的各种金属件必须镀锌。水平敷设时要求支架间距为1m，转弯处为0.5m。具体安装方式如图2-17、图2-18所示。

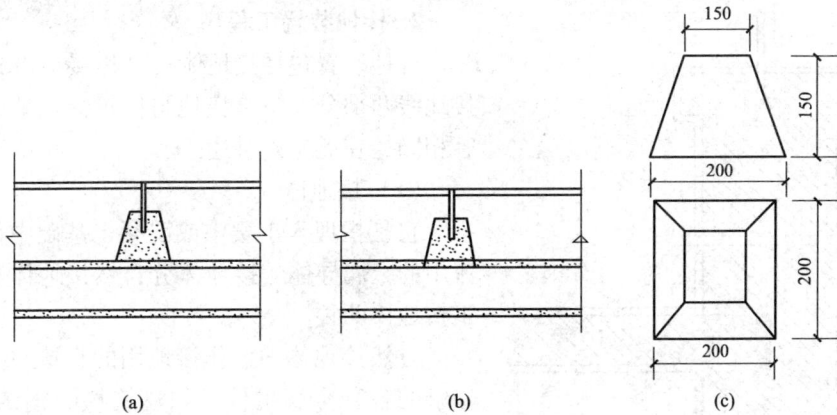

图2-16 混凝土支座的设置图

（a）预制混凝土支座；（b）现浇混凝土支座；（c）混凝土支座

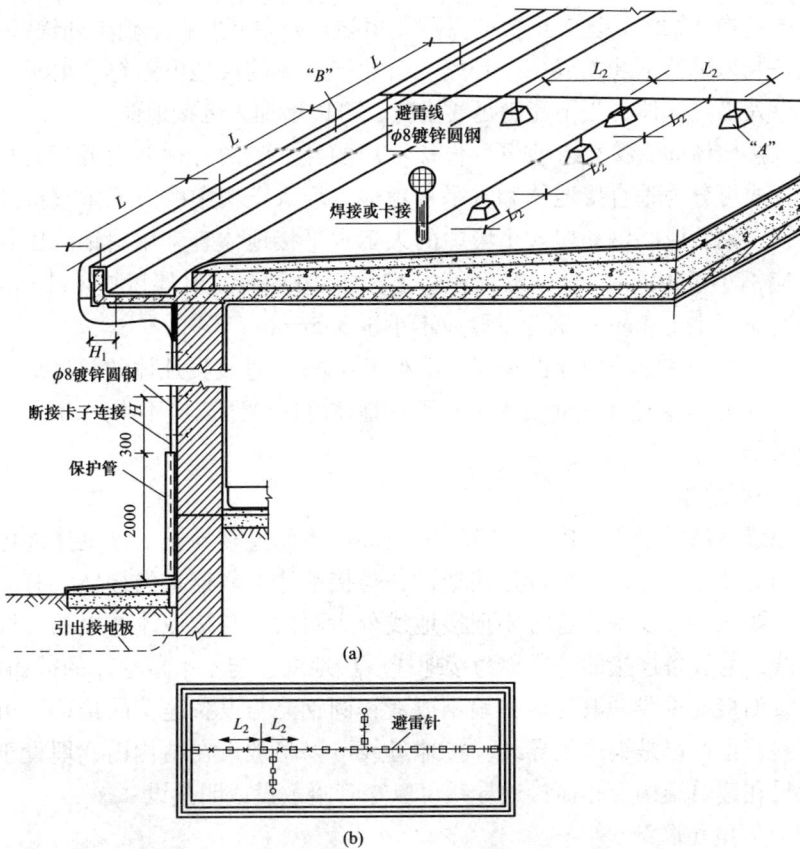

图2-17 建筑物屋顶防雷装置安装方法

（a）平屋顶挑檐防雷装置方法示意图；（b）不上人平屋顶平面

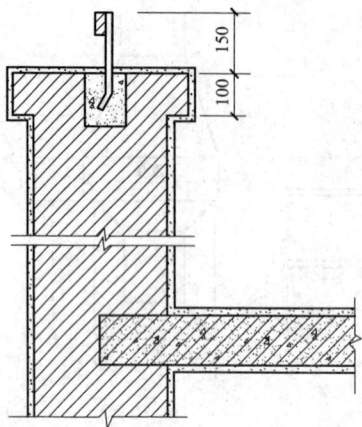

图 2-18　避雷带在女儿墙上安装

2. 接地装置工程

接地装置包括接地体（又称接地极）和接地线两部分。防雷接地与保护性接地的内容相同，在此一并讲述。

（1）接地体

它是指埋入土壤中或混凝土基础中作散流用的金属导体。接地体分自然接地体和人工接地体两种。

自然接地体即兼作接地用的直接与大地接触的各种金属构件，如建筑物的钢结构、行车钢轨、埋地的金属管道（可燃液体和可燃气体管道除外）、混凝土建筑物的基础等。

在建筑施工中常采用混凝土建筑物的基础钢筋作为自然接地体。利用基础接地时，对建筑物地梁的处理是重要的一环。地梁内的主筋要和基础主筋连接起来，并要把各段地梁的钢筋连成一个环路。自然接地体的接地电阻符合要求时，一般不再设人工接地体，当不能满足要求时，可以增加人工接地体。

人工接地体即直接打入地下专作接地用的经加工的各种型钢或钢管等，按其敷设方式可分为垂直接地体和水平接地体。埋入土壤中的人工垂直接地体宜采用角钢、钢管或圆钢；埋入土壤中的人工水平接地体宜采用扁钢或圆钢。圆钢直径应不小于 10mm；扁钢截面积应不小于 $100mm^2$，其厚度应不小于 4mm。角钢厚度应不小于 4mm；钢管壁厚应不小于 3.5mm。

人工接地体在土壤中埋设深度应不小于 0.6m，垂直接地体的长度应不小于 2.5m，人工垂直接地体之间及人工水平接地体之间的距离应不小于 5m，距建筑物间距大于 3m。

（2）接地线

接地线是从引下线断接卡或换线处至接地体的连接导体，也是接地体与接地体之间的连接导体，同时也是接地设备与接地体可靠连接的导体。有时一个接地体上要接多台设备，这时要把接地线分为两段，与接地体连接的一段称为接地母线，与设备连接的一段称为接地线。接地线应与水平接地体的截面相同。人工敷设的接地母线一般为镀锌扁钢或镀锌圆钢。与设备连接的接地线可以采用钢材料，也可以是铜或铝导线。接地母线可以暗敷设在结构内、埋设于地下或明敷设在建筑结构上；而接地导线可以穿管暗敷设或明敷设。

（3）等电位联结

等电位联结包括总等电位联结、辅助等电位联结和局部等电位联结三类。

1）总等电位联结（Main Equipotential Bonding，简称 MEB），它的作用在于

降低建筑物内间接触电击的接触电压和不同金属部件间的电位差，并消除自建筑物外经电气线路和各种金属管道引入的危险故障电压的危害，它应通过进线配电箱近旁的总等电位联结端子板（接地母排）将下列导电部分互相连通：

① 进线配电箱的 PE（PEN）母排。

② 公用设施的金属管道：如上下水、热力、煤气等管道。

③ 如果可能，应包括建筑物金属结构。

④ 如果做人工接地，也包括其接地极引线。

建筑物每一电源进线都应做总等电位联结，各个总等电位联结端子板应互相连通。接地端子板安装在总等电位联结箱内，把从接地体引来的接地母线和与各处连接的接地线都接在接地端子板上。

2）辅助等电位联结（Supplementary Equipotential Bonding，简称 SEB），即将装置外露可导电部分与装置外可导电部分用导线直接做等电位联结，使故障接触电压降至接触电压限值以下。

3）局部等电位联结（Local Equipotential Bonding，简称 LEB），即当需在一局部场所范围内做多个辅助等电位联结时，可通过局部等电位联结端子板将下列部分通过相互连通，以简便地实现该局部范围内的多个辅助等电位联结。主要应用在住宅楼中的卫生间、游泳池等部位。端子板要求与系统 PE 线连接，同时与建筑物钢筋网进行连接。在建筑物的防雷系统中，建筑物的某些楼层也需做局部等电位联结，把楼层内的金属管道和金属构件与防雷引下线连接。

（4）建筑物出入口均压带做法

为了降低跨步电压，防直击雷的人工接地体距道路和建筑物入口处不应小于3m，当小于3m时，可采用"帽檐式"均压带做法，如图2-19所示，并应采取下列措施之一：

1）水平接地体局部埋深不应小于1m。

2）水平接地体局部应包绝缘物，可采用50～80mm厚的沥青层。

3）采用沥青碎石地面或在接地体上方覆盖一层50～80mm厚的沥青层，宽度要超出接地体2m。

（5）接地装置安装

1）人工接地极安装。接地极制作安装分为钢管接地极、角钢接地极、圆钢接地极、扁钢接地极、铜板接地极等。常用的为钢管接地极和角钢接地极。安装人工接地极时，一般应按设计图纸进行。

① 垂直接地极安装。安装垂直接地极时，一般先根据设计图纸中的位置挖沟，一般沟深为0.8～1m，上部宽为0.6m，底部宽为0.4m。再将角钢或钢管接地极有尖的一头立放在已挖好的沟底上，采用打桩法将接地极垂直打入土沟内，有效深度不应小于2m，在沟底上部预留50mm。一般接地极顶部距地面应

建筑物人行通道均压带做法平面图

$L=1000\sim2000$

Ⓐ 帽檐式均压带位置尺寸图

1—1剖面

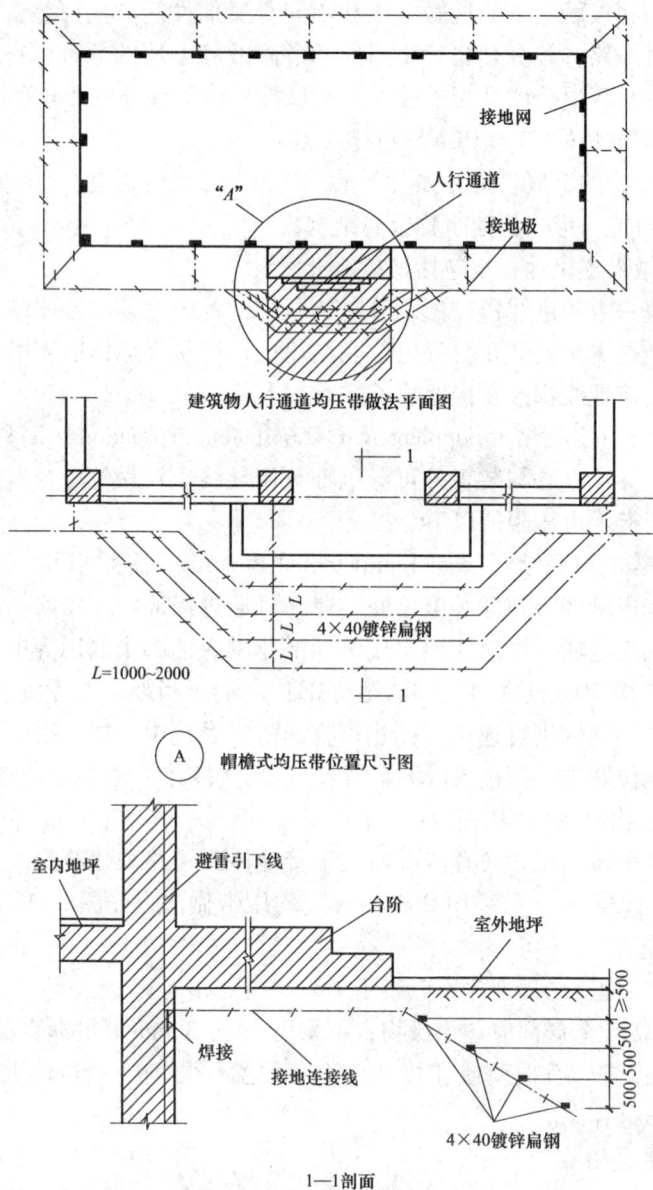

图 2-19　帽檐式均压带做法图

不小于 0.6m，接地极与接地极间距宜为 5m。将图纸规定的数量敷设完后，再用扁钢（垂直接地极多用扁钢连接）将接地极连接起来，即将接地极牢固地焊接在预留沟底上（50mm）的角钢接地极上，焊接处应涂沥青，最后回填土，如图 2-20、图 2-21 所示。

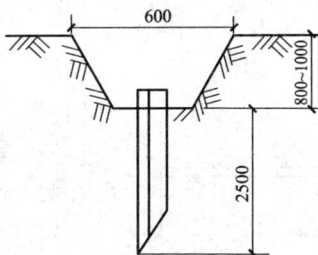

图 2-20　垂直接地极的埋设

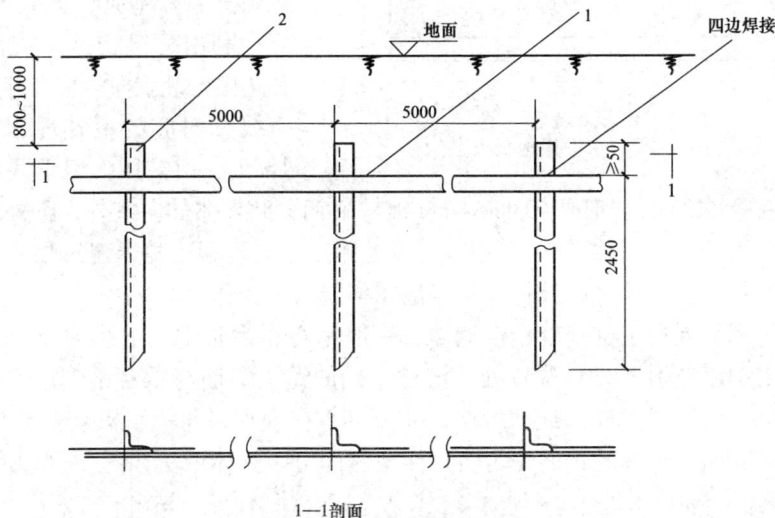

1—1剖面

图 2-21　角钢接地极安装方法

1—镀锌扁钢—40×4；2—镀锌角钢 L50×50×5

② 水平接地极安装。在土壤条件极差的山石地区采用接地极水平敷设。首先在山石地段开挖接地沟（采用爆破方法），一般沟长为 15m、宽为 0.8m、深为 1.5m，沟内全部回填黄黏土并分别夯实。从底部分层夯实至 0.5m 标高时，将接地扁钢或圆钢按图纸的要求水平排列，间距为 160mm，长度为 1.5m，再用 25mm×4mm 的镀锌扁钢，以垂直方向与水平排列的扁钢用焊接连接起来，每隔 1.5m 的间距焊接一根，要求接地装置全部采用镀锌扁钢，所有焊接点处均刷沥青。接地电阻应小于 4Ω，超过时，应补增接地装置的长度。具体做法如图 2-22 所示。

③ 降低接地电阻的措施。在装设人工接地体时，有些地方土壤的电阻率较高，达不到设计所要求的接地电阻，除采取适当增加接地极的数量措施外，也可以采用以下措施以达到接地电阻设计值：

a. 换土，即对土壤进行处理，用黏土等电阻率低的土壤代替原有电阻率较高的土壤，置换范围在接地极周围 0.5m 以内和接地极上部的三分之一处。

b. 使用化学降阻剂。

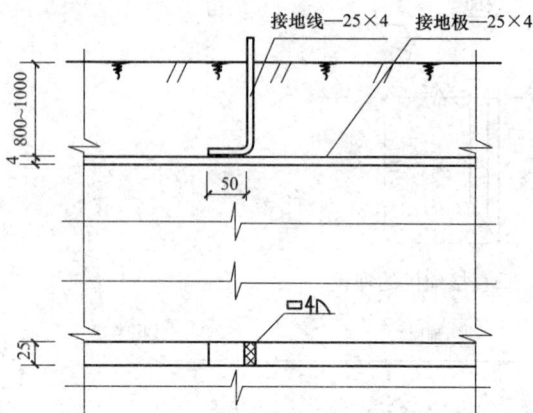

图2-22　水平接地极安装

c. 接地体深埋，前提是地层深处土壤电阻率较低。

d. 污水引入。

2）建筑物基础接地装置安装。利用钢筋混凝土基础内的钢筋作为接地装置时，敷设在钢筋混凝土中的单根钢筋或圆钢，其直径不应小于10mm。

利用建筑物基础内的钢筋作为接地装置时，应在与防雷引下线相对应的室外埋深0.8～1m处，由被用作引下线的钢筋上焊出一根 φ12mm 圆钢或 40mm×4mm 镀锌扁钢，此导体伸向室外，距外墙皮的距离不宜小于1m。此圆钢或扁钢能起到遥测接地电阻和当整个建筑物的接地电阻值达不到规定要求时给补打人工接地体创造条件的作用。

利用钢筋混凝土桩基础作接地体，一般是在作为防雷引下线的柱子（或者剪力墙内钢筋作引下线）位置处，将桩基础的抛头钢筋与承台梁钢筋焊接，并与上面作为引下线的柱（或剪力墙）中钢筋焊接。如果每一组桩基多于4根时，只需连接其四角桩基的钢筋作为防雷接地体即可。具体做法如图2-23所示。

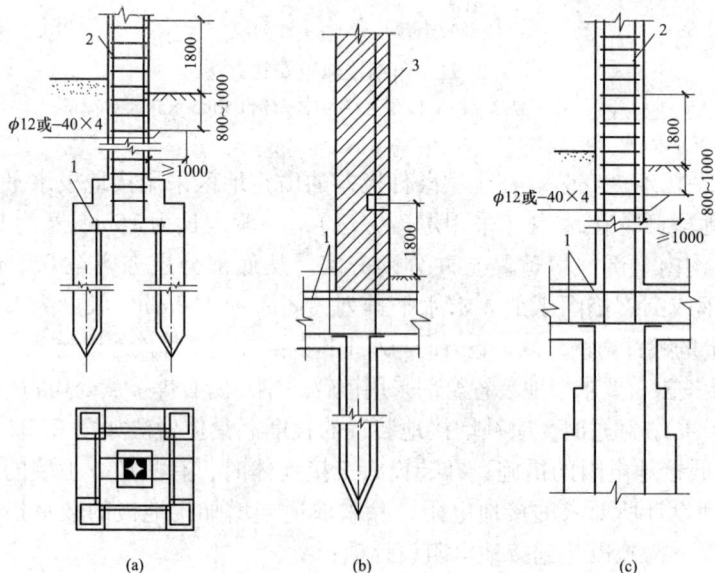

图2-23　钢筋混凝土桩基础接地体安装

（a）独立式桩基；（b）方桩基础；（c）挖孔桩基础

1—承台梁钢筋；2—柱主筋；3—独立引下线

2.5.2　建筑防雷与接地工程图识读

　　建筑物的防雷与接地工程图一般包括防雷工程图和接地工程图两个部分。本住宅楼工程中有屋面防雷平面图和首层基础接地及等电位接地平面图两个部分，另外在图纸总说明、系统图和各层平面图中有关于防雷接地和等电位联结的说明及相关内容。下面我们来系统地识读防雷与接地工程图纸。

1. 工程概况

　　从总说明可知，本工程的工程概况如下：

　　（1）防雷

　　本建筑为一般性民用建筑物，按第三类防雷建筑物设计。屋顶避雷带利用 $\phi12$ 镀锌圆钢沿女儿墙与屋面四周支设，支高 0.15m，间距 1m（不同标高的避雷带应紧密焊接在一起）。防雷引下线利用结构柱内两根 $\phi16$ 的主筋连续焊接，上与避雷带、下与接地装置紧密焊接。

　　（2）接地及安全措施

　　1）本工程等电位接地、电气设备的保护接地共用统一的接地装置，要求接地电阻不大于 4Ω，实测不满足要求时，增设人工接地极。

　　2）接地极利用建筑物基础承台梁中的上下两层钢筋中的两根大于等于 $\phi12$ 的主筋通长焊接，并与与之相交的所有桩基础内的四根大于 $\phi12$ 的主钢筋焊接连通。

　　3）凡正常不带电，而当绝缘破坏有可能呈现电压的一切电气设备金属外壳均应可靠接地。

　　4）本工程采用总等电位联结，总等电位板由紫铜板制成，总等电位箱底距地 0.3m。应将建筑物内保护干线、设备进线总管、建筑金属结构等进行联结。总等电位箱联结干线，采用一根镀锌扁钢—40×4 由基础接地极引来，并从总等电位箱引出一根镀锌扁钢—40×4，引出室外散水 1.0m，室外埋深 0.8m。当接地电阻值不能满足要求时，在此处补打人工接地极，直至满足要求。注意要避开各单元的出入口处。总等电位联结线采用 BV—$1\times25\text{mm}^2$，穿 PC32 管，总等电位联结均采用等电位卡子，禁止在金属管道上焊接。

　　5）有淋浴室的卫生间采用局部等电位联结，设有局部等电位箱（LEB），局部等电位箱暗装，底边距地 0.5m。将卫生间内所有金属管道、金属构件、建筑物金属结构联结，并通过铜芯绝缘导线 BV—1×6—PC16 与浴室内的 PE 线相连。具体做法参见国家标准《等电位联结安装》(02D501—2)。

　　6）本工程接地形式采用 TN—C—S 系统，电源在进户处做重复接地。其工作零线和保护地线在接地点后严格分开。

　　凡与施工有关未说明之处，参见辽宁省标准图集《建筑防雷、接地设计与安装》（辽 2002D501）。

2. 屋面防雷接地平面图识读

我们从图中可以了解到下列几个方面：

（1）避雷带

避雷带用 ϕ12 镀锌圆钢沿建筑物屋顶女儿墙四周及屋顶混凝土块上明敷设，避雷带敷设在支架上。根据辽宁省标准图集《建筑防雷、接地设计与安装》（辽 2002D501）第 16 页知，避雷带在女儿墙上安装图可知避雷带水平敷设时，支架采用—25×4 的镀锌扁钢，长度为 150mm，支架间距为 1m，转弯处为 0.5m，平屋面上避雷带敷设在预制混凝土块的支架上。

（2）引下线

该工程的引下线利用结构柱内两根 $\oplus$ 16 的主筋。从女儿墙引下，共 5 处。在屋面防雷平面图上用引下箭头表示。根据辽宁省标准图集《建筑防雷、接地设计与安装》（辽 2002D501）第 35、58 页可知，在每处引下线的距地 0.5m 处预埋测试板。

（3）接地装置

因该工程防雷接地与重复接地、保护接地等共用同一接地极，故此处放到首层基础接地及等电位接地平面图中一同识读。

3. 首层基础接地及等电位接地平面图识读

该工程接地装置为利用基础地梁两根 ϕ12 钢筋相互焊接，并与与之相交的所有桩基础内的 4 根大于 ϕ12 的主钢筋焊接连通。

等电位接地、电气设备的保护接地共用统一的接地装置。本工程采用总等电位联结，总等电位板由紫铜板制成，总等电位箱安装在总电源箱 ZM 的下方，底距地 0.3m。总等电位箱联结干线，采用一根—40×4 的镀锌扁钢，由基础接地极引来；并从总等电位箱引出一根—40×4 的镀锌扁钢，引出室外散水 1.0m，室外埋深 0.8m，用作当接地电阻值不能满足要求时，在此处补打人工接地极，直至满足要求。本工程接地形式采用 TN—C—S 系统，电源在进户处做重复接地。其工作零线和保护地线在接地点后严格分开。总等电位联结线分别引至总电源箱 ZM 中的 N 排和 PE 排。总等电位联结线采用 BV—1× 25mm^2，穿 PC32 管，沿墙暗敷设。总等电位联结均采用等电位卡子，禁止在金属管道上焊接。

对于局部等电位联结的内容，要识读各层平面图。在此一并进行识读总结。

有淋浴室的卫生间采用局部等电位联结，设有局部等电位箱（LEB），局部等电位箱暗装，底边距地 0.5m。将卫生间内所有金属管道、金属构件、建筑物金属结构联结，并通过铜芯绝缘导线 BV—1×6mm^2，穿 PC16 管敷设，与浴室内的 PE 线相连。具体做法参见国标《等电位联结安装》（02D501—2）。

2.5.3 建筑防雷与接地工程量计量

1. 工程量计算规则

1）接地极、避雷针按设计图示数量计算，以"根"为计量单位。利用桩基础作接地极，应描述桩台下桩的根数，每桩台下需焊接柱筋根数，其工程量按柱引下线计算；利用基础钢筋作接地极按均压环项目编码列项。

2）接地母线、避雷引下线、均压环、避雷网按设计图示尺寸以长度计算（含附加长度），以"m"为计量单位，接地母线、引下线、避雷网附加长度按其全长的3.9%计算。利用柱筋作引下线的，需描述柱筋焊接根数。利用圈梁筋作均压环的，需描述圈梁筋焊接根数。

3）半导体少长针消雷装置按设计图示数量计算，以"根"为计量单位。

4）等电位端子箱、测试板按设计图示数量计算，以"台"为计量单位。

5）绝缘垫按设计图示尺寸以展开面积计算，以"m^2"为计量单位。

6）浪涌保护器按设计图示数量计算，以"个"为计量单位。

7）降阻剂按设计图示以质量计算，以"kg"为计量单位。

8）使用电缆、电线作接地线，应按《电缆安装》、《照明器具安装》相关项目编码列项。

2. 计算方法

1）避雷网、引下线、接地母线敷设长度（m）＝施工图设计长度（m）×（1+3.9%）。

计算主材费时，应另增加规定的损耗率。

2）混凝土块制作工程量按施工图图示数量计算，施工图未说明的，通常按每延长米一块计算，以"块"为计量单位。

3. 工程量计算

依据设计图纸，根据工程量计算规则计算工程量见表2-9。

表2-9　　　　　　　　　　工 程 量 计 算 表

序号	项 目 名 称	规格型号	计量单位	数量	计 算 过 程
1	镀锌圆钢避雷网，女儿墙敷设	φ12	m	95.61	$(28.8+5.81)×2+(4.8+0.9)×4×(1+3.9\%)$
2	镀锌圆钢避雷网，混凝土块上敷设	φ12	m	6.04	Ⓐ～Ⓑ轴间距5.81×(1+3.9%)
3	防雷引下线	φ16	m	169.00	$(14.6+2.3)×2×5$
4	均压环（基础钢筋）	φ12	m	168	$(29+13)×2×2$
5	总等电位联结箱安装		台	2	

序号	项目名称	规格型号	计量单位	数量	计算过程
6	测试板制作安装		套	5	
7	总等电位联结线，户内	—40×4	m	15.38	$[1+0.3+(2.3-1.45)+3.3+0.3+(2.3-1.45)+0.8]×2$（2个单元）$×(1+3.9\%)$
8	总等电位联结线，户外	—40×4	m	4.57	$(1.2+1)×2$（2个单元）$×(1+3.9\%)$
9	局部等电位联结箱		台	16	卫生间局部等电位联结
10	接地线	BV—25mm^2	m	0.2	ZM箱至总等电位联结箱
11	保护管	PC32	m	0.2	ZM箱至总等电位联结箱
12	接地线	BV—6mm^2	m	8	局部等电位联结
13	保护管	PC16	m	8	局部等电位联结

4. 相关案例

如该防雷接地工程在结构施工结束后，经测得接地电阻值不能满足要求，需要补打2组人工接地极。补打人工接地极位置在距离建筑外3m远处，埋深0.8m。每组分别由3根2.5m长的 $\phi18$ 镀锌圆钢作为接地极，间距5m，用—40×4的镀锌扁钢连接，依次向东布置，避让单元出入口。试计算该工程的防雷接地。

1）镀锌圆钢避雷网女儿墙上安装 $\phi12mm$，95.61m。

2）镀锌圆钢避雷网混凝土块上安装 $\phi12mm$，6.04m。

3）防雷引下线敷设，169.00m。

4）$\phi18mm$ 镀锌圆钢接地极制作安装，6根。

5）户外接地母线敷设—40×4的镀锌扁钢$[（5×2）+3]×2m=26.00m$

其他内容与上表相同，不再赘述。

2.6 其他建筑电气安装工程

其他建筑电气安装工程主要讲述与建筑电气安装工程有关的电缆安装工程、变配电安装工程及建筑智能化工程等工程图识读与工程量计算案例。

2.6.1 电缆安装工程

1. 电缆敷设方法

电缆的敷设方法很多，其中常用的有直接埋地敷设、电缆沟敷设、电缆穿导管敷设和电缆桥架敷设等。

（1）电缆在室外直接埋地敷设

所谓电缆直埋敷设，就是将电缆直接埋设在挖好的电缆沟内，要求使用铠装电缆并且有防腐保护层。埋设深度一般大于0.7m，设计有规定者按设计规定深度埋设，具体见当地施工规范及标准图集要求。经过农田的电缆埋设深度应不小于1m。

直埋电缆时，先将埋设电缆用的土沟挖好（按电缆埋深加100mm），沟的上口宽为600mm，下口宽为400mm，在沟底铺100mm厚的细砂或软土。挖电缆沟时，如遇垃圾等有腐蚀性杂物，须清除并换土。沟底须铲平夯实，电缆周围土层须均匀密实。敷好电缆后，在电缆上再铺100mm厚的细砂或软土，然后盖砖或盖保护板，设计无规定时，按盖砖计算。其覆盖宽度应超过电缆两侧各50mm。上面回填土略高于原有地面。多根电缆同沟敷设时，10kV以下电缆平行距离为170mm，10kV以上电缆平行距离为350mm。电缆在沟内应波状放置，预留1.5%的长度。根据设计要求埋设电缆标示桩，如图2-24所示。

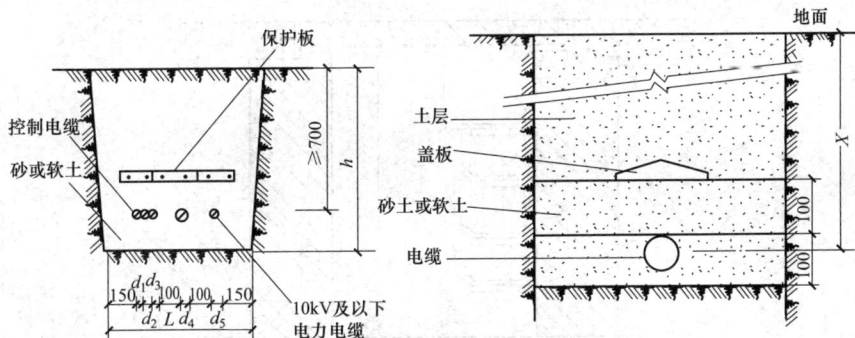

图2-24　电缆直埋敷设

（2）电缆在室内外电缆沟内敷设

可分为无支架敷设和有支架敷设两种情况。

1）无支架敷设。无支架敷设是指将电缆直接敷设在电缆沟底上，沟顶盖水泥盖板，如图2-25所示。

2）有支架敷设。有支架敷设是指将电缆支架安装在电缆沟内的两侧（双侧支架）或一侧（单侧支架），然后将电缆托在支架上，如图2-26、图2-27所示。支架又分角钢支架、槽钢支架（装配式支架）、预制钢筋混凝土支架三种。

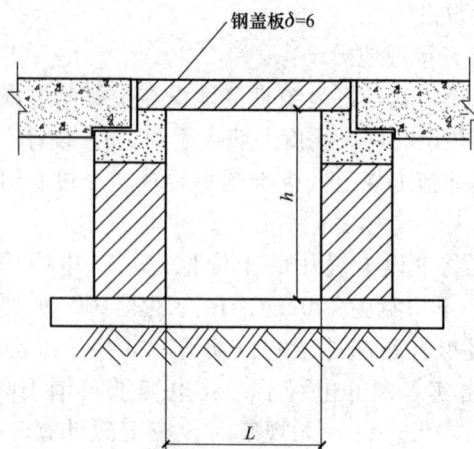

图 2-25　无支架电缆沟

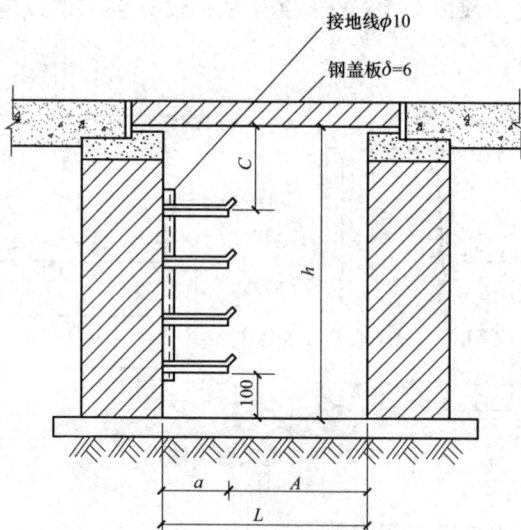

图 2-26　单侧支架电缆沟

　　单侧角钢支架，电缆沟内电力电缆间水平净距为 35mm，但不得小于电缆外径尺寸。控制电缆间距不作规定，当沟底敷设电缆时，1kV 的电力电缆与控制电缆间距应不小于 100mm。装配式支架为成品支架，须在现场组装，然后运到电缆沟内进行安装。

　　电缆支架间的距离为 1m。电缆首末两端及转弯处也应设置支架进行固定，可根据电缆沟的长度计算电缆支架的数量。

　　室内电缆沟每 50m 设一集水井，沟底向集水井应有不小于 0.5% 的坡度。

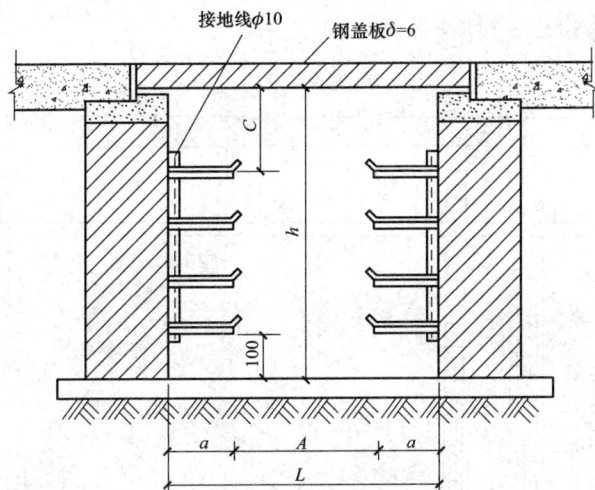

图 2-27 双侧支架电缆沟

电缆沟进户处应设防火隔墙。在重要的电缆沟中，按要求分段或用软质耐火材料设置阻火墙。

电缆敷设完毕后，应及时清除杂物，盖好盖板。必要时，尚应将盖板缝隙密封。

（3）电缆穿导管敷设

它是指整条电缆穿钢管敷设。先将管子敷设好（明设或暗设），再将电缆穿入管内，每一根管内只允许穿一根电缆，要求管道的内径等于电缆外径的 1.5～2 倍，管子的两端应做喇叭口。单芯电缆不允许穿入钢管内。敷设电缆管时应有 0.1% 的排水坡度。

（4）电缆桥架敷设

电缆桥架由立柱、托臂、托盘、隔板和盖板等组成。电缆一般敷设在托盘内。电缆桥架悬吊式立柱安装。是由土建专业预埋铁件，安装时用膨胀螺栓将立柱固定在预埋铁件上，然后将托臂固定于立柱上，托盘固定在托臂上，电缆放在托盘内。

金属电缆桥架和引入或引出的金属电缆导管必须接地（PE）或接零（PEN）可靠。

电缆桥架安装应符合下列规定：

1）直线段钢制电缆架长度超过 30m、铝合金或玻璃钢制电缆桥架长度超过 1.5mm 设有伸缩节；电缆桥架跨越建筑物变形缝处设置补偿装置。

2）当设计无要求时，电缆桥架水平安装的支架间距为 1.5～3m；垂直安装的支架间距不大于 2m。

3）敷设在竖井内和穿越不同防火区的桥架，按设计要求位置，有防火隔堵措施。

具体安装如图2-28所示。

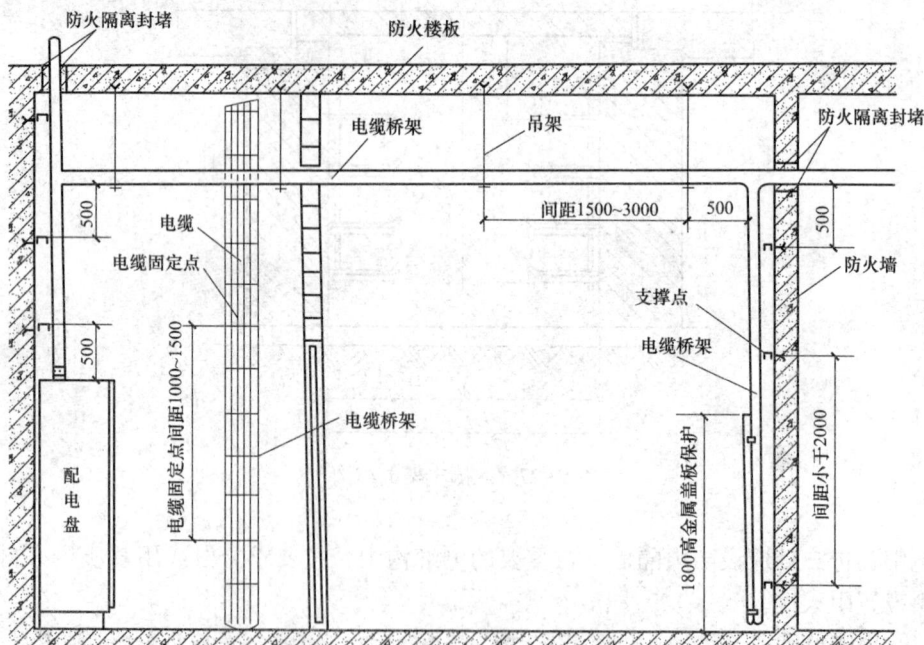

图 2-28　电缆桥架安装示意图

（5）电缆敷设的一般要求

1）电缆安装前要进行检查。1kV以上的电缆要做直流耐压试验，1kV以下的电缆用500V绝缘电阻表测绝缘，检查合格后方可敷设。

2）电缆进入电缆沟、建筑物、配电柜及穿管的出入口时均应进行封闭（口内封堵油麻浇注沥青）。敷设电缆时应留有一定余量的备用长度，用作温度变化引起变形时的补偿和安装检修。

3）在室内埋地、穿墙或穿楼板时，应穿管保护。水平敷设时距地应不小于2.5m；垂直敷设时，高度1.8m以下部分应有防机械损伤措施。

2. 电力电缆连接

由于电缆的绝缘层结构复杂，为了保证电缆连接后的整体绝缘性能及机械强度，在电缆敷设时要制作电缆头。在电缆首末端使用的称为终端头，在电缆中间连接时使用的称为中间头。电缆头外壳与电缆金属护套及铠装层均应良好接地。

在电缆干线与支线连接时通常使用分支接头。近年来，预制分支电力电缆的出现，免去了现场制作电缆头的麻烦。预制分支电力电缆由主干电缆、分支接头、分支电缆三部分组成。由于预制分支电力电缆的电缆接头是在工厂一次预制成形，免去了现场制作电缆接头的麻烦，提高了线路供电的可靠性。特别适用于住宅楼宇中主干电缆选用。由于预制分支电力电缆需要工厂订做，电缆订货选型时，需要向生产厂家提供以下资料：① 主干电缆和分支电缆的规格与长度；② 建筑物楼层层高；③ 用电点（配电盘）的位置等。电缆穿楼板和防火墙体处，应按防火规范要求进行防火封堵。预制分支电缆在竖井中安装的示意图和分支接头如图 2-29、图 2-30 所示。

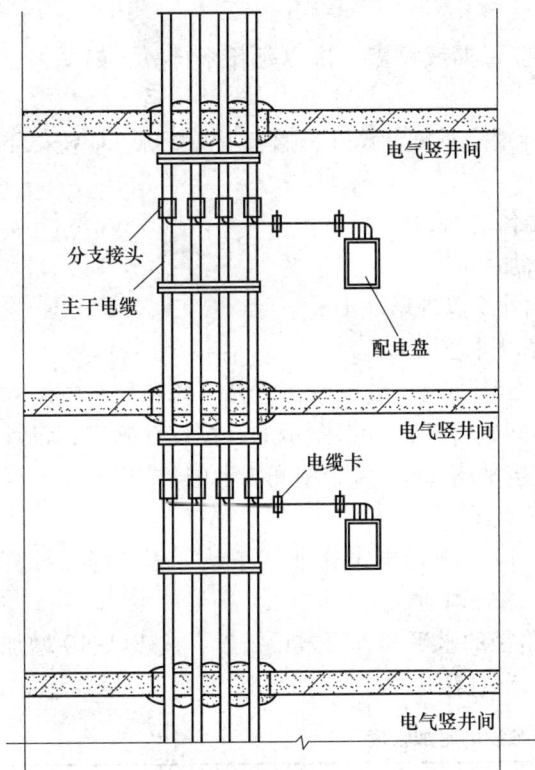

图 2-29 预制分支电力电缆安装

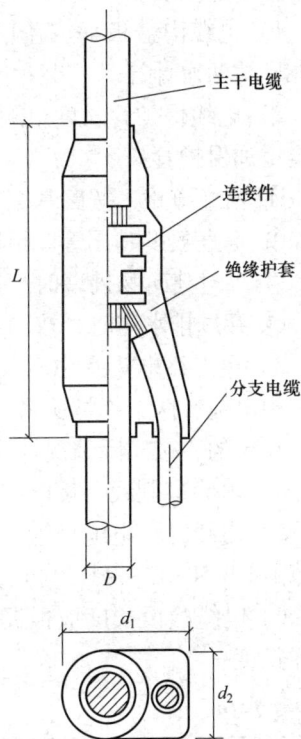

图 2-30 预制电缆分支接头

3. 电缆安装工程量计算规则

（1）工程内容

1）电力电缆、控制电缆安装工程内容：主要包括揭（盖）盖板、电缆敷设。

2）电缆保护管安装工程内容：保护管敷设。

（2）计算规则

1）电力电缆、控制电缆按设计图示尺寸以长度计算（含预留长度及附加长度），以 "m" 为计量单位。

2）电缆保护管、电缆槽盒、铺砂、盖保护板（砖）按设计图示尺寸以长度计算，以 "m" 为计量单位。

3）电力电缆头、控制电缆头按设计图示数量计算，以 "个" 为计量单位。

4）防火堵洞按设计图示数量计算，以"处"为计量单位。

5）防火隔板按设计图示尺寸以展开面积计算，以"m²"为计量单位。

6）防火涂料按设计图示以质量计算，以"kg"为计量单位。

7）电缆分支箱按设计图示数量计算，以"台"为计量单位。

（3）计算方法

1）电缆沟盖板揭、盖项目，按每揭或每盖一次以延长米计算，如又揭又盖，则按两次计算。

2）电缆保护管长度，除按设计规定长度计算外，遇有下列情况，应按以下规定增加保护管长度：

①横穿道路，按路基宽度两端各增加2m。

②垂直敷设时，管口距地面增加2m。

③穿过建筑物外墙时，按基础外缘以外增加1m。

④穿过排水沟时，按沟壁外缘以外增加1m。

3）电缆终端头及中间头均以"个"为计量单位，电力电缆和控制电缆均按一根电缆有两个终端头考虑。中间电缆头设计有图示的，按设计确定；设计没有规定的，按实际情况计算（或按平均250m一个中间头考虑）。

4）电缆穿刺线夹按电缆头编码列项。

5）电缆井、电缆排管、顶管，应按现行国家标准《市政工程工程量计算规范》（GB 50857—2013）相关项目编码列项。

6）电缆敷设长度应根据敷设路径的水平和垂直敷设长度，按表2-10增加附加长度。

表 2-10　　　　　　　　　　　电缆敷设的附加长度

序号	项　目	预留长度（附加）	说　明
1	电缆敷设弛度、波形弯度、交叉	2.5%	按电缆全长计算
2	电缆进入建筑物	2.0m	规范规定最小值
3	电缆进入沟内或吊架时引上（下）预留	1.5m	规范规定最小值
4	变电所进线、出线	1.5m	规范规定最小值
5	电力电缆终端头	1.5m	检修余量最小值
6	电缆中间接头盒	两端各留2.0m	检修余量最小值
7	电缆进控制、保护屏及模拟盘等	高+宽	按盘面尺寸
8	高压开关柜及低压配电盘、箱	2.0m	盘下进出线
9	电缆至电动机	0.5m	从电动机接线盒起算
10	厂用变压器	3.0m	从地坪起算

续表

序号	项　目	预留长度（附加）	说　明
11	电缆绕过梁柱等增加长度	按实计算	按被绕物的断面情况计算增加长度
12	电梯电缆与电缆架固定点	每处 0.5m	规范最小值

注：电缆附加及预留的长度是电缆敷设长度的组成部分，应计入电缆长度工程量之内。

4. 工程案例分析

假定本书所用住宅楼工程电源由小区内土建变电所直接埋地敷设引来，距本单体大约 50m，中间需要穿过一条小马路，路基宽度为 3m，采用顶管方式穿过。进墙时要加保护套管。进线电缆从建筑物的北侧埋地引入每单元的一层总开关箱（ZM）。该土建变电所平面布置图如图 2-33 所示。识图后统计出该电缆敷设工程的工程量（已知土建变电所墙体均为 370 墙）。

（1）工程图纸识读

本电缆敷设工程从土建变电所低压配电室引出，采用直接埋地敷设方式，直接敷设至本住宅楼的甲、乙两个单元，距离 50m，电缆采用 $ZRYJV_{22}$—$4 \times 50mm^2$ 即四芯截面积为 $50mm^2$ 的阻燃型交联聚乙烯绝缘钢带铠装聚氯乙烯护套电力电缆，穿墙处穿公称直径 50mm 的镀锌钢管保护，室外埋深 1.1m。

（2）工程量计算

工程量计算见表 2-11。

表 2-11　　　　　　　　工 程 量 统 计 表

序号	项目名称	规格型号	计量单位	数量	计算过程
1	电缆保护管安装	SC50	m	14.64	$[(1+2.5+0.5+2.3-1.45+1.1)+(1+0.37)] \times 2$
2	铺沙盖盖板		m	89.00	$93.00-1 \times 2 \times 2$
3	电缆沟内敷设	$ZRYJV_{22}$—4×50	m	18.45	$(1.2+0.8 \times 4-0.8/2+1.5+1.5+2) \times 2 \times (1+2.5\%)$
4	电缆埋地敷设	$ZRYJV_{22}$—4×50	m	182.45	$89.00 \times 2 \times (1+2.5\%)$
5	电缆穿管敷设	$ZRYJV_{22}$—4×50	m	61.66	$[14.00+14.64+(1.29+0.9)] \times 2$
6	户内电缆终端头制作安装		个	4	2×2

工程量统计过程如下：

1）电缆保护管安装。包括变电所出线保护管和建筑物进线保护管两部分。按规定，变电所外墙出线保护管长度为外墙外1m，墙厚0.37m，长度为（1+0.37）m=1.37m。两根电缆要穿两根保护管，总长度为2.74m。电缆进入建筑物保护管长度为外墙外1m，外墙外边缘至电源箱AM中心点水平距离量取为2.5m，电源箱下沿距地0.5m，室内部分埋深为（2.3-1.45）m=0.85m，室外埋深1.1m，则总长度为（1+2.5+0.5+0.85+1.1）m=5.95m，两个单元的总长度为11.90m。因此，保护管的总长度为14.64m。

2）铺沙盖盖板的长度。电缆直接埋地敷设时，沟内要铺沙盖保护板，电缆进墙保护管处不需要铺沙盖盖板，因此，铺沙盖盖板的长度为（93.00-1×2×2）m=89.00m。

3）电缆沟内敷设。低压配电室内是电缆沟，低压配电柜下0.8×4m=3.2m，低压柜到墙边缘电缆沟长度为1.2m，电缆敷设至4号柜中间位置，即半个柜长（0.8/2）m=0.4m。按工程量计算规则的规定，电缆进入沟内要增加1.5m，电缆终端头增加1.5m，电缆出低压配电柜增加2m，电缆敷设弛度、波形弯度、交叉等按电缆全长增加2.5%，因此，电缆沟内敷设的电缆总长度为〔（1.2+0.8×4-0.8/2+1.5+1.5+2）×2×（1+2.5%）〕m=18.45m。

4）电缆直接埋地敷设。电缆埋地敷设直线长度与铺沙盖盖板长度相同，为89.00m，因此，两条电缆在考虑电缆敷设弛度、波形弯度、交叉等按电缆全长增加2.5%后，总长度为〔89.00×2×（1+2.5%）〕m=182.45m。

5）电缆穿钢管敷设。总长度为〔14.00+14.64+（1.29+0.9）〕×2m=61.66m。（1.29+0.9）是电缆进入总电源箱ZM的预留长度。电缆穿钢管敷设时是拉紧的，不增加敷设弛度增加长度，要引起注意。

6）两条电缆分别有2个户内电缆终端头，共4个户内电缆终端头。因单根电缆长度没有超过250m，设计也没有规定，因此没有电缆中间头。

清单工程量计算的分析方式与此差别不大，不单独分析。

2.6.2　变配电安装工程

变配电工程主要是指10kV以下的变电所工程。变电所工程包括高压配电室、低压配电室、变压器室等三个部分的电气设备安装工程。高压配电室的作用是接受电能；低压配电室的作用是分配电能；变压器室的作用是把高压电转换成低压电。

根据变压器装设位置和环境的不同，变电所可分为室内变电所和室外变电所两大类。室内变电所指变压器位于室内，包括独立变电所和车间变电所等。室外变电所是指变压器位于室外，包括露天变电所和杆上变电所等。

工程内容涉及变压器安装、高压配电装置安装（高压开关柜、高压断路器、高压隔离开关、高压负荷开关、高压熔断器、高压避雷器等）、低压配电装置安装（低压配电屏、继电器屏、直流屏、控制屏、硅整流柜等）和母线安装等内容。

1. 变压器安装

电力变压器是变配电系统中最重要的设备，它是利用电磁原理工作的，用于将电力系统中的电压升高或降低，以利于电能的合理输送、分配和使用。

（1）变压器的类型及型号表示方法

按相数可分为单相变压器和三相变压器；按绕组数量可分为双绕组和三绕组变压器；按绝缘介质可分为油浸式变压器和干式变压器；按冷却方式可分为空气冷却变压器、油自然循环冷却变压器、强迫油循环冷却变压器、强迫油循环导向冷却变压器和水冷却变压器。电力变压器常用的是三相变压器。

1）油浸式变压器。所谓油浸式变压器是指把绕组和铁心整个浸泡在油中，用油来作为散热介质。该变压器要放在专门的变压器室内，小型变压器可以直接放在地坪上，容量较大的变压器一般要放在基础轨梁上，架高 $0.8 \sim 1m$，并加固，以利于散热。

2）干式变压器。干式变压器是指把绕组和铁心置于空气中，为了使铁心和绕组结构更稳固，采用环氧树脂浇注。在有防火要求的场所要求采用干式变压器，造价较高。

3）变压器的型号表示方法如图 2-31 所示。

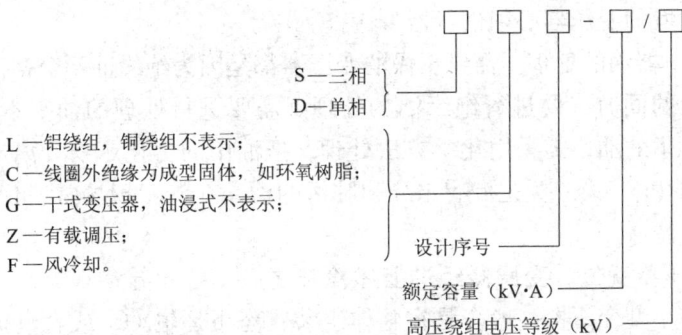

S—三相
D—单相

L—铝绕组，铜绕组不表示；
C—线圈外绝缘为成型固体，如环氧树脂；
G—干式变压器，油浸式不表示；
Z—有载调压；
F—风冷却。

设计序号
额定容量（kV·A）
高压绕组电压等级（kV）

图 2-31　变压器的型号表示方法

我们举例说明，SG8—630/10 表示干式三相铜线绕组变压器，高压侧的额定电压为 10kV，额定容量为 630kV·A。

（2）变压器安装工艺

油浸式变压器安装的工作内容，根据变压器容量大小不同而有所区别。整体运输的中小型变压器，多为整体安装；解体运输的变压器，则油箱和附件等分别进行安装。干式变压器安装工艺与之相同，只是不需要进行绝缘油处理和器身检查等内容。

1）变压器安装之前的外观检查。

① 油箱及所有附件应齐全，无锈蚀及机械损伤，密封良好。

② 油箱箱盖或钟罩法兰及封板的连接螺栓应齐全，坚固良好，无渗漏。浸入油中运输的附件，其油箱应无渗漏。

③ 充油套管的油位应正常、无渗漏。

④ 充气运输的变压器油箱内应为正压，压力在 0.01～0.03Pa 范围内。

2）变压器器身检查。变压器到达现场后应进行器身检查。当变压器满足下列条件之一时，可不进行器身检查。

① 制造厂规定可不作器身检查者。

② 容量为 1000kV·A 及以下，运输过程中无异常情况者。

③ 就地生产仅作短途运输的变压器，如果事先参加了制造厂的器身总装，质量符合要求，且在运输过程中进行了有效的监督，无紧急制动、剧烈振动、冲撞或严重颠簸等异常情况者。

10kV 配电变压器的器身检查均采用吊芯检查。

3）变压器的干燥。新装变压器是否需要进行干燥，应根据下列条件进行综合分析、判断后确定。变压器注入合格绝缘油后，绝缘油电气强度及微量水应符合规定；绝缘电阻及吸收比应符合规定；介质损耗角正切值 tan（％）符合规定。满足上述条件，可不进行干燥。

经过干燥的变压器必须进行器身检查。

4）变压器油的处理。需要干燥的变压器都是因为绝缘油不合格。所以在进行芯部干燥的同时，要进行绝缘油的处理。需要进行处理的油基本上是两类。一类是老化了的油，需采用化学方法处理，把油中的劣化产物分离出来，即所谓油的"再生"。第二类是混有水分和脏污的油，在施工现场常遇到此种情况，采用压力过滤法。

5）变压器就位。变压器经过上述检查之后，若无异常现象，即可就位安装。对于中小型变压器一般多是在整体组装状态下运输的，或者只拆卸少量附件，所以安装工作相应地要比大型变压器简单得多。

室内变压器安装在混凝土基础上时，基础上的构件和预埋件由土建施工时用扁钢与钢筋焊接。

6）变压器试验。新装电力变压器试验的目的是验证变压器性能是否符合有关标准和技术条件的规定；制造上是否存在影响运行的各种缺陷；在交接运输过程中是否遭受损伤或性能发生变化。

7）变压器试运行。变压器试运行是指变压器开始通电，并带一定负荷即可能的最大负荷，连续运行24h所经历的过程。试运行是对变压器质量的直接考验。无异常情况发生，才可投入正常使用。

变压器试运行往往采用全电压冲击合闸的方法。一般进行5次空载全电压冲击合闸，无异常情况，即可空载运行24h，正常后，再带负荷运行24h以上，无任何异常情况，则认为试运行合格。

2. 高压配电装置安装

高压配电装置安装包括高压开关、高压断路器、高压隔离开关、高压负荷开关、高压熔断器、高压避雷器、互感器、高压配电柜等的安装。在建筑电气设备安装工程中，通常不作单个电器的安装，整个系统中的高压电器均由专业生产厂家成套安装在配电柜内，已事先安装完成，在施工现场进行配电柜的整体安装。顺便说一下，低压配电装置也采用专业生产厂家整体成套安装完毕。配电柜整体安装在地面上事先做好的型钢基础上。在此，我们只简要介绍一下各主要高压配电装置。

（1）高压断路器（QF）

高压断路器也称高压开关，是高压供电系统中最重要的电器之一。高压断路器具有一套完善的灭弧装置，能在有负荷的情况下接通或断开电路；在系统发生短路故障时，能迅速切断短路电流。一般断路器不能单独使用，必须与能产生可见断点的隔离开关配合使用。

常用的高压断路器有SN10—10型、LN2—10型、ZN3—10型等。型号表示中的各代号含义如下：S—少油断路器；D—多油断路器；Z—真空断路器；L—SF$_6$断路器；N—户内式；W—户外式；10—额定电压（kV）。

（2）高压隔离开关（QS）

高压隔离开关主要用于隔离高压电源，以保证被隔离的其他设备及线路进行安全检修。高压隔离开关没有专门的灭弧装置，所以不能带负荷操作，否则可能会发生严重的事故。

常用的高压隔离开关有户内式GN6、GN8系列，户外式GW10系列等。

（3）高压负荷开关（QF）

具有简单的灭弧装置。主要用在高压侧接通和断开正常工作的负荷电流，因灭弧能力不高，故不能切断短路电流，它必须和高压熔断器串联使用，靠熔断器切断短路电流。

负荷开关的外形与隔离开关很相似，负荷开关也就是隔离开关加上一个简单的灭弧装置，以便能通断负荷电流。常用的高压负荷开关有FN3—10RT。

（4）高压开关柜

高压开关柜是按一定的接线方案将有关一、二次设备（如开关设备、测量仪表、保护电器及操作辅助设备）组装而成的一种高压配电装置。

高压开关柜有固定式和手车式两大类型。固定式高压开关柜内全部的电器设备都是固定安装、固定接线，具有结构简单、经济的特点，应用比较广泛。手车式高压开关柜中主要设备如高压断路器、电压互感器、避雷器等可将手车拉出柜外进行检修，并推入备用同类型手车，即可继续供电，有安全、方便、缩短停电时间等优点，但价格较贵。

高压开关柜在基础型钢上安装如图 2-32 所示。基础型钢安装后，其顶部宜高出抹平地面 10mm；手车式成套柜按产品技术要求执行。

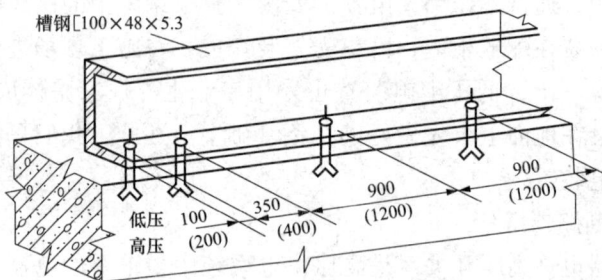

图 2-32　开关柜基础安装示意图

3. 低压配电装置安装

低压配电装置主要包括低压配电屏、继电器屏、直流屏、控制屏、硅整流柜等。低压配电装置安装与高压配殿装置安装基本相同。下面简要介绍一下几种常见的电压配电装置。

（1）低压断路器（也称自动开关和自动空气开关）

具有良好的灭弧能力，用于正常情况下接通或断开负荷电路。因其结构内安装有电磁脱扣（跳闸）及热脱扣装置，能在短路故障时通过电磁脱扣自动切断短路电流，还能在负荷电流过大、时间稍长时通过热脱扣自动切断过负荷（过负载）电流，使电路中的导线及电气设备不会因为电流过大（温升过高）而损坏。

小型断路器在民用建筑中已经取代了传统的闸刀开关加熔断器，广泛地应用在用户终端配电箱中。常用的低压断路器有塑料外壳式 DZ 系列、框架式（万能式）DW 系列、小型的有 C45、C45N 系列、ME 系列、AH 系列等。

（2）低压隔离开关（也称刀开关）

由于外面没有任何保护，主要用在配电柜（屏）或配电箱中起隔离作用。按操作方式分有单投和双投；按其极数分有单极、双极和三极；按其灭弧结构分有不带灭弧罩和带灭弧罩之分。常用型号有 HD（单投）、HS（双投）、HR（熔断器式刀开关）。

（3）低压负荷开关

低压负荷开关有开启式（胶盖闸刀开关）和封闭式（铁壳开关）两种，内部可以安装保险丝或熔断器。胶盖闸刀开关目前常用于临时线路的电源开关。

（4）低压配电柜

低压配电柜（低压配电屏、低压开关柜）是按照一定的接线方案将有关的一、二次设备组装而成的一种低压成套配电装置。主要用于低压电力系统中，用作动力及照明配电。按断路器是否可以抽出，可以分为固定式、抽出式两种类型。

目前，低压电器通常都安装在低压开关柜内，工厂化生产，在现场进行整体安装。开关柜整体安装在地面上的型钢基础上，在型钢基础下面是电缆沟。

4. 母线安装

母线分为硬母线和软母线两种，是变配电室内设备连接的主干导线。

硬母线又称为汇流排，在变配电室内应用较多，按材质不同可分为铜母线、铝母线和钢母线三种；按截面形状不同可分为矩形母线（也称带形母线）、槽形母线、环形母线和超大截面的重型母线四种。铜或铝质带形母线较为常见。带形铜母线的型号表示为 TMY，铝母线的型号表示为 LMY。带形母线是裸导线时，安装要固定在支架上的绝缘子上，支持点的距离要求如下：低压母线不得大于 900mm，高压母线不得大于 700mm。低压母线垂直安装时，如支持点的间距不能满足要求，应加装母线绝缘夹板。母线的连接有焊接和螺栓连接两种方式。

母线安装不包括支持绝缘子安装和母线伸缩接头的制作和安装。封闭母线的搬运考虑用汽车吊车及桥式起重机，室内安装使用链式起重机，室外安装使用汽车起重机。

软母线就是多股铝绞合线。主要用于大跨空间的母线架设。

高压母线穿过墙敷设时，应安装穿墙套管；低压母线穿墙敷设时，应安装过墙隔板。

穿墙套管分为室（户）内和室（户）外两种。安装时先将穿墙套管的框架预先安装在土建施工时预留的墙洞内，待土建施工完毕后再将穿墙套管（3个一组）穿入框架内的钢板孔内，用螺栓固定。

低压母线过墙隔板安装时先将角钢预埋在配合土建施工预留的孔洞的四个角上，然后将角钢支架焊接在洞口的预埋件上，再将绝缘板（上下两块）用螺栓固定在角钢支架上。隔板多采用硬质塑料板。

5. 其他常用电气元件

1) 电压互感器。将高电压变成低电压，以取得测量和保护用的低电压信号，额定电压为100V。

2) 电流互感器。通常将大电流变成小电流，以取得测量和保护用的小电流信号，额定电流为5A。

3) 避雷器。用于防止雷电产生的过电压侵入，设于被保护设备的前端。

4) 移相电容器。可以用作无功功率补偿。

6. 变配电工程的图形符号

变配电所工程图主要包括系统图，二次回路电路图及接线图，变配电所设备安装平面布置图、剖面图，变配电所照明系统图和平面布置图，变电所接地系统平面图等。

主接线是指由各种开关电器、电力变压器、母线、电力电缆或导线、移相电容器、避雷器等电气设备按照一定规律相连接的接受和分配电能的电路。主接线图，也称一次接线图，只表示上述一次电气设备之间的连接关系，与其具体安装地点无关。主接线的实施场所是变电所或配电所。

用以表示二次设备（进行继电保护与指示的电器及仪表）连接关系的控制、保护、计量等电路，称为二次接线图。

变配电工程主接线图中的图形符号和文字符号见表2-12。

表2-12　　　　变配电工程主接线图的图形符号和文字符号

元件名称	图形符号	文字符号	元件名称	图形符号	文字符号
变压器		T	热继电器		KB
断路器		QF	电流互感器		TA
负荷开关		QF	电压互感器		TV
隔离开关		QS	避雷器		F

元件名称	图形符号	文字符号	元件名称	图形符号	文字符号
熔断器		FU	移相电容器		C
接触器		QC			

7. 工程量计算规则

1）变压器安装：按设计图示数量计算，以"台"为计量单位。

2）配电装置安装：按设计图示数量计算，以"台"为计量单位。

3）软母线、组合软母线、带形母线、槽形母线：按设计图示尺寸以单相长度计算（含预留长度）。

4）硬母线配置安装预留长度按表2-13规定计算。

表2-13　　　　　　　　预　留　长　度　　　　　　（单位：m/根）

序号	项　目	预留长度	说　明
1	带型、槽型母线终端	0.3	从最后一个支持点算起
2	带型、槽型母线与分支线连接	0.5	分支线预留
3	带型母线与设备连接	0.5	从设备端子接口算起
4	多片重型母线与设备连接	1.0	从设备端子接口算起
5	槽型母线与设备连接	0.5	从设备端子接口算起

8. 工程案例分析

（1）变配电工程图识读

本工程为单电源供电，变压器室内安装有一台变压器，型号为 S9—630/10，即油浸自冷式三相铜线绕组变压器，高压侧额定电压为 10kV，额定容量为 630kV·A。高压配电室内安装有三台高压柜，其中一台进线计量柜，一台互感防雷柜（柜中安装有电压互感器和避雷器），一台出线柜（装有断路器）。低压配电室内安装有四台低压配电柜，其中一台低压电容器柜，三台低压配电屏。高压侧采用高压电缆 YJV_{22}—10kV—3×70 穿 SC100 镀锌钢管埋地敷设至变压器处，其后高压母线采用 TMY—80×8 带形硬铜母线。低压母线采用 TMY—3（80×6）+2（50×5）带形硬铜母线。母线穿过墙壁时采用穿通板。上述如图 2-33 ～图 2-35 所示。

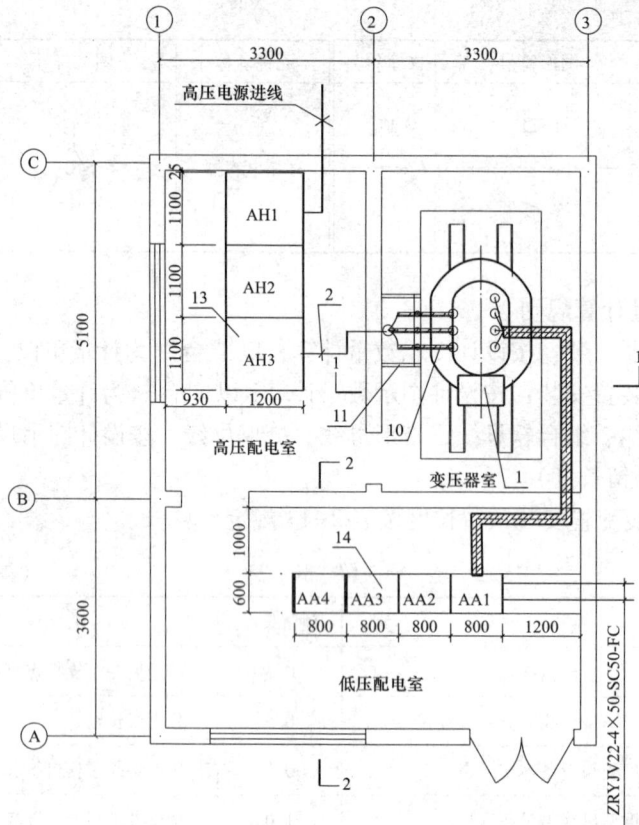

图 2-33 电气平面布置图

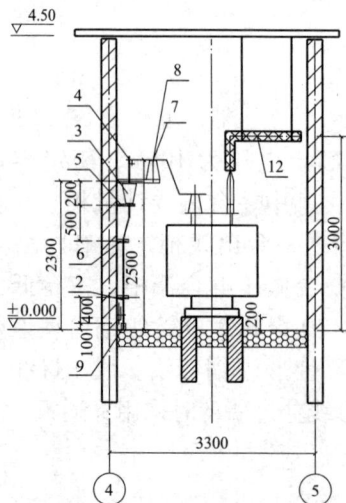

图 2-34 1-1 剖面

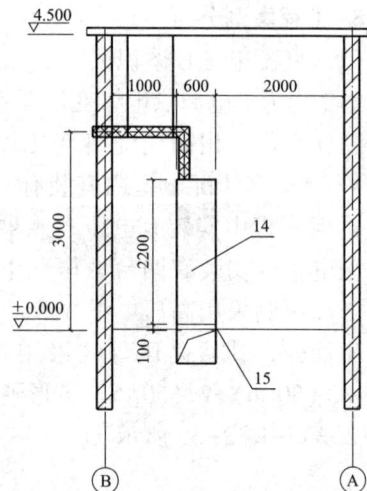

图 2-35 2-2 剖面

（2）工程量统计

工程量统计见表2-14。

表2-14　　　　　　　　　　工程量统计表

序号	项目名称	规格型号	计量单位	数量	计算过程
1	油浸式电力变压器安装	S9—630/10	台	1	
2	高压成套配电柜安装		台	3	
3	低压开关柜		台	4	
4	高压带形铜母线安装	640mm²	m	8	
5	低压带形铜母线安装	480mm²	m	30	10×3
6	低压带形铜母线安装	250mm²	m	20	10×2

低压支持绝缘子安装，按照规定每0.9m安装一组。此处仅统计出主要工程量。

2.6.3　10kV以下架空配电线路工程

1. 架空配电线路组成

这里所说的架空配电线路主要是指10kV以下架空配电线路，主要由电杆、横担、金具、绝缘子、导线和拉线等组成。架空配电线路的施工主要包括定位挖坑、电杆组立、横担安装、拉线制作安装、导线架设、导线跨越、进户线架设及杆上变配电设备安装等内容。

（1）电杆

常用的电杆是水泥杆，按照作用不同可分为直线杆、耐张杆、转角杆、终端杆、分支杆和跨越杆六种。

（2）横担

横担是专门用来按照绝缘子架设导线的，安装在电杆上部，常用的有铁横担和瓷横担。直线杆、终端杆上安装单根横担，耐张杆、跨越杆上安装双根横担，转角杆、分支杆上安装2组单根横担。

（3）金具

金具是架空线路中用来安装绝缘子和横担用的金属件，主要有抱箍、螺栓等。

（4）绝缘子

绝缘子是用来安装在横担上支持导线用的，常用的有针式绝缘子、蝶式绝缘子和悬式绝缘子几种。针式绝缘子安装在直线杆上，蝶式绝缘子和悬式绝缘子安装在其他类型的电杆上。

（5）拉线

拉线是用来平衡风力及导线对电杆的拉力，防止电杆倾倒的。通常情况下拉线安装在转角杆、终端杆、分支杆和耐张杆上。拉线的形式有普通拉线、水平拉线和弓形拉线等几种。

（6）导线

室外架空配线常用的导线有裸导线和绝缘导线。常用的裸导线采用应铝绞线（型号为 LJ）和钢芯铝绞线（LGJ）两种。

2. 工程量计算规则

1）电杆组立，按设计图示数量计算以"根"为计量单位。

2）横担组装按设计图示数量计算，以"组"为计量单位。

3）导线架设，按设计图示尺寸以单线长度计算（含预留长度），以"km/单线"为计量单位计算。导线预留长度按表 2-15 的规定计算。

表 2-15　　　　　　　　　　　　**导 线 预 留 长 度**　　　　　　　　（单位：m/根）

项 目 名 称		长　度
高压	转角	2.5
	分支、终端	2
低压	分支、终端	0.5
	交叉跳线转角	1.5
与设备连线		0.5
进户线		2.5

导线长度按线路总长度和预留长度之和计算。计算主材费时应另增加规定的损耗率。

4）杆上设备按设计图示数量计算，以"台"或"组"为计量单位。

3. 6～10kV 架空配电线路举例

（1）工程概况

本设计为某 10kV 架空线路新建工程，单回路架设。

1）电杆。电杆采用梢径 φ230 水泥杆，高度采用 10、12、15m。10m 电杆用于钻越高压线路用，档距较小，故采用梢径 φ190 水泥杆。15m 电杆埋深 2300mm，底盘底宽 1.0m；12m 电杆埋深 2.0m，底盘底宽 0.8m；10m 电杆埋深 1.7m，底盘底宽 0.8m。

直线电杆装卡盘。

2）金具绝缘子。导线采用三角排列，线路前进方向左侧为乙线，右侧为甲线，直线杆上横担用 ∠75×8×1500，下横担用 ∠75×8×2240，耐张横担用 ∠100×8×2240×2 根。

直线杆采用高压针式绝缘子 P-20T，耐张杆采用 2 片悬式绝缘子 X-4.5C。

3）拉线。拉线装 X-4.5C 悬式绝缘子。

4）导线。导线均采用 JKLYJ-3×240 铝芯交联聚乙烯绝缘架空电缆。

5）导线跨越。跨越电杆装双横担双绝缘子。

（2）工程图纸（图 2-36、图 2-37）

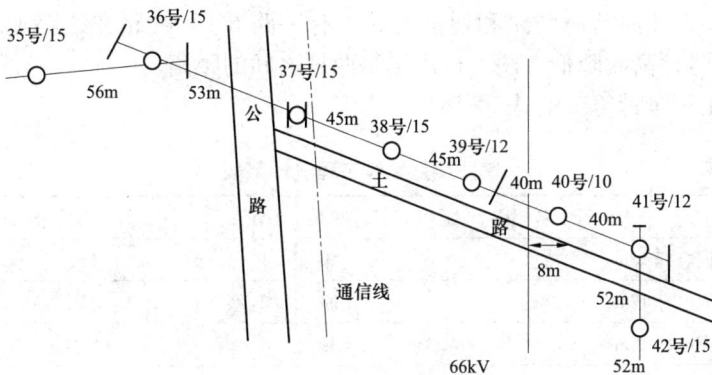

图 2-36 某 10kV 架空配电线路平面图

杆型名称	直线杆	转角杆	跨越杆
型 号	Z_1	ZJ_1	K_2
装置号	35.37.38.39.40.42	36.41	53
杆型示意图			

图 2-37 杆位一览

（3）图纸识读

本工程为 10kV 室外架空线路，共有 10m 长的电杆 1 根（40 号），12m 长的电杆 2 根（39 号、41 号），15m 长的电杆 5 根（35 号、36 号、37 号、38 号、42 号）。其中，36 号和 41 号杆为转角杆并装有拉线，37 号杆为跨越杆，其余为直线杆。该线路跨越公路和通信线路，有一路 66kV 线路在线路上方跨越通过，故 40 号杆高度降低。图上标出了每两杆之间的距离。

（4）工程量计算（见表 2-16）

表 2-16　　　　　　　　　室外架空配线工程量计算表

序号	项 目 名 称	单位	数量	计 算 公 式
1	水泥电杆 10m	根	1	
2	水泥电杆 12m	根	2	
3	水泥电杆 15m	根	5	
4	JKLYJ—3×240 铝芯交联聚乙烯绝缘架空电缆	m	1008	（56+53+45+45+40+40+52+2.5×2)×3
5	横担∠75×8×1500	根	5	
6	横担∠75×8×2240	根	5	
7	耐张横担∠100×8×2240	根	6	

2.7　案例工程量汇总

这里我们来汇总一下工程量，案例工程量汇总见表 2-17。

表 2-17　　　　　　　　　工 程 量 汇 总 表

序号	项 目 名 称	规 格 型 号	单位	数量	备注
1	成套配电箱安装（ZM）	500mm(h)×400mm×200mm	台	2	
2	集中计量表箱安装（BM）	1290mm(h)×900mm×180mm	台	2	
3	配电箱安装（AM）	250mm(h)×390mm×140mm	台	16	
4	配电箱安装（CM）	350mm(h)×440mm×180mm	台	12	
5	配电箱安装（MX）	300mm×350mm(h)×180mm	台	2	
6	镀锌钢管	SC32	m	33.66	
7	镀锌钢管	SC50	m	14.30	
8	镀锌钢管	SC70	m	14.10	
9	硬质塑料管	PC16	m	8	
10	硬质塑料管	PC20	m	1072.32	

续表

序号	项 目 名 称	规 格 型 号	单位	数量	备注
11	硬质塑料管	PC25	m	1649.40	
12	硬质塑料管	PC32	m	86.64	
13	管内穿线	BV—2.5	m	1910.10	
14	管内穿线	BV—4	m	2185.88	
15	管内穿线	BV—6	m	3303.38	
16	管内穿线	BV—10	m	524.04	
17	管内穿线	BV—25	m	0.2	
18	管内穿线	BV—35	m	20.28	
19	管内穿线	BV—70	m	81.12	
20	单控单联开关暗装	250V，6A	套	96	
21	单控双联开关暗装	250V，6A	套	36	
22	双控单联开关暗装	250V，6A	套	8	
23	单相暗插座二极+三极安全型	250V，15A	套	180	
24	单相暗插座二极+三极防溅型	250V，15A	套	96	
25	单相暗插座二孔	250V，15A	套	32	
26	单相暗插座三孔	250V，15A	套	16	
27	一般壁灯	220V，25W	套	18	
28	防水灯头	250V，4A	套	32	
29	节能座灯头	250V，4A	套	6	
30	座灯头	250V，4A	套	120	
31	接线箱		个	8	
32	接线盒		个	180	
33	开关盒		个	480	
34	镀锌圆钢避雷网，女儿墙敷设	φ12	m	95.61	
35	镀锌圆钢避雷网，混凝土块上敷设	φ12	m	6.04	
36	防雷引下线	φ16	m	169.00	
37	均压环（基础钢筋）	φ12	m	168	
38	总等电位联结箱安装		台	2	
39	总等电位联结线　户内	—40×4	m	15.38	
40	总等电位联结线　户外	—40×4	m	4.57	
41	局部等电位联结箱		台	16	

第3章

建筑电气安装工程计价

3.1 建筑电气安装工程计价基础知识

我国现行的工程造价是指建设工程从筹建到工程竣工验收交付使用前所需的全部费用，主要由建筑安装工程费用、设备及工器具购置费用（包括为建设项目购置或者自制达到固定资产标准的各种设备、工具、器具的购置费）、工程建设其他费用、预备费、固定资产投资方向调节税、建设期贷款利息等构成，这些形成固定资产投资，是广义的工程造价。如果计入流动资产投资（流动资金）部分，就是我们通常所说的建设项目总投资。

在工程建设过程中，建筑安装工程概预算所确定的每一个单项工程或其中的单位工程的投资额，在实际工作中作为建筑安装工程价值的货币表现，我们称作建筑安装工程费用，即狭义的安装工程造价。下面我们重点介绍建筑安装工程费用的组成。

3.1.1 建筑安装工程费用项目组成（按费用构成要素划分）

建筑安装工程费按照费用构成要素划分，由人工费、材料（包含工程设备，下同）费、施工机具使用费、企业管理费、利润、规费和税金组成。其中人工费、材料费、施工机具使用费、企业管理费和利润包含在分部分项工程费、措施项目费、其他项目费中。

1. 人工费

人工费是指按工资总额构成规定，支付给从事建筑安装工程施工的生产工人和附属生产单位工人的各项费用。内容包括：

1）计时工资或计件工资：是指按计时工资标准和工作时间或对已做工作按计件单价支付给个人的劳动报酬。

2）奖金：是指对超额劳动和增收节支支付给个人的劳动报酬。如节约奖、劳动竞赛奖等。

3）津贴补贴：是指为了补偿职工特殊或额外的劳动消耗和因其他特殊原因

支付给个人的津贴，以及为了保证职工工资水平不受物价影响支付给个人的物价补贴。如流动施工津贴、特殊地区施工津贴、高温（寒）作业临时津贴、高空津贴等。

4）加班加点工资：是指按规定支付的在法定节假日工作的加班工资和在法定日工作时间外延时工作的加点工资。

5）特殊情况下支付的工资：是指根据国家法律、法规和政策规定，因病、工伤、产假、计划生育假、婚丧假、事假、探亲假、定期休假、停工学习、执行国家或社会义务等原因按计时工资标准或计时工资标准的一定比例支付的工资。

2. 材料费

材料费是指施工过程中耗费的原材料、辅助材料、构配件、零件、半成品或成品、工程设备的费用。内容包括：

1）材料原价：是指材料、工程设备的出厂价格或商家供应价格。

2）运杂费：是指材料、工程设备自来源地运至工地仓库或指定堆放地点所发生的全部费用。

3）运输损耗费：是指材料在运输装卸过程中不可避免的损耗。

4）采购及保管费：是指为组织采购、供应和保管材料、工程设备的过程中所需要的各项费用。包括采购费、仓储费、工地保管费、仓储损耗。

工程设备是指构成或计划构成永久工程一部分的机电设备、金属结构设备、仪器装置及其他类似的设备和装置。

3. 施工机具使用费

施工机具使用费是指施工作业所发生的施工机械、仪器仪表使用费或其租赁费。

1）施工机械使用费：以施工机械台班耗用量乘以施工机械台班单价表示，施工机械台班单价应由下列七项费用组成：

① 折旧费：指施工机械在规定的使用年限内，陆续收回其原值的费用。

② 大修理费：指施工机械按规定的大修理间隔台班进行必要的大修理，以恢复其正常功能所需的费用。

③ 经常修理费：是指施工机械除大修理以外的各级保养和临时故障排除所需的费用。包括为保障机械正常运转所需替换设备与随机配备工具附具的摊销和维护费用，机械运转中日常保养所需润滑与擦拭的材料费用及机械停滞期间的维护和保养费用等。

④ 安拆费及场外运费：安拆费是指施工机械（大型机械除外）在现场进行安装与拆卸所需的人工、材料、机械和试运转费用，以及机械辅助设施的折旧、搭设、拆除等费用；场外运费是指施工机械整体或分体自停放地点运至施工现

场或由一施工地点运至另一施工地点的运输、装卸、辅助材料及架线等费用。

⑤人工费：是指机上司机（司炉）和其他操作人员的人工费。

⑥燃料动力费：是指施工机械在运转作业中所消耗的各种燃料及水、电等费用。

⑦税费：是指施工机械按照国家规定应缴纳的车船使用税、保险费及年检费等。

2）仪器仪表使用费：是指工程施工所需使用的仪器、仪表的摊销及维修费用。

4. 企业管理费

企业管理费是指建筑安装企业组织施工生产和经营管理所需的费用。内容包括：

1）管理人员工资：是指按规定支付给管理人员的计时工资、奖金、津贴补贴、加班加点工资及特殊情况下支付的工资等。

2）办公费：是指企业管理办公用的文具、纸张、账表、印刷、邮电、书报、办公软件、现场监控、会议、水电、烧水和集体取暖降温（包括现场临时宿舍取暖降温）等费用。

3）差旅交通费：是指职工因公出差、调动工作的差旅费、住勤补助费、市内交通费和误餐补助费，职工探亲路费，劳动力招募费，职工退休、退职一次性路费，工伤人员就医路费，工地转移费以及管理部门使用的交通工具的油料、燃料等费用。

4）固定资产使用费：是指管理和试验部门及附属生产单位使用的属于固定资产的房屋、设备、仪器等的折旧、大修、维修或租赁费。

5）工具用具使用费：是指企业施工生产和管理使用的不属于固定资产的工具、器具、家具、交通工具和检验、试验、测绘、消防用具等的购置、维修和摊销费。

6）劳动保险和职工福利费：是指由企业支付的职工退职金、按规定支付给离休干部的经费，集体福利费，夏季防暑降温，冬季取暖补贴，上下班交通补贴等。

7）劳动保护费：是企业按规定发放的劳动保护用品的支出。如工作服、手套、防暑降温饮料以及在有碍身体健康的环境中施工的保健费用等。

8）检验试验费：是指施工企业按照有关标准规定，对建筑以及材料、构件和建筑安装物进行一般鉴定、检查所发生的费用，包括自设试验室进行试验所耗用的材料等费用。不包括新结构、新材料的试验费，对构件做破坏性试验及其他特殊要求检验试验的费用和建设单位委托检测机构进行检测的费用，对此类检测发生的费用，由建设单位在工程建设其他费用中列支。但对施工企业提供的具有合格证明的材料进行检测不合格的，该检测费用由施工企业支付。

9）工会经费：是指企业按《工会法》规定的全部职工工资总额比例计提的工会经费。

10）职工教育经费：是指按职工工资总额的规定比例计提，企业为职工进行专业技术和职业技能培训，专业技术人员继续教育，职工职业技能鉴定，职业资格认定以及根据需要对职工进行各类文化教育所发生的费用。

11）财产保险费：是指施工管理用财产、车辆等的保险费用。

12）财务费：是指企业为施工生产筹集资金或提供预付款担保、履约担保、职工工资支付担保等所发生的各种费用。

13）税金：是指企业按规定缴纳的房产税、车船使用税、土地使用税、印花税等。

14）其他：包括技术转让费、技术开发费、投标费、业务招待费、绿化费、广告费、公证费、法律顾问费、审计费、咨询费、保险费等。

5. 利润

利润是指施工企业完成所承包工程获得的盈利。

6. 规费

规费是指按国家法律、法规规定，由省级政府和省级有关权力部门规定必须缴纳或计取的费用。包括：

（1）社会保险费

1）养老保险费：是指企业按照规定标准为职工缴纳的基本养老保险费。

2）失业保险费：是指企业按照规定标准为职工缴纳的失业保险费。

3）医疗保险费：是指企业按照规定标准为职工缴纳的基本医疗保险费。

4）生育保险费：是指企业按照规定标准为职工缴纳的生育保险费。

5）工伤保险费：是指企业按照规定标准为职工缴纳的工伤保险费。

（2）住房公积金：是指企业按规定标准为职工缴纳的住房公积金。

（3）工程排污费：是指按规定缴纳的施工现场工程排污费。

其他应列而未列入的规费，按实际发生计取。

7. 税金

税金是指国家税法规定的应计入建筑安装工程造价内的营业税、城市维护建设税、教育费附加以及地方教育附加。

3.1.2 建筑安装工程费用项目组成（按造价形成划分）

建筑安装工程费按照工程造价形成由分部分项工程费、措施项目费、其他项目费、规费、税金组成，其中分部分项工程费、措施项目费、其他项目费包含人工费、材料费、施工机具使用费、企业管理费和利润。

1. 分部分项工程费

分部分项工程费是指各专业工程的分部分项工程应予列支的各项费用。

1）专业工程：是指按现行国家计量规范划分的房屋建筑与装饰工程、仿古建筑工程、通用安装工程、市政工程、园林绿化工程、矿山工程、构筑物工程、城市轨道交通工程、爆破工程等各类工程。

2）分部分项工程：指按现行国家计量规范对各专业工程划分的项目。如房屋建筑与装饰工程划分的土石方工程、地基处理与桩基工程、砌筑工程、钢筋及钢筋混凝土工程等。

各类专业工程的分部分项工程划分见现行国家或行业计量规范。

2. 措施项目费

措施项目费是指为完成建设工程施工，发生于该工程施工前和施工过程中的技术、生活、安全、环境保护等方面的费用。内容包括：

（1）安全文明施工费

1）环境保护费：是指施工现场为达到环保部门要求所需要的各项费用。

2）文明施工费：是指施工现场文明施工所需要的各项费用。

3）安全施工费：是指施工现场安全施工所需要的各项费用。

4）临时设施费：是指施工企业为进行建设工程施工所必须搭设的生活和生产用的临时建筑物、构筑物和其他临时设施费用。包括临时设施的搭设、维修、拆除、清理费或摊销费等。

（2）夜间施工增加费

夜间施工增加费是指因夜间施工所发生的夜班补助费、夜间施工降效、夜间施工照明设备摊销及照明用电等费用。

（3）二次搬运费

二次搬运费是指因施工场地条件限制而发生的材料、构配件、半成品等一次运输不能到达堆放地点，必须进行二次或多次搬运所发生的费用。

（4）冬、雨期施工增加费

冬、雨期施工增加费是指在冬期或雨期施工需增加的临时设施、防滑、排除雨雪，人工及施工机械效率降低等费用。

（5）已完工程及设备保护费

已完工程及设备保护费是指竣工验收前，对已完工程及设备采取的必要保护措施所发生的费用。

（6）工程定位复测费

工程定位复测费是指工程施工过程中进行全部施工测量放线和复测工作的费用。

（7）特殊地区施工增加费

特殊地区施工增加费是指工程在沙漠或其边缘地区、高海拔、高寒、原始森林等特殊地区施工增加的费用。

（8）大型机械设备进出场及安拆费

大型机械设备进出场及安拆费是指机械整体或分体自停放场地运至施工现场或由一个施工地点运至另一个施工地点，所发生的机械进出场运输及转移费用及机械在施工现场进行安装、拆卸所需的人工费、材料费、机械费、试运转费和安装所需的辅助设施的费用。

（9）脚手架工程费

脚手架工程费是指施工需要的各种脚手架搭、拆、运输费用以及脚手架购置费的摊销（或租赁）费用。

措施项目及其包含的内容详见各类专业工程的现行国家或行业计量规范。

3. 其他项目费

（1）暂列金额

暂列金额是指建设单位在工程量清单中暂定并包括在工程合同价款中的一笔款项。用于施工合同签订时尚未确定或者不可预见的所需材料、工程设备、服务的采购，施工中可能发生的工程变更、合同约定调整因素出现时的工程价款调整以及发生的索赔、现场签证确认等的费用。

（2）计日工

计日工是指在施工过程中，施工企业完成建设单位提出的施工图纸以外的零星项目或工作所需的费用。

（3）总承包服务费

总承包服务费是指总承包人为配合、协调建设单位进行的专业工程发包，对建设单位自行采购的材料、工程设备等进行保管以及施工现场管理、竣工资料汇总整理等服务所需的费用。

4. 规费

定义同3.1.1内容。

5. 税金

定义同3.1.1内容。

3.1.3 费用组成主要变化之处

1）按照国家统计局《关于工资总额组成的规定》，合理调整了人工费构成及内容。

2）依据国家发展和改革委员会、财政部等9部委发布的《标准施工招标文件》的有关规定，将工程设备费列入材料费；原材料费中的检验试验费列入企业管理费。

3）将仪器仪表使用费列入施工机具使用费；大型机械进出场及安拆费列入措施项目费。

4）按照《中华人民共和国社会保险法》的规定，将原企业管理费中劳动保险费中的职工死亡丧葬补助费、抚恤费列入规费中的养老保险费；在企业管理费中的财务费和其他中增加担保费用、投标费、保险费。

5）按照《中华人民共和国社会保险法》、《中华人民共和国建筑法》的规定，取消原规费中危险作业意外伤害保险费，增加工伤保险费、生育保险费。

6）按照财政部的有关规定，在税金中增加地方教育附加。

3.1.4 建筑安装工程费用的计算方法

根据住房和城乡建设部、财政部关于印发《建筑安装工程费用项目组成》的通知（建标〔2013〕44号）中附件3《建筑安装工程费用参考计算方法》，可知建筑安装工程费用的计算方法如下。

1. 分部分项工程费

$$分部分项工程费 = \sum（分部分项工程量 × 综合单价）$$

式中：综合单价包括人工费、材料费、施工机具使用费、企业管理费和利润以及一定范围的风险费用（下同）。

2. 措施项目费

（1）国家计量规范规定应予计量的措施项目

其计算公式为：

$$措施项目费 = \sum（措施项目工程量 × 综合单价）$$

（2）国家计量规范规定不宜计量的措施项目计算方法

1）安全文明施工费，计算公式为：

$$安全文明施工费 = 计算基数 × 安全文明施工费费率（\%）$$

2）夜间施工增加费，计算公式为：

$$夜间施工增加费 = 计算基数 × 夜间施工增加费费率（\%）$$

3）二次搬运费，计算公式为：

$$二次搬运费 = 计算基数 × 二次搬运费费率（\%）$$

4）冬、雨期施工增加费

$$冬、雨期施工增加费 = 计算基数 × 冬、雨期施工增加费费率（\%）$$

5）已完工程及设备保护费，计算公式为：

$$已完工程及设备保护费 = 计算基数 × 已完工程及设备保护费费率（\%）$$

计算基数应为定额基价（定额分部分项工程费+定额中可以计量的措施项目费）、定额人工费或（定额人工费+定额机械费），其费率由各地工程造价管理机构根据各专业工程的特点综合确定。

3. 其他项目费

1）暂列金额由建设单位根据工程特点，按有关计价规定估算，施工过程中由建设单位掌握使用、扣除合同价款调整后如有余额，归建设单位。

2）计日工由建设单位和施工企业按施工过程中的签证计价。

3）总承包服务费由建设单位在招标控制价中根据总包服务范围和有关计价规定编制，施工企业投标时自主报价，施工过程中按签约合同价执行。

4. 规费和税金

建设单位和施工企业均应按照省、自治区、直辖市或行业建设主管部门发布标准计算规费和税金，不得作为竞争性费用。

3.1.5　建筑电气安装工程计价的依据

建筑电气安装工程计价依据由国家标准《建设工程工程量清单计价规范》（GB 50500—2013）、《通用安装工程工程量计算规范》（GB 50856—2013）、《全国统一安装工程预算定额》（GYD—202—2000）、各地区定额（如《辽宁省建设工程计价依据安装工程计价定额》等）、企业定额、建设工程费用标准及各市建设工程造价管理机构发布的人工、材料、机械台班指导价格和工程技术经济指标、造价指数等组成。

3.1.6　建筑安装工程预算定额计价

建筑安装工程预算定额计价就是先计算工程量，然后查套安装工程预算定额，并计算出人工费、材料费、机械费，得出分部分项工程直接费，计算出工程造价的过程。

1. 安装工程预算定额的概念

安装工程预算定额是指在合理的施工组织设计、正常施工条件下，完成单位合格产品所必须消耗的人工、材料、机械台班所消耗的数量标准和费用标准。它是编制预算和确定工程造价的标准，是工程建设中的一项重要的技术经济文件，是安装工程造价人员必须掌握的基本知识。

2. 安装工程预算定额的种类

目前，《全国统一安装工程预算定额》共分十三册，包括：

第一册，（GYD—201—2000）机械设备安装工程。

第二册，（GYD—202—2000）电气设备安装工程。

第三册，（GYD—203—2000）热力设备安装工程。

第四册，（GYD—204—2000）炉窑砌筑工程。

第五册，（GYD—205—2000）静置设备与工艺金属结构制作与安装工程。

第六册，（GYD—206—2000）工业管道工程。

第七册，（GYD—207—2000）消防及安全防范设备安装工程。

第八册，（GYD—208—2000）给排水、采暖、燃气工程。

第九册，（GYD—209—2000）通风空调工程。

第十册，（GYD—210—2000）自动化控制仪表安装工程。

第十一册，（GYD—211—2000）刷油、防腐蚀、绝热工程。

第十二册，（GYD—212—2000）通信设备及线路安装工程（另行发布）。

第十三册，（GYD—213—2003）建筑智能化系统设备安装工程。

另外，还有《施工机械台班费用定额》等是作为安装工程预算定额计算机械台班费用消耗量的依据。

在此，我们重点学习第二册《电气设备安装工程预算定额》（GYD—202—2000）。

3. 安装工程预算定额的组成

全国统一安装工程预算定额通常由以下内容组成：

（1）总说明

总说明介绍关于定额的主要内容、适用范围、编制依据、适用条件、作用以及定额中人工工日消耗量、材料消耗量和施工机械台班消耗量的确定方法及有关规定等。

（2）册说明

册说明主要介绍该册定额的适用范围、编制依据、适合条件、工作内容及有关规定和定额的使用方法和注意事项等。

（3）目录

目录为查、套定额提供索引。

（4）章说明

章说明介绍本章定额的适用范围、内容、计算规则以及有关定额系数的规定等。

（5）定额项目表

它是每篇安装定额的核心内容。其中包括：分节工作内容、各分项定额的人工、材料和机械台班消耗量指标以及定额基价、未计价材料等内容。

（6）附录

一般置于各篇定额表的后面，其内容主要有材料、元件等重量表、配合比表、损耗率表以及选用的一些价格表等。

各地区安装工程预算定额的组成内容会略有不同，通常在册说明前面会有总说明的内容。在进行安装工程预算之前，一定要认真熟悉定额的各部分说明、规定等的内容。后面我们会单独对电气设备安装工程预算定额进行解释。

4. 安装工程预算定额的作用

根据全国统一安装工程预算定额的总说明中预算定额的作用的内容总结如下：

1）预算定额是编制施工图预算、确定建筑安装工程造价的依据。

2）预算定额是合理编制招标标底、投标报价的基础。

3）预算定额是拨付工程款进行工程竣工结算的依据。

所谓工程结算是建设单位和施工单位按照工程进度对已完成的分部分项工程实现货币支付的行为。按进度支付工程款，需要根据预算定额将已完分项工程的造价算出。单位工程验收后，再按竣工工程量、预算定额和施工合同规定进行结算，以保证建设单位建设资金的合理使用和施工单位的经济收入。

4）预算定额是编制施工组织设计的依据。

5）预算定额是施工单位进行工料分析，实行经济核算的依据。

6）预算定额是编制概算定额和概算指标的基础。

7）预算定额是调解处理工程造价纠纷、鉴定工程造价的依据。

3.1.7 工程量清单计价

工程量清单计价是建设工程招投标中，招标人或招标人委托具有资质的中介机构按照国家统一的工程量清单计价规范，由招标人列出工程数量作为招标文件的一部分提供给投标人，投标人自主报价经评审后确定中标的一种主要工程造价计价模式，有别于传统的定额计价方法。

为了规范建设工程工程量清单计价行为，统一建设工程工程量清单的编制和计价方法，根据《中华人民共和国招标投标法》、原建设部第 107 号部长令《建设工程施工发包与承包计价管理办法》，按照我国工程造价管理改革的要求，本着国家宏观调控、市场竞争形成价格的原则，在总结有关省市工程量清单试点经验的基础上，参照国际上有关工程量清单计价的通行做法，编制了国家标准《建设工程工程量清单计价规范》（GB 50500—2013）（以下简称《计价规范》）。各省市根据具体情况有制定有相关实施细则，如辽宁省制定的《建设工程工程量清单计价规范辽宁省实施细则》，使工程量清单计价更具有可操作性。

1. 工程量清单计价与传统定额计价方法的主要联系与区别

采用《计价规范》后，不但需要定额，而且具有指导价值的消耗量定额更显得重要。在推行工程量清单计价过程中，在国家定额向企业定额过渡时期，大多数企业还没有自编定额的前提下，还要借用现行定额作为主要参考依据。

1）工程造价形成过程由原来的指令性变为指导性。

2）工程造价的形成过程不同。由招标人提供工程量，投标人进行自主报价，通过竞争形成市场价格。

3）分部分项工程量在计算时通常只考虑实体工程因素。

4）工程量清单是招标文件和施工合同的组成部分。

2. 实行工程量清单计价的作用

1）规范建设市场秩序，适应社会主义市场经济发展的需要。

工程量清单计价是市场形成工程造价的主要形式，有利于发挥企业自主报价的能力，实现政府定价到市场定价的转变；有利于规范业主在招标中的行为，有效改变招投标市场中盲目压价的行为，从而真正体现公开、公正、公平的原则，反映市场经济规律。

2）促进建设市场有序竞争和企业健康发展的需要。

采用工程量清单招标投标计价模式招投标，对招标人而言，由于工程量清单是招标文件的组成部分，招标人必须编制出准确的工程量清单，并承担相应的风险，促进招标人提高管理水平。由于工程量清单是公开的，将避免工程招标中弄虚作假、暗箱操作等不规范的行为。对投标人而言，采用工程量清单报价，必须对单位工程成本、利润进行分析，精心选择施工方案，并根据企业定额合理确定人工、材料、机械等要素的投入和配置，优化组合，合理控制现场费用和施工技术措施费用，审慎确定投标价。

3）有利于我国工程造价政府管理职能的转变。

实行工程量清单计价，将过去由政府控制的指令性定额计价转变为制定适应市场经济规律需要的工程量清单计价方法，由过去政府直接干预转变为对工程造价依法监督，有效地加强政府对工程造价的宏观调控。

4）适应我国加入世界贸易组织，融入世界大市场的需要。

工程量清单计价是国际通行的计价办法，在我国实行工程量清单计价，有利于提高国内建设各方主体参与国际化竞争的能力，有利于提高工程建设管理水平。

3. 《计价规范》的适用范围

本规范适用于建设工程（发承包及实施阶段的）计价活动。全部使用国有资金投资或国有资金投资为主的工程建设项目必须采用工程量清单计价。国有资金投资的工程建设项目包括使用国有资金投资和国家融资投资的工程建设项目。

1）用国有资金投资项目的范围包括：

① 使用各级财政预算资金的项目。

② 使用纳入财政管理的各种政府性专项建设基金的项目。

③ 使用国有企事业单位自有资金，并且国有资产投资者实际拥有控制权的项目。

2）国家融资项目的范围包括：

① 使用国家发行债券所筹资金的项目。

② 使用国家对外借款或者担保所筹资金的项目。

③ 使用国家政策性贷款的项目。

④ 国家特许的融资项目。

国有资金（含国家融资资金）为主的工程建设项目是指国有资金占投资总额50%以上，或虽不足50%但国有投资者实质上拥有控股权的工程建设项目。

3.1.8 建筑安装工程预算的分类

建筑安装工程预算是建筑安装工程的投资估算、设计概算和施工图预算等的总称。可分为以下几类：

（1）投资估算

投资估算是指在编制项目建议书和可行性研究报告阶段，对拟建项目，根据工程估算指标和设备、材料预算价格及有关文件规定，确定建设项目计划任务书的投资总额度。

（2）设计概算

设计概算（简称概算）是指在初步设计或扩大初步设计阶段，由设计单位根据初步设计图纸、概算定额或概算指标、设备材料预算价格和有关文件规定，预先计算确定的建设项目从筹建到竣工交付使用的全部建设费用的经济文件。

设计概算是国家确定和控制建设项目总投资，编制固定资产投资计划，签订建设项目总包合同和贷款总合同，实行投资包干，考核设计方案的经济合理性和选择最优设计方案的依据。

（3）施工图预算

施工图预算是指在单位工程开工之前，施工图经过会审后，根据施工图纸、施工组织设计、预算定额和有关取费标准，预先计算和确定的单位工程的全部建筑安装工程费用的经济文件。不包括设备工器具购置费和其他各种费用。是我们通常所说的和做得最多的预算，是本书重点介绍的部分。

施工图预算是确定建筑安装工程造价、编制标底报价、签订工程施工合同、实行工程结算、核算工程成本等的依据。

（4）施工预算

施工预算是指施工阶段，在施工图预算的控制下，施工单位根据施工图纸、施工定额、施工及验收规范等编制的单位工程（或分部分项工程）施工所需人工、材料、机械台班消耗量及相应费用的技术经济文件。

施工预算是施工企业对单位工程实行计划管理，编制施工、材料、劳动力计划、向班组下达工程施工任务单，实行班组经济核算，考核单位用工，限额领料等的依据。

（5）工程结算

工程结算是指一个单项工程、单位工程或分部、分项工程完工，并经建设单位及有关部门检验合格后，施工企业根据工程合同的规定及施工进度，在施工图预算基础上，按照实际完成的工程量所编制的结算文件。是施工单位向建设单位办理工程价款结算，用以补偿施工过程中的资金消耗，考核经济效益的经济文件。

（6）竣工决算

竣工决算是指在单项工程或建设项目所有施工内容均已完成，并有关部门检验合格，可交付建设单位使用后，进行工程建设费用的最后核算，确定的单项工程或建设项目从筹建到建成投入使用的全部实际成本。

竣工决算是核定工程建设项目总造价及考核投资效果的依据，也是建设单位有关部门之间进行资产移交的依据。竣工决算与竣工结算有所不同，竣工结算是指工程完工后，建设单位与施工单位之间进行的费用最后结算；而竣工决算则是工程建设的实际总投资。

3.2 建筑电气安装工程施工图预算编制

3.2.1 建筑电气设备安装工程施工图预算编制概述

1. 施工图预算编制的依据

1）《全国统一安装工程预算定额》和配套使用的各省、市、自治区的单位估价表。

2）《通用安装工程工程量计算规范》。

3）经审定的施工设计图纸及其说明。

4）经审定的施工组织设计或施工技术措施方案。

5）经审定的其他有关技术经济文件等。

2. 施工图预算的计算步骤

1）熟悉施工图纸。

2）熟悉施工组织设计及施工方案。

3）熟悉工程承包合同及招投标文件的相关要求。

4）熟悉预算定额、工程量计算规则及相关费用标准。

5）依据施工图纸计算工程量。

6）套定额，计算直接费。

7）按取费程序计算各种费用及工程造价。

8）计算各种经济指标。

9）编写预算编制说明。

10）对预算书进行校核、复核及审核。

3. 施工图预算书的组成内容

施工图预算书具体组成情况可参见实例。我们这里简要介绍一下基本组成。通常由封面、编制说明、取费程序表、工程量汇总表、工程量计算表、工料分析表等内容组成。

4. 建筑安装工程预算编制的计价方法

（1）单位估价法

单位估价法是以定额为依据，利用工程项目的实物量逐项套价计算工程造价的方法。先按照工程图纸计算工程量，然后查定额单价即基价，与相对应的分项工程量相乘，得出各分项工程的人工费、材料费、机械费，汇总后得出分部分项工程的直接费，进而计算工程造价。这种方法是我们做预算时经常使用的方法。

（2）实物估价法

实物估价法是以实际消耗的各种资源数量为依据，运用现行的相应资源预算价格，逐项套价计算工程造价的方法。先计算工程量，然后套基础定额，计算人工、材料、机械台班消耗量，将所有分部分项工程资源消耗量进行归类汇总，在依据当时、当地的人工、材料、机械单价，计算并汇总人工费、材料费、机械使用费，从而得出分部分项工程直接费，进而计算工程造价。

3.2.2 电气设备安装工程预算定额解读

《电气设备安装工程》定额是《全国统一安装工程预算定额》中的第二册，配有总说明、册说明、章说明、定额项目表和附录等。

1. 总说明

总说明是《全国统一安装工程预算定额》的总体说明，说明了定额的组成、作用、编写依据、编写条件，是在正常的施工条件下进行施工编写的，并特别强调调整或换算。定额中还明确了人工工日消耗量、材料消耗量及施工机械台班消耗量的确定方法。这些都是进行建筑工程造价计量与计价必须要掌握的内容。下面我们来介绍一下人工工日消耗量、材料消耗量及施工机械台班消耗量的确定方法。

（1）人工工日消耗量的确定

1）定额的人工工日不分列工种和技术等级，一律以综合工日表示，内容包括基本用工、超运距用工和人工幅度差。

基本用工是指完成某个子项工程所必须消耗的主要用工量。

超运距用工是指预算定额中取定的材料、半成品等的运输距离，超过劳动定额规定的运输距离，所需增加的工日数。

辅助用工是指技术工种劳动定额内不包括而在预算定额内又必须考虑的用工，如材料加工等用工。

人工幅度差是指在劳动定额中未包括而在正常施工情况下不可避免但又很难准确计量的用工和各种工时损失。现行国家统一建筑安装工程劳动定额规定，土建工程为10%，安装工程为12%，其计算公式为：

人工幅度差=（基本用工+超运距用工+辅助用工）×人工幅度差系数

2）综合工日的单价采用北京市1996年安装工程人工费单价，每工日23.22元，包括基本工资和工资性津贴等。

（2）材料消耗量的确定

1）定额中的材料消耗量包括直接消耗在安装工作内容中的主要材料、辅助材料和零星材料等，并计入了相应损耗，其内容和范围包括：从工地仓库、现场集中堆放地点或现场加工地点到安装地点的运输损耗、施工操作损耗、施工现场堆放损耗。

2）凡定额内未注明单价的材料均为主材，基价中不包括其价格，应根据"（ ）"内所列的用量，按各省自治区、直辖市的材料预算价格计算。

3）用量很少，对基价影响很小的零星材料合并为其他材料费，计入材料费内。

4）施工措施性消耗部分，周转性材料按不同施工方法、不同材质分别列出一次使用量和一次摊销量。

5）材料单价采用北京市1996年材料预算价格。

6）主要材料损耗率见各册附录。

主要材料也称主材，是指构成工程实体的材料，其中也包括成品、半成品材料。安装工程中是指安装施工的对象，可以是设备，也可以是施工材料。在定额的项目表下面往往注有主要材料名称，使用是要认真阅读。

主材费是指主要材料的费用。安装工程定额中大多数不包含主材费，定额中给定的是安装费用。因此，要单独计算主材费，这一部分占工程造价的比例很大。

计算主材费的方法根据定额项目表下面所注明的主要材料来进行计算，计算主材费的方法有两种情形：

情形一：在定额的材料表中没有主要材料的名称。此时要按照主要材料的实际使用量来计算主材费。但如果主要材料是施工材料而非设备时，要根据工程量计算规则中的规定增加相应的损耗率。例如，在项目表中成套配电箱安装的材料一栏内没有成套配电箱的名称，而很明显成套配电箱是主要材料，属于设备，要按照工程量统计中的实际使用量计算主材费。接地极制作安装项目表材料一栏没有接地极（钢管、角钢、圆钢等）的名称，但接地极是主要材料（施工材料），要增加相应的损耗率，查附录主要材料损耗率表得知型钢的损耗率为5%。

情形二：在定额材料表中有主要材料名称，但没有材料单价，在表中主要材料名称一行中有一组带括号的数字，表明一个定额计量单位所使用的主要材料用量，称为定额含量，用其计算主材费。例如，管内穿线"铜芯 4"的项目表中材料一栏有"绝缘导线"的名称，而无单价，其定额含量为 110.00m，表明 100m 单线需要绝缘导线的用量是 110.00m，要用这个定额含量乘以各省、自治区、直辖市的材料预算价格来计算主材费。

辅助材料是指工程施工过程中所必须使用的少量材料。这些材料都列在了定额项目表的材料栏内，构成定额基价中的材料费。如"成套配电箱安装"中的钢板垫板、铜接线端子、塑料软管等都是辅助材料。

零星材料是指在工程施工中用量很少、对基价影响很小的材料。合并为其他材料费，计入材料费内。例如，在"钢制桥架"安装项目表中就有其他材料费一项，已计入定额基价的材料费中。

发生材料损耗的范围和内容从工地仓库、现场集中堆放地点或现场加工地点到安装地点的运输损耗、施工操作损耗、施工现场堆放损耗。

（3）施工机械台班消耗量的确定

1）定额的机械台班消耗量是按正常合理的机械配备和大多数施工企业的机械化装备程度综合取定的。

2）凡单位价值在 2000 元以内，使用年限在两年以内的不构成固定资产的工具、用具等未进入定额，应在建筑安装工程费用定额中考虑。

3）施工机械台班单价，是按 1998 年原建设部颁发的《全国统一施工机械台班费用定额》计算的，其中未包括养路费和车船使用税等，可按各省、自治区、直辖市的有关规定计入。

（4）施工仪器仪表台班消耗量的确定

1）定额的施工仪器仪表消耗量是按大多数施工企业的现场校验仪器仪表配备情况综合取定的，实际与定额不符时，除各章另有说明外，均不作调整。

2）凡单位价值在 2000 元以内，使用年限在两年以内的不构成固定资产的施工仪器仪表等未进入定额，应在建筑安装工程费用定额中考虑。

3）施工仪器仪表台班单价，是按 2000 年原建设部颁发的《全国统一安装工程施工仪器仪表台班费用定额》计算的。

此外，总说明中还明确了界限范围：定额中注有"×××以内"或"×××以下"者均包括×××本身，"×××以外"或"×××以上"者，则不包括×××本身。

2. 册说明

这里的册说明是《电气设备安装工程》的说明。主要说明如以下内容：

（1）适用范围

适用于工业与民用新建、扩建工程中 10kV 以下变配电设备及线路安装工程、车间动力电气设备及电气照明器具、防雷及接地装置安装、配管配线、电梯电气装置、电气调整试验等的安装工程。

定额不包括以下内容：

1）10kV 以上及专业专用项目的电气设备安装；

2）电气设备（如电动机等）配合机械设备进行单体试运转和联合试运转工作。

（2）主要依据的标准、规范

此处略去，详见定额。

（3）总体工作内容

定额的工作内容除各章节已说明的工序外，还包括：施工准备，设备器材工器具的场内搬运，开箱检查，安装，调整试验，收尾，清理，配合质量检验，工种间交叉配合、临时移动水、电源的停歇时间。

（4）各项费用的规定

1）脚手架搭拆费（10kV 以下架空线路除外）按人工费的 4% 计算，其中人工工资占 25%。

2）工程超高增加费（已考虑了超高因素的定额项目除外）：操作物高度离楼地面 5m 以上、20m 以下的电气安装工程，按超高部分人工费的 33% 计算。

3）高层建筑增加费（指高度在 6 层或 20m 以上的工业与民用建筑）按表 3-1 计算（其中全部为人工工资）。

表 3-1　　　　　　　高层建筑增加费

层数	9 层以下 (30m)	12 层以下 (40m)	15 层以下 (50m)	18 层以下 (60m)	21 层以下 (70m)	24 层以下 (80m)	27 层以下 (90m)	30 层以下 (100m)	33 层以下 (110m)
按人工费的百分比(%)	1	2	4	6	8	10	13	16	19
层数	36 层以下 (30m)	39 层以下 (40m)	42 层以下 (50m)	45 层以下 (60m)	48 层以下 (70m)	51 层以下 (80m)	54 层以下 (90m)	57 层以下 (100m)	60 层以下 (110m)
按人工费的百分比(%)	22	25	28	31	34	37	40	43	46

为高层建筑供电的变电所和供水等动力工程，如装在高层建筑的底层或地下室的，均不计取高层建筑增加费。装在 6 层以上的变配电工程和动力工程则同样计取高层建筑增加费。

4）安装与生产同时进行时，安装工程的总人工费增加 10%，全部为因降效而增加的人工费（不含其他费用）。

5）在有害人身健康的环境（包括高温、多尘、噪声超过标准和在有害气体等有害环境）中施工时，安装工程的总人工费增加 10%，全部为因降效而增加的人工费（不含其他费用）。

3. 章说明

各章说明的内容各不相同，此处不再详细阐述，在定额使用过程中再作解释。

4. 定额项目表

定额项目表反映的是定额中各子目的内容。下面以"管内穿线"为例来说明定额项目表的使用。

（1）工作内容

在表的左上角处，工作内容为穿引线、扫管、涂滑石粉、穿线、编号、接焊包头。这些是完成管内穿线的施工工艺，是定额项目所包含的工程内容。不再需要单独计算工程造价。

（2）计量单位

在表的右上角处，单位为 100m 单线。这个计量单位要引起注意，不是每米，而是百米。也就是说表中的定额基价，人工费、材料费、机械费都是 100m 导线的施工费用，要注意折算。

（3）定额编号

在表格的第一行中体现。2-1169 表示第二册中的第 1169 个定额子目。

（4）项目名称

在表格的第二行中体现。定额子目可以分为照明线路和动力线路两个大项，根据导线材料和截面积的不同，可以划分为若干个子目。例如，2-1173 子目就是铜芯 4mm² 以内的照明线路。如果是 1.5mm² 的铝芯导线则执行 2-1169 子目，因为定额子目表中规定的都是"××以内"。

（5）定额细目表

由人工、材料、机械消耗组成。在进行预算时，通常只需要查取定额项目表中的主要材料用量，计算主材费。其他项目直接在定额基价中套取即可，当发生价格变化时在允许调整的情况下才会用到。

1）人工：以综合工日计算，单位是"工日"，后面的数字是该定额子目的用工数量。例如，2-1173 子目中，用工数量为 0.700 工日，用工数量乘以人工单价 23.22 元（总说明中可知）就是该子目的人工费 16.25 元。

2）材料表：表中列出完成该子目施工所需的材料名称、单位和数量。主要材料是绝缘导线，括号内的数字是定额含量，也是计算主材费的数量。主材费并不构成材料费。除主要材料外，其他都是辅助材料。

3）机械台班：机械台班是完成该子目所需的施工机械，有汽车式起重机、载货汽车、交流弧焊机、电动卷扬机等，单位是"台班"，后面的数字是施工用量。管内穿线工程中因不使用机械，因此无此项目。

（6）定额基价

在表格的第三行中体现。是指预算定额中确定消耗在工程基本构造要素上（工程子目）的人工、材料、机械台班消耗量。在定额中以价值形式反映，由人工费、材料费、机械台班费三部分组成。基价是编制预算时必须使用的。基价加上另行计算的主材费则构成了定额直接费。

1）定额人工费：是指直接从事安装工程施工工人（包括场内水平和垂直运输等辅助工人和机械操作工人）完成分项工程所开支的各项费用之和（包括基本工资、工资性津贴和属于生产工人开支的各项费用）。相关规定见总说明。

2）定额材料费：是指消耗在单位工程分项项目上的材料、零配件消耗量和周转材料的摊销量，按相应的价格计算的费用之和。

安装工程材料分计价材料和未计价材料，定额材料费包括计价材料费和未计价材料费。凡定额内未注明单价的材料均为主材，基价中不包括其价格，应根据"（ ）"内所列的用量，按各省、自治区、直辖市的造价总站发布的信息价或市场实际发生的材料价格计算。

3）定额机械费：指完成单位工程分项项目所用的各种机械台班费用之和。预算单价中包括折旧费、大修理费、经常修理费、机械安拆费及场外运输费、燃料动力费、人工费、养路费及车船使用税。

例如，铜芯 $4mm^2$ 的照明导线长 30m，计算其定额基价、人工费、材料费和机械费。查取定额编号为 2-1173，进行定额套用。基价：（33.86×30/100）元 = 10.16 元，其中，人工费：（16.25×30/100）元 = 4.88 元；机械费：0。

如已知铜芯 $4mm^2$ 的聚氯乙烯绝缘导线的预算价格为 2.88 元/m（附录中查取，或市场询价），计算得出主材用量为（110.00×30/100）元 = 33 元，则主材费为 2.88×33 元 = 95.04 元，定额直接费为（10.16+95.04）元 = 105.20 元。

（7）注释

在项目表下面常常会有该项目的主要材料名称和未包括的内容。这在预算时非常重要。

5. 附录

附录中包含主要材料损耗率表等。主要材料损耗率表用于计算主要材料的损耗。

6. 安装工程预算定额的应用

（1）定额系数的运用

预算造价计费程序表中某些费用，要运用定额规定的系数来计算。有些辅助工作在费用定额中不便列项，而是通过在原定额基础上乘以一个规定系数计算。属于直接费系数的有章节系数、综合系数。

1）章节系数。有些子目需要经过调整，方能符合定额要求。其方法是在原子目基础上乘以一个系数即可。该系数通常放在各章说明中，我们称为章、节系数。

2）综合系数。所谓综合系数是列入各册说明或总说明内，如脚手架搭拆系数、安装与生产同时进行时的降效增加系数、在有毒有害健康环境中施工时要收取的降效增加系数、高层建筑增加系数、单层房屋工程超高增加系数、施工操作超高增加系数，以及在特殊地区施工中应收取的施工增加系数等。

（2）安装工程预算定额项目表的使用方法

1）确定工程名称，要与定额中各章、节工程名称相一致。

2）根据分项工程名称、规格，从定额项目表中确定定额编号。

3）按照所查定额编号，找出相应工程项目单位产品的基价、人工费、材料费、机械台班费和主要材料数量。

对于定额的换算，通常有定额的人工、材料、机械台班及其费用的换算，多数情况下采用乘以一个系数的办法解决。各地区可以根据具体情况酌情处理。

4）按照施工图预算表的格式及要求，将套用的单位产品的人工费、材料费、机械台班费、主要材料数量和定额编号，在施工图预算表上填写清楚。

对定额中查阅不到的项目，业主和施工方可根据工艺和图纸的要求，编制补充定额，但要求双方必须经当地造价管理部门确认后方可执行。

7. 定额套用需要注意的问题

（1）成套照明配电箱安装

定额中未包括基础槽钢、角钢和支架的制作安装，若发生时应按相应项目另行计算。支架的制作安装应套用铁构件制作安装定额，其中轻型铁构件是指结构厚度在 3mm 以内的构件。铁构件制作安装均不包括镀锌、镀锡、镀铬、喷塑等其他金属防护费，发生时应另行计算。若落地式安装用基础地脚螺栓固定时，则设备基础地脚螺栓灌浆和底座二次灌浆套用第一册《机械设备安装工程》第十四章"地脚螺栓孔灌浆"项目定额。

（2）配管配线

配管工程均未包括接线箱、盒及支架制作安装。钢索架设及拉紧装置的制作安装，插接式母线槽支架制作，槽架制作及配管支架应执行铁构件制作定额。未包括灯头盒、开关盒的安装，应执行相应定额。配管工程中的接地是指金属管子及管路中的各种铁制箱、盒等按照规范要求连接成的电气通路。

管内穿线有照明线路和动力线路之分，当导线截面积大于等于 $6mm^2$ 时，应执行动力线路相应子目。

各种配线进入灯具、开关、插座等的预留线及接头线已分别综合在定额内，不再另行计算其工程量。

（3）接线箱

接线箱是指箱内不安装开关设备，只用于分支接线的空箱体，按半周长执行定额。

(4) 照明器具

各型灯具的引导线，除注明者外，均已综合考虑在定额内，执行时不得换算。

定额中装饰灯具项目均已考虑了一般工程的超高作业因素，并包括脚手架搭拆费用。

(5) 低压电器安装

这些定额均是在电器单独安装时使用，如果是成套配电箱安装，则不得重复使用。

(6) 焊压接线端子

定额中已包含接线端子的主材。电缆头制作安装定额中已包含接线端子的安装，不得再执行本定额。

(7) 电气调整试验

一般的住宅、学校、办公楼、旅馆、商店等民用电气工程的供电调试应按下列规定：

1) 配电室内带有调试元件的盘、箱、柜和带有调试元件的照明主配电箱、应按供电方式执行相应的"配电设备系统调试"定额。

2) 每个用户房间的配电箱（板）上虽装有电磁开关等调试元件，但如果生产厂家已按固定的常规参数调整好，不需要安装单位进行调试就可直接投入使用的，不得计取调试费用。

3) 民用电度表的调整校验属于供电部门的专业管理，一般皆由用户向供电局订购调试完毕的电度表，不得另外计算调试费用。

此处仅简要地介绍了一些常用项目的定额使用时的注意事项，关于更多项目的内容请大家仔细阅读定额中各章节的说明及工程量计算规则。

3.2.3 建筑电气安装工程施工图预算编制实例

编制施工图预算，是具体确定建筑安装工程预算造价的过程。编制施工图预算应准备好编制所必备的各种现行定额和资料，完整的施工图纸，调查施工现场情况，了解施工方案，按照施工图纸和工程量计算规则，分部分项地进行工程量计算。在此基础上逐项套用定额相应基价，计算出人工、材料、机械费（简称人、材、机费）及其工程直接费。按照地区费用定额及标准，进行各种费用的计算，算出单位工程预算造价及经济指标，并填写编制说明。接下来进行工料分析，装订成册。

1. 工程量计算

前面我们已经对住宅楼电气安装工程进行了工程图纸识读和工程量计算。

这里我们讨论电气设备安装工程施工图预算中的定额套用及预算书的编制过程。

2. 分部分项工程费的计算

计算完工程量后，就可以套用要求使用的定额计算分部分项工程费中所包含的人工费、材料费和施工机具使用费。本例中我们使用的是 2000 年版的《全国统一安装工程预算定额》和 2008 年版的《辽宁省建设工程计价依据安装工程计价定额》来计算工程直接费，主材单价是根据市场情况假定的。各地不尽相同。

下面我们用表格的形式来计算分部分费工程费，见表 3-2。

这里以 DN70 的焊接钢管为例说明表 3-4 的编制方法及定额的套用，即表中第 19 项数据的计算过程。图纸中 DN70 的钢管是沿墙沿地暗配，所以在定额中应该选择"钢管砖、混凝土结构暗配 DN70"子目的内容。"定额编号"为"2-1115"；"子目名称"是"钢管砖、混凝土结构暗配 DN70"；"单位"要按照定额中规定的单位填写，即"100m"；"数量"是前面工程量汇总表中的数据在考虑"单位"后得出的，即 14.10/100＝0.141。"单位价值"中的主材或设备单价是市场询价；损耗是定额中关于主材的损耗，绝大多数为括号内的数据，即 103.00；基价、人工费、材料费、机械费是与定额对应的单位估价表子目中的数据，即 1069.65、813.06、200.61、55.98，各地不尽相同。"总价值"中的材料或设备费＝数量×主材或设备单价×损耗，即 0.141×40.90×103.00＝593.99；总价值中的人工费＝数量×单位价值中的人工费，即 0.141×813.06＝114.64；总价值中的机械费＝数量×单位价值中的机械费＝0.141×55.98＝7.89；合计＝数量×基价+材料或设备费，即 0.141×1069.65+593.99＝744.81。这里需要强调的是，在总价值中究竟要计算人工费、材料费、机械费中的那几项，要看当地的费用标准文件中在间接费等取费时的计算基础是什么而定，本例中辽宁省的取费基数是人工费和机械费的和，故只计算出人工费和机械费而未计算出材料费。之所以有压铜接线端子项目是因为 ZM 箱和 BM 箱间的导线截面积超过 16mm^2，需要单独套用定额计算。

人工价差调整。将各项所套取的定额子目内的人工工日进行统计汇总后可知，技工 150.60 工日，普工 249.48 工日。按照 2011 年 1 月 28 日辽宁省《关于调整 2008 年〈辽宁省建设工程计价定额〉人工日工资单价的通知》(辽住建[2010] 36 号) 要求，在《2008 年辽宁省建设工程计价定额》的人工日工资单价的基础上调增 13 元/工日，即技工 68 元/工日，普工 53 元/工日。因此，该工程的人工费应该调增 5201.04 元＝(150.60×13+249.48×13)元，调整后的人工费为 24 319.44 元，分部分项工程费为 107 362.43 元。

3. 计算措施项目费、管理费、规费、利润、税金和工程总造价

计算完分部分项工程费中的人工费、材料费和施工机具使用费后，就可以

表3-2　　分部分项工程费计算表

工程名称：某住宅楼电气安装工程

序号	定额编号	子目名称	工程量 单位	工程量 数量	主材/设备 单价	主材/设备 损耗	单位价值/元 基价	单位价值/元 其中 人工费	单位价值/元 其中 材料费	单位价值/元 其中 机械费	总价值/元 材料/设备费	总价值/元 其中 人工费	总价值/元 其中 机械费	总价值/元 合计
1	2-264	成套配电箱安装，悬挂嵌入式，半周长1m，ZM	台	2	850.00	1.00	110.03	69.83	40.20		1700.00	139.66	0.00	1920.06
2	2-264	成套配电箱安装，悬挂嵌入式，半周长1m，AM	台	16	450.00	1.00	110.03	69.83	40.20		7200.00	1117.28	0.00	8960.48
3	2-264	成套配电箱安装，悬挂嵌入式，半周长1m，CM	台	12	500.00	1.00	110.03	69.83	40.20		6000.00	837.96	0.00	7320.36
4	2-264	成套配电箱安装，悬挂嵌入式，半周长1m，MX	台	2	300.00	1.00	110.03	69.83	40.20		600.00	139.66	0.00	820.06
5	2-266	成套配电箱安装，悬挂嵌入式，半周长2.5m，BM	台	2	1500.00	1.00	145.56	108.69	31.76	5.11	0.00	217.38	10.22	291.12
6	2-337	压铜接线端子，导线截面35mm²以内	10个	0.400			66.32	24.06	42.26		0.00	9.62	0.00	26.53
7	2-338	压铜接线端子，导线截面70mm²以内	10个	1.600			126.80	48.07	78.73		0.00	76.91	0.00	202.88
8	2-382	扳式暗开关（单控），单联	10套	9.600	7.80	10.20	33.94	30.96	2.98		763.78	297.22	0.00	1089.60
9	2-383	扳式暗开关（单控），双联	10套	3.600	8.30	10.20	35.99	32.43	3.56		304.78	116.75	0.00	434.34
10	2-388	扳式暗开关（双控），单联	10套	0.800	12.50	10.20	34.32	30.96	3.36		102.00	24.77	0.00	129.46
11	2-412	单相暗插座，15A，2孔	10套	3.200	10.20	10.20	34.46	30.23	4.23		332.93	96.74	0.00	443.20
12	2-413	单相暗插座，15A，3孔	10套	1.600	10.50	10.20	37.94	33.12	4.82		171.36	52.99	0.00	232.06

续表

序号	定额编号	子目名称	工程量		主材/设备		单位价值/元				总价值/元			
			单位	数量	单价	损耗	基价	人工费	材料费	机械费	材料/设备费	人工费	机械费	合计
								其中				其中		
13	2-415	单相暗插座、15A、5孔、安全型	10套	18.000	13.50	10.20	46.08	40.06	6.02		2478.60	721.08	0.00	3308.04
14	2-415	单相暗插座、15A、5孔、防溅型	10套	9.600	16.80	10.20	46.08	40.06	6.02		1645.06	384.58	0.00	2087.42
15	2-945	送配电装置系统调试、1kV以下交流供电（综合）	系统	1			482.44	388.08	4.64	89.72	0.00	388.08	89.72	482.44
16	2-982	接地装置调试、接地网（系统）	系统	1		163.31	556.03	388.08	4.64	163.31	0.00	388.08	163.31	556.03
17	2-1112	钢管管、混凝土结构暗配 DN32	100m	0.337	15.44	103.00	465.60	327.39	110.26	27.95	535.94	110.33	9.42	692.85
18	2-1114	钢管管、混凝土结构暗配 DN50	100m	0.143	24.04	103.00	763.35	560.39	164.28	38.68	354.09	80.14	5.53	463.25
19	2-1115	钢管管、混凝土结构暗配 DN70	100m	0.141	40.90	103.00	1069.65	813.06	200.61	55.98	593.99	114.64	7.89	744.81
20	2-1198	硬质聚氯乙烯管砖、混凝土结构暗配、公称口径15mm以内	100m	0.080	3.30	106.07	178.47	158.25	5.16	15.06	28.00	12.66	1.20	42.28
21	2-1199	硬质聚氯乙烯管砖、混凝土结构暗配、公称口径20mm以内	100m	10.723	3.45	106.07	188.62	168.08	5.48	15.06	3923.99	1802.32	161.49	5946.56

续表

序号	定额编号	子目名称	工程量		主材/设备		单位价值/元				总价值/元			
			单位	数量	单价	损耗	基价	人工费	其中 材料费	其中 机械费	材料/设备费	人工费	其中 机械费	合计
22	2-1200	硬质聚氯乙烯管配、混凝土结构暗配，公称口径25mm以内	100m	16.494	3.60	106.42	265.42	237.19	5.64	22.59	6319.05	3912.21	372.60	10696.89
23	2-1201	硬质聚氯乙烯管配混凝土结构混凝土结构暗配公称口径32mm以内	100m	0.864	3.80	106.42	280.41	252.01	5.81	22.59	349.40	217.74	19.52	591.67
24	2-1297	管内穿线、照明线路、铜芯、导线截面2.5mm²以内	100m单线	19.101	1.85	116.00	47.98	35.25	12.73		4099.07	673.31	0.00	5015.54
25	2-1298	管内穿线、照明线路、铜芯、导线截面4mm²以内	100m单线	21.859	2.88	110.00	37.62	24.65	12.97		6924.93	538.82	0.00	7747.27
26	2-1325	管内穿线、动力线路、铜芯、导线截面6mm²以内	100m单线	33.034	4.80	105.00	41.18	28.21	12.97		16649.14	931.89	0.00	18009.48
27	2-1326	管内穿线、动力线路、铜芯、导线截面10mm²以内	100m单线	5.240	7.99	105.00	49.38	33.51	15.87		4396.10	175.59	0.00	4654.85
28	2-1328	管内穿线、动力线路、铜芯、导线截面25mm²以内	100m单线	0.002	14.90	105.00	67.09	48.33	18.76		3.13	0.10	0.00	3.26
29	2-1329	管内穿线、动力线路、铜芯、导线截面35mm²以内	100m单线	0.203	29.75	105.00	70.37	51.14	19.23		634.12	10.38	0.00	648.41
30	2-1331	管内穿线、动力线路、铜芯、导线截面70mm²以内	100m单线	0.811	52.00	105.00	130.68	106.45	24.23		4428.06	86.33	0.00	4534.04

续表

序号	定额编号	子目名称	工程量		主材设备		单价价值/元				总价价值/元			
			单位	数量	单价	损耗	基价	其中			材料/设备费	其中		合计
								人工费	材料费	机械费		人工费	机械费	
31	2-1476	接线箱安装，暗装，半周长700mm以内	10个	0.800	85.00	10.00	379.78	373.63	6.15		680.00	298.90	0.00	983.82
32	2-1478	接线盒安装，暗装，接线盒	10个	20.600	2.30	10.20	48.62	15.85	32.77		483.28	326.51	0.00	1484.85
33	2-1479	接线盒安装，暗装，开关盒	10个	48.000	1.85	10.20	32.07	16.91	15.16		905.76	811.68	0.00	2445.12
34	2-1494	一般壁灯	10套	1.800	30.00	10.10	101.39	67.24	34.15		545.40	121.03	0.00	727.90
35	2-1495	防水灯头	10套	3.200	1.50	10.10	70.69	27.94	42.75		48.48	89.41	0.00	274.69
36	2-1496	节能座灯头	10套	0.600	3.00	10.10	67.26	45.97	21.29		18.18	27.58	0.00	58.54
37	2-1497	座灯头	10套	12.000	1.50	10.10	58.03	31.29	26.74		181.80	375.48	0.00	878.16
38	2-787	户内接地母线敷设	10m	1.540	9.80	10.23	70.20	49.91	14.67	5.62	154.39	76.86	8.65	262.50
39	2-788	户外接地母线敷设，截面200mm²以内	10m	0.457	9.80	10.23	114.82	111.09	1.69	2.04	45.82	50.77	0.93	98.29
40	2-837	避雷引下线敷设，利用建筑物主筋引下	10m	16.900			67.62	29.90	5.55	32.17	0.00	505.31	543.67	1142.78
41	2-839	避雷网安装沿混凝土块敷设	10m	0.604	3.52	10.50	51.66	33.49	11.53	6.64	22.32	20.23	4.01	53.52
42	2-840	避雷网安装沿折板支架敷设	10m	9.561	3.52	10.50	136.36	99.13	23.95	13.28	353.37	947.78	126.97	1657.11
43	2-841	避雷网安装，混凝土块制作	10块	0.600			28.76	16.79	11.97		0.00	10.07	0.00	17.26
44	2-843	避雷网安装，柱主筋与圈梁钢筋焊接	10处	1.000			163.99	91.08	26.95	45.96	0.00	91.08	45.96	163.99

续表

序号	定额编号	子目名称	工程量		主材/设备		单位价值/元				总价值/元			
			单位	数量	单价	损耗	基价	人工费	其中 材料费	其中 机械费	材料/设备费	人工费	其中 机械费	合计
45	2-324	端子箱安装、户内	台	2	35.00	1.00	119.04	80.50	31.90	6.64	70.00	161.00	13.28	308.08
46	2-325	端子板安装	组	2	22.00	1.00	6.43	2.90	3.53		44.00	5.80	0.00	56.86
47	2-324	端子箱安装、户内	台	16	25.00	1.00	119.04	80.50	31.90	6.64	400.00	1288.00	106.24	2304.64
48	2-325	端子板安装	组	16	18.00	1.00	6.43	2.90	3.53	0.00	288.00	46.40	0.00	390.88
		小计									74 778.32	18 929.11	1690.61	101 404.23
49	2-1986	脚手架搭拆费	项	1			按人工费的4%计算，其中人工工资占25%					189.29		757.16
		分部分项工程费合计									74 778.32	19 118.40	1690.61	102 161.39
		调整人工价差后的分部分项工程费合计									74 778.32	24 319.44	1690.61	107 362.43

根据工程所在地区该时段使用的建设工程费用标准等文件规定的取费程序计算措施项目费、管理费、规费、利润和税金，最后确定工程造价。这里我们使用辽宁省2008年3月1日起开始施行的《辽宁省建设工程计价依据安装工程计价定额》及《辽宁省建设工程计价依据建设工程费用标准》来进行工程造价的确定。各地略有不同。

我们先来介绍一下2008年发布实施的《辽宁省建设工程计价依据建设工程费用标准》。

在取费过程中最重要的是费率的选取，这要依据相关的费用标准中的规定。要想正确取费，必须清楚各类工程的适用范围和工程类别。

（1）各类工程适用范围

1）施工总承包。

① 房屋建筑工程。

② 机电设备安装工程。适用于一般工业、公用工程及公共建筑的机电设备安装工程。

③ 市政公用工程。

2）专业承包。

① 建筑工程类。

② 装饰装修工程。

③ 机电设备安装工程。

④ 市政工程与园林绿化工程。

3）劳务分包。劳务分包适用于木工、砌筑、抹灰、石制、涂料、钢筋、混凝土、脚手架、模板、焊接、水暖电、钣金、架线作业工程。

（2）工程类别划分标准（见表3-3）

表3-3　　　　　　　　　　工 程 类 别 划 分 标 准

工程类别	划 分 标 准	说 明
一	1. 单层厂房15 000m² 以上； 2. 多层厂房20 000m² 以上； 3. 单体民用建筑25 000m² 以上； 4. 机电设备安装工程、建筑工程类、装饰装修工程、房屋修缮工程等不能按建筑面积确定工程类别的工程，工程费（不含设备）在1500万元以上； 5. 市政公用工程工程费（不含设备）3000万元以上	单层厂房跨度超过30m或高度超过18m、多层厂房跨度超过24m、民用建筑檐高超过100m、机电设备安装单体设备重量超过80t、市政工程的隧道及长度超过80m的桥梁工程，可按二类工程费率

续表

工程类别	划 分 标 准	说 明
二	1. 单层厂房 10 000m² 以上，15 000m² 以下； 2. 多层厂房 15 000m² 以上，20 000m² 以下； 3. 单体民用建筑 18 000m² 以上，25 000m² 以下； 4. 机电设备安装工程、建筑工程类、装饰装修工程、房屋修缮工程等不能按建筑面积确定工程类别的工程，工程费（不含设备）在 1000 万元以上，1500 万元以下； 5. 市政公用工程工程费（不含设备）2000 万元以上，3000 万元以下； 6. 园林绿化工程工程费 500 万元以上	单层厂房跨度超过 24m 或高度超过 15m、多层厂房跨度超过 18m、民用建筑檐高超过 80m、机电设备安装单体设备重量超过 50t、市政工程的隧道及长度超过 50m 的桥梁工程，可按三类工程费率
三	1. 单层厂房 5000m² 以上，10 000m² 以下； 2. 多层厂房 8000m² 以上，15 000m² 以下； 3. 单体民用建筑 10 000m² 以上，18 000m² 以下； 4. 机电设备安装工程、建筑工程类、装饰装修工程、房屋修缮工程等不能按建筑面积确定工程类别的工程，工程费（不含设备）在 500 万元以上，1000 万元以下； 5. 市政公用工程工程费（不含设备）1000 万元以上，2000 万元以下； 6. 园林绿化工程工程费 200 万元以上，500 万元以下	单层厂房跨度超过 18m 或高度超过 10m、多层厂房跨度超过 15m、民用建筑檐高超过 50m、机电设备安装单体设备重量超过 30t、市政工程的隧道及长度超过 30m 的桥梁工程，可按四类工程费率
四	1. 单层厂房 5000m² 以下； 2. 多层厂房 8000m² 以下； 3. 单体民用建筑 10 000m² 以下； 4. 机电设备安装工程、建筑工程类、装饰装修工程、房屋修缮工程等不能按建筑面积确定工程类别的工程，工程费（不含设备）在 500 万元以下； 5. 市政公用工程工程费（不含设备）1000 万元以下； 6. 园林绿化工程工程费 200 万元以下	

（3）工程类别划分说明

1）建筑物按经审图部门审定后的施工图并按单项工程进行划分。

2）以工程造价为标准划分类别的工程，其工程造价为经批准的工程概算（或估算）投资并扣除设备费。

（4）工程类别确认报告单（见表3-4）

表3-4 工程类别确认报告单

工程名称	
工程性质	
业主名称	
建筑工程建筑面积/m²	
机电设备安装等工程工程费/万元	
市政公用工程工程费/万元	
业主确认工程类别	工程造价主管部门
业主公章 负责人签字： 年 月 日	报告表收讫章 负责人签字： 年 月 日

说明：

1）工程性质按本费用标准各类工程适用范围的规定确定。

2）本表一式多份，向工程造价主管部门报告后，业主留存一份、随报审的招标文件送招投标管理部门一份、作为招标文件内容之一送每位投标人。

（5）各类工程费率

各类工程费率见表3-5～表3-10。

表3-5 安全文明施工措施费 （单位:%）

工程项目 工程类别	总承包工程		专业承包工程	
	建筑工程、市政工程	机电设备安装工程	建筑工程类、市政园林工程	装饰装修工程、机电设备安装工程
一	7.00	6.40	5.00	4.40
二	8.00	7.40	6.00	5.20
三	9.20	8.60	7.00	6.40
四	10.40	9.60	7.80	7.00

表3-6 　　　　　　　　**企 业 管 理 费**　　　　　　　　（单位:%）

工程项目 工程类别	总承包工程		专业承包工程	
	建筑工程、 市政工程	机电设备 安装工程	建筑工程类、 市政园林工程	装饰装修工程、 机电设备安装工程
一	12.25	11.20	8.75	7.70
二	14.00	12.95	10.50	9.10
三	16.10	15.05	12.25	11.20
四	18.20	16.80	13.65	12.25

表3-7 　　　　　　　　　　**利　　润**　　　　　　　　　（单位:%）

工程项目 工程类别	总承包工程		专业承包工程	
	建筑工程、 市政工程	机电设备 安装工程	建筑工程类、 市政园林工程	装饰装修工程、 机电设备安装工程
一	15.75	14.40	11.25	9.90
二	18.00	16.65	13.50	11.70
三	20.70	19.35	16.75	14.40
四	23.40	21.60	17.55	15.75

表3-8 　　　　　　　**劳 务 分 包 工 程**　　　　　　　（单位:%）

取费基数 费用项目	劳务分包工程人工费
1. 安全文明施工措施费	4
2. 企业管理费	10
3. 利润	5

表3-9 　　　**夜间施工和白天施工需要照明费**　　　（单位：元/工日）

项　　目	合计	夜餐补助费	工效降低和照明设施折旧费
夜间施工	13	5	8
白天施工需要照明	8	—	8

表3-10 　　　　　　　**冬、雨 期 施 工 费**

项　　目	计价定额分部分项工程费中人工费+机械费之和为基数
冬期施工	6
雨期施工	1

注: 冬期施工工程量，是指达到冬期施工标准所发生的工程量；雨期施工为全部工程量。

市政工程施工干扰费：沈阳、大连、鞍山、抚顺、本溪五市以人工费+机械费之和的4%计算；其他九市按上述五市50%计取。

（6）费用计取规则

1）总承包与专业承包工程。总承包与专业承包工程以计价定额分部分项工程费中的人工费+机械费之和为计费基数（其中人工费不含机械费中的人工费）；计价定额分部分项工程费为：

工程量×计价定额中的定额基价+主材费+材料价差

2）劳务分包工程计费基数。劳务分包工程，不分工程类别、专业、企业级别，以计价定额中的人工费为基数计取费用。

（7）工程费用取费程序

工程费用取费程序见表3-11。

表 3-11 工程费用取费程序表

序号	费用项目	计算方法
1	计价定额分部分项工程费合计	工程量×定额基价+主材费+材料价差
1.1	其中人工费+机械费	
2	企业管理费	**1.1**×费率
3	利润	**1.1**×费率
4	措施项目费	**1.1**×费率、规定、施工组织设计和签证
5	其他项目费	
6	税费前工程造价合计	**1+2+3+4+5**
7	规费	**1.1**×核定费率及各市规定
8	工程定额测定费	（**6+7**）×规定费率
9	税金	（**6+7+8**）×规定费率
10	工程造价	**6+7+8+9**

注：加粗数字表示序号，下同。

相关费用计算见表3-12～表3-14。

表 3-12 措施项目费用组成表

序号	费用项目	计算方法
4	措施项目费	
4.1	安全文明施工措施费	**1.1**×费率
4.2	夜间施工增加费	按规定计算
4.3	二次搬运费	按批准的施工组织设计或签证计算
4.4	已完工程及设备保护费	按批准的施工组织设计或签证计算

序号	费 用 项 目	计 算 方 法
4.5	冬、雨期施工费	**1.1×费率**
4.6	市政工程干扰费	**1.1×费率**
4.7	其他措施项目费	

表 3-13　　　　　规 费 费 用 组 成 表

序号	费 用 项 目	计 算 方 法
7	规费	
7.1	工程排污费	按工程所在地规定计算
7.2	社会保障费	**1.1×核定费率**
7.3	住房公积金	**1.1×核定费率**
8	工程定额测定费	按规定

表 3-14　　　　　其他项目费用组成表

序号	费 用 项 目	计 算 方 法
5	其他项目费	
5.1	暂列金额	
5.2	暂估价	
5.3	计日工	
5.4	总承包服务费	
5.5	工程担保费	
5.6	上述未列项目	

　　在了解了上述工程造价确定的必备知识后，我们就能够正确计取工程造价了。

　　(8) 案例工程造价的确定

　　根据已知条件，可以确定本工程为四类工程，属施工总承包机电设备安装工程。因此，根据费用标准可知各类工程费率：安全文明施工措施费为 9.60%，企业管理费为 16.80%，利润为 21.60%。表 3-11 中的 1.1 是人工费和机械费之和。

　　1) 措施项目费计算见表 3-15。

表 3-15 措施项目费用汇总

工程名称：某住宅楼电气安装工程　　　　　　　　　　　　第1页　共1页

序号	费用项目	计算方法	金额/元
4	措施项目费		
4.1	安全文明施工措施费	**1.1×9.60%**	2496.96
4.2	夜间施工增加费	按规定计算	
4.3	二次搬运费	按批准的施工组织设计或签证计算	
4.4	已完工程及设备保护费	按批准的施工组织设计或签证计算	
4.5	冬、雨期施工费	**1.1×费率**	
4.6	市政工程干扰费	**1.1×费率**	
4.7	其他措施项目费		
	措施项目费合计	**4.1+4.2+4.3+4.4+4.5+4.6+4.7**	2496.96

2）规费计算。规费按照有关部门对施工企业核准的标准进行计取，本例中假定计取各项规费为：社会保障费率为26.19%，住房公积金的费率为8.18%，工程排污费未计取，见表3-16。

表 3-16 规 费 费 用 汇 总

工程名称：某住宅楼电气安装工程　　　　　　　　　　　　第1页　共1页

序号	费用项目	计算方法	金额/元
7	规费		
7.1	工程排污费	按工程所在地规定计算	略
7.2	社会保障费	**1.1×26.19%**	6812.03
7.3	住房公积金	**1.1×8.18%**	2127.62
	规费合计	**7.1+7.2+7.3+7.4**	8939.65

3）其他项目费计算见表3-17。

表 3-17 其他项目费用组成表

工程名称：某住宅楼电气安装工程　　　　　　　　　　　　第1页　共1页

序号	费用项目	计算方法	金额/元
5	其他项目费		
5.1	暂列金额		
5.2	暂估价		
5.3	计日工		
5.4	总承包服务费		

续表

序号	费 用 项 目	计 算 方 法	金额/元
5.5	工程担保费		
5.6	上述未列项目		
	合 计		

4）工程造价见表3-18。

表 3-18 　　　　　　　　工程费用取费程序表

工程名称：某住宅楼电气安装工程　　　　　　　　　　　　第 1 页　共 1 页

序号	费 用 项 目	计 算 方 法	金额/元
1	计价定额分部分项工程费合计	工程量×定额基价+主材费+材料价差	107 362.43
1.1	其中人工费+机械费		26 010.05
2	企业管理费	**1.1×16.80%**	4369.69
3	利润	**1.1×21.60%**	5618.17
4	措施项目费	**1.1×费率、规定、施工组织设计和签证**	2496.96
5	其他项目费		0
6	税费前工程造价合计	**1+2+3+4+5**	119 847.25
7	规费	**1.1×核定费率及各市规定**	8939.65
8	税金	**(6+7)×3.41%**	4391.63
9	工程造价	**6+7+9**	133 178.53

3.3 建筑电气安装工程工程量清单的编制

3.3.1 工程量清单编制概述

工程量清单（Bill of Quantities，简称 BQ 单）是建设工程实行清单计价的专用名词，它表示的是实行工程量清单计价的建设工程的分部分项工程项目、措施项目、其他项目、规费项目和税金项目的名称和相应数量等的明细清单。工程量清单应由具有编制能力的招标人或受其委托，具有相应资质的工程造价咨询人进行编制。工程量清单必须作为招标文件的组成部分，其准确性和完整性由招标人负责。工程量清单是工程量清单计价的基础，应作为标准招标控制价、投标报价、计算工程量、支付工程款、调整合同价款、办理竣工结算以及工程索赔等的依据。工程量清单应由分部分项工程量清单、措施项目清单、其他项目清单、规费和税金项目清单组成。

1. 工程量清单编制的依据

1）《建设工程工程量清单计价规范》（GB 50500—2013）和《通用安装工程工程量计算规范》（GB 50856—2013）。

2）国家或省级、行业建设主管部门颁发的计价依据和办法。

3）建设工程设计文件。

4）与建设工程项目有关的标准、规范、技术资料。

5）招标文件及其补充通知、答疑纪要。

6）施工现场情况、工程特点及常规施工方案。

7）其他相关资料。

2. 工程量清单的编制步骤

1）熟悉工程情况及图纸等。

2）进行工程量计算。

3）对分部分项工程量进行汇总，编制分部分项工程量清单。

4）编制措施项目清单、其他项目清单及规费项目和税金项目清单等。

5）编写总说明。

3. 工程量清单的格式

工程量清单应采用统一格式，具体应由下列内容组成：

1）封面。封面应按规定的内容填写、签字、盖章，造价员编制的工程量清单应有负责审核造价工程师签字、盖章。

2）总说明。总说明应按下列内容填写：

① 工程概况：建设规模、工程特征、计划工期、施工现场实际情况、交通运输情况、自然地理条件、环境保护要求等。

② 工程招标和分包范围。

③ 工程量清单编制依据。

④ 工程质量、材料、施工等的特殊要求。

⑤ 其他需说明的问题。

3）分部分项工程和单价措施项目清单。

4）总价措施项目清单。

5）其他项目清单。

6）规费、税金项目清单。

3.3.2　建筑电气设备安装工程工程量清单的编制方法

下面以案例中配电箱 ZM 安装为例，按表 1-10 的规定来说明建筑电气设备安装工程工程量清单的编制方法，具体见本章第 3.3.3 节中各表。

1. 分部分项工程量清单的编制

分部分项工程量清单应包括项目编码、项目名称、项目特征、计量单位和工程数量。

安装工程分部分项工程和单价措施项目清单应根据《通用安装工程工程量计算规范》清单项目设置规定的统一项目编码、项目名称、项目特征、计量单位和工程量计算规则进行编制。

（1）项目编码

工程清单的项目编码，采用十二位阿拉伯数字表示，一至九位应按《工程量计算规范》附录的规定设置，十至十二位应根据拟建工程的工程量清单项目名称和项目特征设置，同一招标工程的一份工程量清单中含有多个单位工程且工程量清单是以单位工程为编制对象时，在编制工程量清单时项目编码十至十二位的设置不得有重码。

十二位阿拉伯数字的含义如下：一、二位为专业工程代码（03-通用安装工程）；三、四位为附录分类顺序码（04-附录D电气设备安装工程）；五、六位为分部工程顺序码（04-控制设备及低压电器安装）；七、八、九位为分项工程项目名称顺序码（017-配电箱）；十至十二位为清单项目名称顺序码。

例如，030404017表示安装工程的"电气设备安装工程"的"控制设备及低压电器安装"中的第17项工程"配电箱安装"项目。本例中ZM箱的项目编码为030404017003。这里的第五级编码003是《辽宁省2008计价定额》中规定好了的，不可改变；其他省、区、市可自001起自行顺序编码。为了不丢项漏项，通常根据项目编码的顺序来编制工程量清单。

（2）项目名称

分部分项工程量清单的项目名称应按清单项目设置表中的项目名称结合拟建工程的实际确定。分部分项工程量清单项目的设置是以形成工程实体为原则，它是计量的前提。清单项目名称均以工程实体命名。所谓实体是指形成生产或工艺作用的主要实体部分，对附属或次要部分不设置项目。项目必须包括完成或形成实体部分的全部工程内容。

（3）项目特征

分部分项工程量清单的项目特征应按清单项目设置表中规定的项目特征，结合拟建工程项目的实际予以描述。分部分项工程量清单的项目特征是确定每一清单项目综合单价的重要依据，在编制的工程量清单中必须对其项目特征进行准确和全面的描述。

项目特征是划分清单项目的依据。工程量清单项目特征既是用来表述分部分项清单项目的实质内容，也是用于区分规范附录中同一清单条目下各个具体的清单项目。没有对项目特征的准确描述，对于相同或相似的清单项目名称，就无从划分。

项目特征是确定综合单价的前提。工程量清单项目特征描述准确与否，直接影响到工程量清单项目综合单价的成果确定。

项目特征是履行合同义务的基础。实行工程量清单计价制度，工程量清单及其综合单价是施工合同的组成部分，因此，如果工程量清单项目特征的描述不清，甚至漏项、错误，必然引起在施工过程中的更改，导致合同造价纠纷。

清单项目特征的描述，应根据规范附录中有关项目特征的要求，结合技术规范、标准图集、施工图纸，按照工程结构、使用材质及规格或安装位置等，予以准确的表述和说明。

（4）计量单位

安装工程分部分项工程量清单的计量单位应按清单项目设置表中规定的计量单位确定。工程数量的有效位数应遵守下列规定：

以"t"为单位，应保留小数点后三位数字，第四位四舍五入；以"立方米"、"平方米"、"米"为单位，应保留小数点后两位数字，第三位四舍五入；以"个"、"项"等为单位，应取整数。

（5）工程量计算规则

安装工程工程数量应按《通用安装工程工程量计算规范》中规定的工程量计算规则计算，这个规则全国统一。清单项目的工程量计算规则与定额计价法相同，这是新规范实施最大的亮点。

分部分项工程量清单项目的计量，均指形成实体部分的计量。关于工程内容中的项目，因其不直接体现在清单项目表上，因此其计量单位和计算规则不作具体规定，其数量应与清单项目的实体量相匹配，可参照《消耗量定额》及其工程量计算规则加以计算。

（6）工作内容

工作内容是清单项目计价的又一个重要依据。清单项目是按照工程实体设置的，而安装工程的实体大多由多个工程综合而成，规范中对各个清单项目可能发生的工程项目均做了提示，并列在"工作内容"一栏内，供清单编制人对项目描述时进行参考，同时也为投标人编制综合单价分析时提供依据。规范中规定的工作内容应视为已经包括完成该项目的全部工作内容，未列内容或未发生，不应另行计算。

在编制工程量清单时，如出现附录中未包括的项目，编制人可作相应补充，并应报省级或行业工程造价管理机构备案，省级或行业工程造价管理机构应汇总报往住房与城乡原建设部标准定额研究所。补充项目的编码由附录的顺序码与B和三位阿拉伯数字组成，并应从×B001起顺序编制，同一招标工程的项目不得重码。工程量清单中需附有补充项目的名称、项目特征、计量单位、工程量计算规则、工程内容。

2. 措施项目清单的编制

所谓措施项目是指为了完成工程项目施工，发生于该工程施工准备和施工过程中技术、生活、安全、环境保护等方面的非工程实体项目。

措施项目清单可参照《通用安装工程工程量计算规范》及各省《实施细则》措施项目一览表所列项目，根据拟建工程的实际情况列项。措施项目中可以计算工程量的项目清单宜采用分部分项工程量清单的方式编制，列出项目编码、项目名称、项目特征、计量单位和工程量计算规则；不能计算工程量的项目清单，以"项"为计量单位。编制措施项目清单时，如出现措施项目表未列的项目，编制人可作补充。下面将《通用安装工程工程量计算规范》措施项目给出供参考，见表3-19、表3-20。

表3-19　　　　　　　　　专业措施项目（编码：031301）

项目编码	项目名称	工作内容及包含范围
031301001	吊装加固	1. 行车梁加固 2. 桥式起重机加固及负荷试验 3. 整体吊装临时加固件，加固设施拆除、清理
031301002	金属抱杆安装、拆除、移位	1. 安装、拆除 2. 位移 3. 吊耳制作安装 4. 拖拉坑挖埋
031301003	平台铺设、拆除	1. 场地平整 2. 基础及支墩砌筑 3. 支架型钢搭设 4. 铺设 5. 拆除、清理
031301004	顶升、提升装置	安装、拆除
031301005	大型设备专用工具	
031301006	焊接工艺评定	焊接、试验及结果评价
031301007	胎（模）具制作、安装、拆除	制作、安装、拆除
031301008	防护棚制作安装拆除	防护棚制作、安装、拆除
031301009	特殊地区施工增加	1. 高原、高寒施工防护 2. 地震防护
031301010	安装与生产同时进行施工增加	1. 火灾防护 2. 噪声防护

项目编码	项目名称	工作内容及包含范围
031301011	在有害身体健康环境中施工增加	1. 有害化合物防护 2. 粉尘防护 3. 有害气体防护 4. 高浓度氧气防护
031301012	工程系统检测、检验	1. 起重机、锅炉、高压容器等特种设备安装质量监督检验检测 2. 由国家或地方检测部门进行的各类检测
031301013	设备、管道施工的安全、防冻和焊接保护	保证工程施工正常进行的防冻和焊接保护
031301014	焦炉烘炉、热态工程	1. 烘炉安装、拆除、外运 2. 热态作业劳动消耗
031301015	管道安拆后的充气保护	充气管道安装、拆除
031301016	隧道内施工的通风、供水、供气、供电、照明及通信设施	通风、供水、供气、供电、照明及通信设施安装、拆除
031301017	脚手架搭拆	1. 场内、场外材料搬运 2. 搭、拆脚手架 3. 拆除脚手架后材料的堆放
031301018	其他措施	为保证工程施工正常进行所发生的费用

注：1. 由国家或地方检测部门进行的各类检测，指安装工程不包括的属经营服务性项目，如通电测试、防雷装置检测、安全、消防工程检测、室内空气质量检测等。

2. 脚手架按各附录分别列项。

3. 其他措施项目必须根据实际措施项目名称确定项目名称，明确描述工作内容及包含范围。

表 3-20　　安全文明施工及其他措施项目（编码：031302）

项目编码	项目名称	工作内容及包含范围
031302001	安全文明施工	1. 环境保护 2. 文明施工 3. 安全施工 4. 临时设施
031302002	夜间施工增加	1. 夜间固定照明灯具和临时可移动照明灯具的设置、拆除 2. 夜间施工时，施工现场交通标志、安全标牌、警示灯等的设置、移动、拆除 3. 夜间照明设备及照明用电、施工人员夜班补助、夜间施工劳动效率降低等

续表

项目编码	项目名称	工作内容及包含范围
031302003	非夜间施工增加	为保证工程施工正常进行，在地下（暗）室、设备及大口径管道内等特殊施工部位施工时所采用的照明设备的安拆、维护及照明用电、通风等；在地下（暗）室等施工引起的人工工效降低以及由于人工工效降低引起的机械降效
031302004	二次搬运	由于施工场地条件限制而发生的材料、成品、半成品等一次运输不能到达堆放地点，必须进行二次或多次搬运
031302005	冬、雨期施工增加	1. 冬、雨（风）期施工时，增加的临时设施（防寒保温、防雨、防风设施） 2. 冬、雨（风）期施工时，对砌体、混凝土等采用的特殊加温、保温和养护措施 3. 冬、雨（风）期施工时，施工现场的防滑处理、对影响施工的雨雪的清除 4. 冬、雨（风）期施工时，增加的临时设施、施工人员的劳动保护用品、冬、雨（风）施工劳动效率降低等
031302006	已完工程及设备保护	对已完工程及设备采取的覆盖、包裹、封闭、隔离等必要保护措施
031302007	高层施工增加	1. 高层施工引起的人工工效降低以及由于人工工效降低引起的机械降效 2. 通信联络设备的使用

注：1. 本表所列项目应根据工程实际情况计算措施项目费用，需分摊的应合理计算摊销费用。

2. 高层增加：

1) 单层建筑物檐口高度超过 20m，多层建筑物超过 6 层时，按各附录分别列项。

2) 突出主体建筑物顶的电梯机房、楼梯出口间、水箱间、瞭望塔、排烟机房等不计入檐口高度。计算层数时，地下室不计入层数。

特别说明：大型机械设备进出场及安拆，应按现行国家标准《房屋建筑与装饰工程工程量计算规范》（GB 50854—2013）相关项目编码列项。

电气设备安装工程可能发生的措施项目主要有脚手架搭拆、临时设施、文明施工、安全施工、夜间施工、二次搬运等。

3. 其他项目清单的编制

其他项目清单应根据拟建工程的具体情况，宜按照下列内容列项：暂列金额、暂估价（包括材料暂估价、专业工程暂估价）、计日工、总承包服务费等。

  暂列金额是招标人在工程量清单中暂定并包括在合同价款中的一笔款项。用于施工合同签订时尚未确定或者不可预见的所需材料、设备、服务的采购，施工中可能发生的工程变更、合同约定调整因素出现时的工程价款调整以及发生的索赔、现场签证确认等的费用。"暂列金额"是对旧规范中"预留金"的更名。

  暂估价是招标人在工程量清单中提供的用于支付必然发生但暂时不能确定价格的材料的单价以及专业工程的金额。

  计日工是在施工过程中，完成发包人提出的施工图纸以外的零星项目或工作，按合同中约定的综合单价计价。"计日工"是对旧规范中"零星工作项目费"的更名。

  总承包服务费是指为配合协调发包人进行的工程分包自行采购的设备、材料等进行管理、服务以及施工现场管理、竣工资料汇总整理等服务所需的费用。

  编制其他项目清单，出现上述未列的项目时，编制人可作补充。

  4. 规费项目清单的编制

  规费是根据省级政府或省级权力部门规定必须缴纳的，应计入建筑安装工程造价的费用。规费项目清单应按照下列内容列项：工程排污费、社会保障费（包括养老保险费、失业保险费、医疗保险费、工伤保险费、生育保险费）、住房公积金。

  如出现上述未列的项目，应根据省级政府或省级有关权力部门的规定列项。

  5. 税金项目清单的编制

  税金是国家税法规定的应计入建筑安装工程造价内营业税、城市维护建设税、教育费附加和地方教育费附加等。

  如出现上述未列的项目，应根据税务部门的规定列项。

3.3.3 建筑电气设备安装工程工程量清单的编制

  我们以某住宅楼电气安装工程为例来阐述工程量清单的编制。

_____某住宅楼电气安装_____ 工程

工 程 量 清 单

工程造价

招标人：_____（略）_____　　　咨 询 人：_____（略）_____

　　（单位盖章）　　　　　　　　　　（单位资质专用章）

法定代表人　　　　　　　　　　法定代表人

或其授权人：_____（略）_____　　或其授权人：_____（略）_____

　　（签字或盖章）　　　　　　　　　（签字或盖章）

编 制 人：_____（略）_____　　复 核 人：_____（略）_____

（造价人员签字盖专用章）　　　（造价工程师签字盖专用章）

编制时间：××年××月××日　　复核时间：××年××月××日

分部分项工程和单价措施项目清单与计价表

工程名称：某住宅楼电气安装工程　　　标段：　　　　　　　　　第　页　共　页

序号	项目编码	项目名称	项目特征描述	计量单位	工程数量	综合单价	合价	其中：暂估价
1	030404017001	配电箱安装	成套配电箱 ZM500mm（h）×400mm×200mm 悬挂嵌入式	台	2			
2	030404017002	配电箱安装	成套配电箱 AM250mm（h）×390mm×140mm 悬挂嵌入式	台	16			
3	030404017003	配电箱安装	成套配电箱 CM350mm（h）×440mm×180mm 悬挂嵌入式	台	12			
4	030404017004	配电箱安装	成套配电箱 MX300mm×350mm（h）×180mm 悬挂嵌入式	台	2			
5	030404017005	配电箱安装	成套配电箱 BM1290mm（h）×900mm×180mm 悬挂嵌入式	台	2			
6	030404034001	照明开关	扳式暗开关（单控），单联，250V，6A	套	96			
7	030404034002	照明开关	扳式暗开关（单控），双联，250V，6A	套	36			
8	030404034003	照明开关	扳式暗开关（双控），单联，250V，6A	套	8			
9	030404035001	插座安装	单相暗插座，15A，2孔	套	32			
10	030404035002	插座安装	单相暗插座，15A，3孔	套	16			
11	030404035003	插座安装	单相暗插座，15A，5孔 安全型	套	180			
12	030404035004	插座安装	单相暗插座，15A，5孔 防溅型	套	96			
			本页小计					

续表

序号	项目编码	项目名称	项目特征描述	计量单位	工程数量	金额/元		
						综合单价	合价	其中：暂估价
13	030411001001	电气配管	钢管砖、混凝土结构暗配 *DN*32	m	33.66			
14	030411001002	电气配管	钢管砖、混凝土结构暗配 *DN*50	m	14.30			
15	030411001003	电气配管	钢管砖、混凝土结构暗配 *DN*70	m	14.10			
16	030411001004	电气配管	硬质聚氯乙烯管砖、混凝土结构暗配公称口径 15mm	m	8.00			
17	030411001005	电气配管	硬质聚氯乙烯管砖、混凝土结构暗配公称口径 20mm	m	1072.32			
18	030411001006	电气配管	硬质聚氯乙烯管砖、混凝土结构暗配，公称口径 25mm	m	1649.40			
19	030411001007	电气配管	硬质聚氯乙烯管砖、混凝土结构暗配，公称口径 32mm	m	86.64			
20	030411004001	电气配线	管内穿线，照明线路，铜芯，导线截面 2.5mm^2	m	1874.16			
21	030411004002	电气配线	管内穿线，动力线路，铜芯，导线截面 4mm^2	m	2165.40			
22	030411004003	电气配线	管内穿线，动力线路，铜芯，导线截面 6mm^2	m	3084.20			
23	030411004004	电气配线	管内穿线，动力线路，铜芯，导线截面 10mm^2	m	427.62			
24	030411004005	电气配线	管内穿线，动力线路，铜芯，导线截面 25mm^2	m	0.20			
25	030411004006	电气配线	管内穿线，动力线路，铜芯，导线截面 35mm^2	m	14.10			
			本页小计					

续表

序号	项目编码	项目名称	项目特征描述	计量单位	工程数量	金额/元		
						综合单价	合价	其中：暂估价
26	030411004007	电气配线	管内穿线，动力线路，铜芯，导线截面70mm²	m	56.40			
27	030411005001	接线箱	接线箱，300×200×150mm，悬挂嵌入式	个	8			
28	030411006001	接线盒	铁质接线盒，86盒，暗装	个	180			
29	030411006002	接线盒	铁质开关盒，86盒，暗装	个	480			
30	030412001001	普通灯具	一般壁灯，220V，25W	套	18			
31	030412001002	普通灯具	防水灯头，250V，4A	套	32			
32	030412001003	普通灯具	节能座灯头，250V，4A	套	6			
33	030412001004	普通灯具	座灯头，250V，4A	套	120			
34	030409002001	接地母线	接地母线安装，镀锌扁钢—40×4mm，户内敷设	m	15.38			
35	030409002001	接地母线	接地母线安装，镀锌扁钢—40×4mm，户外敷设	m	4.57			
36	030409003001	避雷引下线	避雷引下线，利用结构柱两根$\phi16$主筋连续焊接，接地电阻测试板	m	169			
37	030409004001	均压环	利用基础地梁两根$\phi16$钢筋相互焊接作接地极	m	168			
38	030409005001	避雷网	避雷网，镀锌圆钢$\phi12$，女儿墙上安装	m	95.61			
39	030409005002	避雷网	避雷网，镀锌圆钢$\phi12$，混凝土块上安装	m	6.04			
40	030409008001	等电位端子箱	总等电位联结箱，MEB	台	2			
41	030409008002	等电位端子箱	局部等电位联结箱，LEB	台	16			
			本页小计					

续表

序号	项目编码	项目名称	项目特征描述	计量单位	工程数量	金额/元		
						综合单价	合价	其中：暂估价
42	030414002001	送配电装置系统调试	1kV以下交流供电（综合）	系统	1			
43	030414011001	接地装置调试	接地网（系统）	系统	1			
44	031301017001	脚手架搭拆	电气设备安装工程	项	1			
			本页小计					
			合计					

注：为计取规费等的使用，可在表中增设其中："直接费"、"人工费"或"人工费+机械费"。

总 说 明

工程名称：某住宅楼电气安装　　　　　　　　　　　　第　页 共　页

1. 工程概况：（略）

2. 招标范围：全部电气安装工程。

3. 清单编制依据：《建设工程工程量清单计价规范》、《通用安装工程工程量计算规范》和《建设工程工程量清单计价规范辽宁省实施细则》、《辽宁省建设工程计价依据安装工程计价定额（2008）》、××设计院设计的某住宅楼电气安装工程施工图纸。

4. 工程质量标准应达到优良。

5. 考虑施工中可能发生的设计变更或清单有误，预留金额20 000元。

6. 投标人在投标时应按《建设工程工程量清单计价规范》和《建设工程工程量清单计价规范辽宁省实施细则》规定的统一格式填写。

7. 随清单附"主要材料价格表"，投标人应按其规定内容填写。

总价措施项目清单与计价表

工程名称： 标段： 第 页 共 页

序号	项目编码	项目名称	计算基础	费率（%）	金额/元	调整费率（%）	调整后金额/元	备注
		安全文明施工费						
		夜间施工增加费						
		二次搬运费						
		冬、雨期施工增加费						
		已完工程及设备保护费						
		合　计						

编制人（造价人员）： 复核人（造价工程师）：

其他项目清单与计价汇总表

工程名称：某住宅楼电气安装工程 　　　标段： 　　　　　　第 页 共 页

序号	项目名称	金额/元	结算金额/元	备　注
1	暂列金额	20 000		明细详见 暂列金额明细表
2	暂估价			
2.1	材料（工程设备）暂估价/结算价	—		明细详见 材料暂估单价表
2.2	专业工程暂估价/结算价			明细详见 专业工程暂估价表
3	计日工			明细详见 计日工表
4	总承包服务费			明细详见 总承包服务费计价表
5	索赔与现场签证	—		明细详见 索赔与现场签证表
	合　计			—

注：材料（工程设备）暂估单价进入清单项目综合单价，此处不汇总。

暂 列 金 额 明 细 表

工程名称：某住宅楼电气安装工程　　　标段：　　　　　　　　第　页　共　页

序号	项 目 名 称	计量单位	暂定金额/元	备　注
1	工程量清单中工程量偏差和设计变更	项	10 000	
2	政策性调整和材料价格风险	项	5000	
3	其他	项	5000	
	合　　　计		20 000	—

注：此表由招标人填写，也可只列暂定金额总额，投标人应将上述暂列金额总额计入投标总价中。

材料（工程设备）暂估单价及调整表

工程名称：某住宅楼电气安装工程　　　标段：　　　　　　　第　页　共　页

序号	材料（工程设备）名称、规格、型号	计量单位	数量		暂估/元		确认/元		差额±/元		备注
			暂估	确认	单价	合价	单价	合价	单价	合价	
合　计											

注：此表由招标人填写"暂估单价"，并在备注栏说明暂估价的材料、工程设备拟用在那些清单项目上，投标人应将上述材料、工程设备暂估单价计入工程量清单综合单价报价中。

专业工程暂估价及结算价表

工程名称：某住宅楼电气安装工程　　　标段：　　　　　　　第　页　共　页

序号	工程名称	工程内容	暂估金额/元	结算金额/元	差额±/元	备注
合　计						—

注：此表"暂估金额"由招标人填写，投标人应将"暂估金额"计入投标总价中。结算时按合同约定结算金额填写。

计 日 工 表

工程名称：某住宅楼电气安装工程　　标段：　　　　　　　　第 页 共 页

编号	项目名称	单位	暂定数量	实际数量	综合单价/元	合价/元	
						暂定	实际
一	人工						
1	电工	工日	10				
2	铆工	工日	4				
3	电焊工	工日	4				
	人工小计						
二	材料						
1	无缝钢管 $\phi25$	m	15				
2	金属软管	m	50				
	材料小计						
三	施工机械						
1	交流电焊机 21kV·A	台班	5				
2	台式钻床钻孔 直径 16mm	台班	5				
	施工机械小计						
	四、企业管理费和利润						
	总　计						

注：此表项目名称、暂定数量由招标人填写，编制招标控制价时，单价由招标人按有关计价规定确定；投标时，单价由投标人自主报价，按暂定数量计算合价计入投标总价中。结算时，按发承包双方确认的实际数量计算合价。

总承包服务费计价表

工程名称：某住宅楼电气安装工程　　标段：　　　　　　　第　页　共　页

序号	项目名称	项目价值/元	服务内容	计算基础	费率（%）	金额/元
1	发包人发包专业工程					
2	发包人提供材料					
	合　计	—	—		—	

注：此表项目名称、服务内容由招标人填写，编制招标控制价时，费率及金额由招标人按有关计价
　　规定确定；投标时，费率及金额由投标人自主报价，计入投标总价中。

规费、税金项目计价表

工程名称：某住宅楼电气安装工程　　标段：　　　　　　　第　页　共　页

序号	项目名称	计算基础	计算基数	计算费率（%）	金额/元
1	规费				
1.1	社会保险费				
（1）	养老保险费				
（2）	失业保险费				
（3）	医疗保险费				
（4）	工伤保险费				
（5）	生育保险费				
1.2	住房公积金	企业规费计取标准			
1.3	工程排污费	按工程所在地环境保护部门收取标准，按实计入			
2	税金	分部分项工程费+措施项目费+其他项目费+规费−按规定不计税的工程设备金额			
	合　计				

编制人（造价人员）：　　　　　　　　　　　　复核人（造价工程师）：

3.4　建筑电气设备安装工程工程量清单计价的编制

实行工程量清单计价招标投标的建设工程，其招标控制价、投标报价的编制、合同价款确定与调整、工程结算应按《计价规范》执行。

3.4.1　工程量清单计价的费用构成及计价步骤

1. 工程量清单计价的费用构成与确定方法

工程量清单计价应包括按招标文件规定完成工程量清单所列项目的全部费用，包括分部分项工程费、措施项目费、其他项目费和规费、税金。

（1）分部分项工程费

分部分项工程费是指完成设计图纸所要求的分部分项工程量所需的实体项目费用。

工程量清单应采用综合单价计价。综合单价是指完成一个规定计量单位的分部分项工程量清单项目或措施清单项目所需的人工费、材料费、机械使用费、管理费和利润，以及一定范围内的风险费用。

安装工程分部分项工程量清单的综合单价，应根据《计价规范》规定的综合单价组成，按设计文件或参照《通用安装工程工程量计算规范》清单项目设置中的"工作内容"确定。因此，综合单价的计算依据是《通用安装工程工程量计算规范》、招标文件及工程量清单、合同条件、施工设计图纸及相关技术资料、各地区定额和企业定额。企业定额是施工企业根据本企业的施工技术和管理水平而编制的人工、材料和施工机械台班等的消耗标准。

分部分项工程费的确定方法是：分部分项工程费 = $\sum$（清单工程量×综合单价）。

分部分项工程费应根据招标文件中的分部分项工程量清单项目的特征描述及有关要求，按下列规定确定综合单价：

1）《通用安装工程工程量计算规范》。

2）国家或省级、行业建设主管部门颁发的计价定额和计价办法。

3）建设工程设计文件及相关资料。

4）招标文件中的工程量清单及有关要求。

5）与建设项目相关的标准、规范、技术资料。

6）工程造价管理机构发布的工程造价信息及参照市场价。

7）其他的相关资料。

招标文件中提供了暂估单价的材料，按暂估单价计入综合单价。

综合单价常见的计算方法有正算法和反算法两种。所谓正算法就是以某条工程量清单中的一个计算单位为基础，依据清单项目特征中提供的清单特征及本企业定额或地方定额，划分与清单条目相适应的计价子目，计算计价工程量后套用定额，代入人材机单价，确定本企业投标时所考虑的管理费、利润及风险费用，从而确定出综合单价的方法。所谓反算法就是指依据工程量清单某条条目及特征，计算出该清单所包含的全部工程量，然后套用定额求出该清单条目的综合报价，再除以清单工程量，从而反求出综合单价的方法，此法应用较多。

（2）措施项目费

所谓措施项目费是指除分部分项工程费外，为完成工程项目施工，发生于该工程施工准备和施工过程中技术、生活、安全、环境保护等方面所需的非工程实体项目费。

措施项目清单计价应根据拟建工程的施工组织设计，可以计算工程量的措施项目，应按分部分项工程量清单的方式采用综合单价计价；其余的措施项目可以"项"为单位的方式计价，应包括除规费、税金外的全部费用。

措施项目清单中的安全文明施工费应按照国家或省级、行业建设主管部门的规定计价，不得作为竞争性费用。

投标人没有计算或少计算的费用，视为此部分费用已包括在其他费用内，不予支付。

（3）其他项目费

其他项目费是指分部分项工程费和措施项目费以外，该工程项目施工过程中可能发生的其他费用。

其他项目费在编制招标控制价时应按下列规定确定。

1）暂列金额应根据工程特点，按有关计价规定估算。

2）暂估价中的材料单价应根据工程造价信息或参照市场价格估算；暂估价中的专业工程金额应分不同专业，按有关计价规定估算。

3）计日工应根据工程特点和有关计价依据计算。

4）总承包服务费应根据招标文件列出的内容和要求估算。

其他项目费在编制投标价时应按下列规定报价。

1）暂列金额应按招标人在其他项目清单中列出的金额填写。

2）材料暂估价应按招标人在其他项目清单中列出的单价计入综合单价；专业工程暂估价应按招标人在其他项目清单中列出的金额填写。

3）计日工按招标人在其他项目清单中列出项目和数量，自主确定综合单价并计算计日工费用。

4）总承包服务费根据招标文件中列出的内容和提出的要求自主确定。

其他项目费在竣工结算时应按下列规定确定。

1）计日工应按发包人实际签证确认的事项计算。

2）暂估价的中材料单价应按发、承包双方最终确认价在综合单价中调整；专业工程暂估价应按中标价或发包人、承包人与分包人最终确认价计算。

3）总承包服务费应按合同约定金额计算，如发生调整的，以发、承包双方确认调整的金额计算。

4）索赔费用应依据发、承包双方确认的索赔事项和金额计算。

5）现场签证费用应依据发、承包双方签证资料确认的金额计算。

6）暂列金额应减去工程价款调整与索赔、现场签证金额计算，如有余额规发包人。

（4）规费

规费是指政府和有关权利部门规定必须缴纳的费用。

（5）税金

税金是指国家税法规定的应计入建筑安装工程造价内的营业税、城市维护建设税、教育费附加及地方教育费附加等。

规费和税金应按国家或省级、行业建设主管部门的规定计算，不得作为竞争性费用。

2. 工程量清单计价步骤

（1）研究招标文件，熟悉工程量清单及施工图纸。

（2）计算工程量。这里的工程量计算主要是核算工程量清单所提供的清单项目工程是否准确，同时计算每一个清单项目所组合的工程项目的工程量，用于以后的综合单价分析。

（3）分部分项工程量清单计价。

（4）措施项目清单计价。

（5）其他项目清单计价。

（6）规费和税金项目清单的计算。

（7）汇总计算工程造价，填写封面及说明等。

具体编制过程如图3-1所示。

3. 需要注意的问题

1）若施工中出现施工图纸（含设计变更）与工程量清单项目特征描述不符，发、承包双方应按新的项目特征确定相应工程量清单的综合单价。

2）因分部分项工程量清单漏项或非承包人原因的工程变更，造成增加新的工程量清单项目，其对应的综合单价按下列方法确定：

① 合同中已有适用的综合单价，按合同中已有的综合单价确定；

② 合同中有类似的综合单价，参照类似的综合单价确定；

③ 合同中没有适用或类似的综合单价，由承包人提出综合单价，经发包人

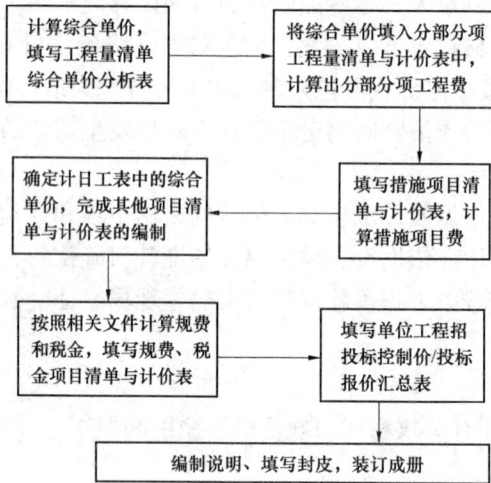

图 3-1　工程量清单计价编制程序

确认后执行。

3）因分部分项工程量清单漏项或非承包人原因的工程变更，引起措施项目发生变化，造成施工组织设计或施工方案变更，原措施费中已有的措施项目，按原有措施费的组价方法调整；原措施费中没有的措施项目，由承包人根据措施项目的变更情况，提出适当的措施费变更，经发包人确认后调整。

4）因分包人原因引起的工程量增减，该项工程量变化在合同约定幅度以内的，应执行原有的综合单价；该项工程量变化在合同约定幅度以外的，其综合单价及措施费应予以调整。

5）工程量清单与计价表中列明的所有需要填写的单价和合价，投标人均应填写，未填写单价和合价，视为此项费用已包含在工程量清单的其他单价和合价中。

3.4.2　综合单价的计算方法

工程量清单计价中的综合单价是通过工程量清单综合单价分析表来计算完成的，按照工程量清单综合单价分析表中的定额工程量是否取实际值可分为正算法和反算法两种。

1. 正算法

所谓正算法就是以拟计价清单项目一个单位的清单工程量为计算基础，直接计算出该清单项目综合单价的方法。该方法是《工程量清单计价规范宣贯辅导教材》推荐采用的计算方法，以前很少采用。书中案例的清单项目的综合单价采用两种方法计算出的综合单价。

下面以 SC70 的综合单价计算为例进行讲解，详见表 3-21。项目编码、项目名称、计量单位一定要与分部分项工程和单价措施项目清单与计价表中的内容相一致；该清单项目的清单综合单价组成结合表 1-15 配管配线清单项目设置中的工作内容，经过识图后判断只有 "电线管敷设" 一项，故依据《2008 辽宁省建设工程计价依据安装工程计价定额——电气设备安装工程》可确定定额编号为 2-1115、定额名称为 "钢管砖、混凝土结构暗配 *DN*70"、定额单位为 "100m"，数量在考虑一个单位的清单工程量的基础上为 0.01，单价中的人工费（813.06）、材料费（200.61）、机械费（55.98）为该定额子目对应的单位估价表中的数据；管理费和利润按照《辽宁省建设工程计价依据建设工程费用标准》可知为人工费和机械费之和的 38.40%（16.80% +21.60%），即（813.06+55.98）×38.40% =333.71；总价中的人工费、材料费、机械费、管理费和利润为数量与单价中的人工费、材料费、机械费、管理费和利润的乘积。材料费明细栏内填主要材料 "焊接钢管 *DN*70"，单位是 m，这里的数量是定额子目中材料表括号内的数字 1.03，算出材料费小计 42.13，也就是未计价材料费。到此我们就能够计算出综合单价了，综合单价 = 合价中的人工费+材料费+机械费+管理费和利润+未计价材料费 = 8.13+2.01+0.56+3.34+42.13 = 56.16。

2. 反算法

所谓反算法就是以拟计价工程清单项目实际清单工程量为计算基础，先计算出该清单项目的总价，再被该清单项目的清单工程量除得出综合单价的方法。该方法是被绝大多数工程造价从业人员所接受的一种综合单价的计算方法，更接近于传统的定额计价。

下面仍然以 SC70 为例进行讲解，详见表 3-22。

反算法时工程量清单综合单价分析表中的项目编码、项目名称、计量单位、定额编号、定额名称、定额单位及人工费、材料费、机械费、管理费和利润的确定方法与正算法完全相同。

不同的是数量。清单综合单价组成明细中的数量是以该清单项目实际的清单工程量（即 14.10）为基础计算出的数量 0.141。材料费明细中的数量是在工程量的基础上考虑损耗因素后确定的数量，即 14.10×1.03 = 14.52。

综合单价 =（合价中的人工费+材料费+机械费+管理费和利润+未计价材料费）/清单工程量 =（114.64+28.29+7.89+47.05+593.87）/14.10 = 56.15，与正算法的数据稍有差别。

3. 人工单价调整

需要强调的是，在综合单价计算过程中，我们发现分析表中有一项 "人工单价" 为 "元/工日" 栏。案例计算时我们均按照《2008 辽宁省建设工程计价

表 3–21

工程量清单综合单价分析表

工程名称：某住宅楼电气安装工程　　标段：　　　　　　　　　　　　　　　　　　　　　　第　页　共　页

项目编码	030212001040	项目名称	电气配管	计量单位	m	工程量	1

清单综合单价组成明细

定额编号	定额名称	定额单位	数量	单价				合价			
				人工费	材料费	机械费	管理费和利润	人工费	材料费	机械费	管理费和利润
2–1115	钢管砖、混凝土结构暗配 DN70	100m	0.01	813.06	200.61	55.98	333.71	8.13	2.01	0.56	3.34
人工单价				小计				8.13	2.01	0.56	3.34
元/工日				未计价材料费				42.13			
	清单项目综合单价							56.16			

材料费明细	主要材料名称、规格、型号	单位	数量	单价/元	合价/元	暂估单价/元	暂估合价/元
	焊接钢管 DN70	m	1.03	40.90	42.13	—	—
	其他材料费			—		—	
	材料费小计			—	42.13	—	0.00

注：1. 如不使用省级或行业建设主管部门发布的计价依据，可不填定额项目、编号等。

2. 招标文件提供了暂估单价的材料，按暂估单价填入表内"暂估单价"栏及"暂估合价"栏。

表3-22

工程量清单综合单价分析表

工程名称：某住宅楼电气安装工程　　标段：　　　　　　　　　　　第　页　共　14.10　页

项目编码	030212001040	项目名称	电气配管	计量单位	m	工程量	14.10

清单综合单价组成明细

定额编号	定额名称	定额单位	数量	单价				合价			
				人工费	材料费	机械费	管理费和利润	人工费	材料费	机械费	管理费和利润
2-1115	钢管砖,混凝土结构暗配DN70	100m	0.141	813.06	200.61	55.98	333.71	114.64	28.29	7.89	47.05
人工单价		小计						114.64	28.29	7.89	47.05
元/工日		未计价材料费						593.87			
		清单项目综合单价						56.15			

材料费明细	主要材料名称、规格、型号	单位	数量	单价/元	合价/元	暂估单价/元	暂估合价/元
	焊接钢管DN70	m	14.52	40.90	593.87	—	—
	其他材料费			—			0.00
	材料费小计			—	593.87		0.00

注：1. 如不使用省级或行业建设主管部门发布的计价依据，可不填定额项目、编号等。
2. 招标文件提供了暂估单价的材料，按暂估的单价填入表内"暂估单价"栏及"暂估合价"栏。

依据》发布时的人工单价即技工 55 元、普工 40 元计算的，没有进行价差调整。如按照文件要求，当人工单价需要进行调整时，在此栏内直接填入人工单价标准，然后用该标准乘上定额中的人工工日，所得结果直接填入单价中的人工费栏内即可。

3.4.3 工程量清单计价的编制

1. 工程量清单计价格式

工程量清单计价应采用统一格式，工程量清单计价格式应由下列内容组成：

1）封面。

2）总说明。

3）汇总表。包括工程项目招标控制价/投标报价汇总表、单项工程招标控制价/投标报价汇总表、单位工程招标控制价/投标报价汇总表。

4）分部分项工程和单价措施项目清单与计价表。

5）工程量清单综合单价分析表。

6）总价措施项目清单与计价表。

7）其他项目清单与计价汇总表。

8）暂列金额明细表。

9）材料工程设备暂估单价及调整表。

10）专业工程暂估价结算价表。

11）计日工表。

12）总承包服务费计价表。

13）规费、税金项目计价表。

2. 工程量清单计价程序表

工程量清单计价程序见表 3-23。

表 3-23　　　　　　　　工程量清单计价程序表

序号	名　称	计　算　方　法
一	分部分项工程费	$\sum$（清单工程量 × 综合单价）
二	措施项目费	按规定计算
三	其他项目费	按招标文件规定计算
四	规费	按规定计算
五	税金	（一+二+三+四）×规定税率
六	单位工程造价合计	一+二+三+四+五

3. 工程量清单计价编制实例

投 标 总 价

招　标　人：＿＿＿＿＿＿＿＿（略）＿＿＿＿＿＿＿＿

工　程　名　称：＿＿＿＿某住宅楼电气安装＿＿＿＿

投标总价（小写）：＿＿＿＿157 546.97 元＿＿＿＿

（大写）：＿＿拾伍万柒仟伍佰肆拾陆元玖角柒分＿＿

投　标　人：＿＿＿＿＿＿＿（略）＿＿＿＿＿＿＿

（单位盖章）

法定代表人

或其授权人：＿＿＿＿＿＿＿（略）＿＿＿＿＿＿＿

（签字或盖章）

编　制　人：＿＿＿＿＿＿＿（略）＿＿＿＿＿＿＿

（造价人员签字盖专用章）

编制时间：××年××月××日

总 说 明

工程名称：某住宅楼电气安装　　　　　　　　　　　　　　　　第 页 共 页

1. 工程概况：（略）

2. 招标范围：全部电气安装工程。

3. 投标报价编制依据：《通用安装工程工程量计算规范》、《建设工程工程量清单计价规范》和《建设工程工程量清单计价规范辽宁省实施细则》、《辽宁省建设工程计价依据安装工程计价定额（2008）》、××设计院设计的某住宅楼电气安装工程施工图纸。

单位工程投标报价汇总表

工程名称：某住宅楼电气安装工程　　　标段：　　　　　　　　第　页　共　页

序号	单项工程名称	金额/元	其中：暂估价/元
1	分部分项工程	118 585.21	
1.1	C.2 电气设备安装工程	118 585.21	
2	措施项目	2932.83	
2.1	安全文明施工费	2152.83	
3	其他项目	23 027.50	
3.1	暂列金额	20 000	
3.2	专业工程暂估价	0	
3.3	计日工	3027.50	
3.4	总承包服务费	0	
4	规费	7707.59	
5	税金	5293.84	
	招标控制价合计＝**1**+**2**+**3**+**4**+**5**	157 546.97	

注：本表适用于单位工程招标控制价或投标报价的汇总，如无单位工程划分，单项工程也使用本表
汇总。

分部分项工程和单价措施项目清单与计价表

工程名称：某住宅楼电气安装工程　　标段：　　　　　　第　页　共　页

序号	项目编码	项目名称	项目特征描述	计量单位	工程数量	金额/元			
						综合单价	合价	其中：暂估价	其中：人工费+机械费
1	030404017001	配电箱安装	成套配电箱 ZM 500mm(h)×400mm×200mm 悬挂嵌入式	台	2	1052.50	2105.01		182.93
2	030404017002	配电箱安装	成套配电箱 AM 250mm(h)×390mm×140mm 悬挂嵌入式	台	16	586.84	9389.52		1117.28
3	030404017003	配电箱安装	成套配电箱 CM 350mm(h)×440mm×180mm 悬挂嵌入式	台	12	636.84	7642.14		837.96
4	030404017004	配电箱安装	成套配电箱 MX 300mm×350mm(h)×180mm 悬挂嵌入式	台	2	436.84	873.69		139.66
5	030404017005	配电箱安装	成套配电箱 BM 1290mm(h)×900mm×180mm 悬挂嵌入式	台	2	1754.92	3509.84		270.87
6	030404034001	照明开关	扳式暗开关（单控），单联，250V，6A	套	96	12.54	1203.73		297.22
7	030404034002	照明开关	扳式暗开关（单控），双联，250V，6A	套	36	13.31	479.17		43.17
8	030404034003	照明开关	扳式暗开关（双控），单联，250V，6A	套	8	17.37	138.97		24.77
9	030404035001	插座安装	单相暗插座，15A，2孔	套	32	15.01	480.35		96.74
10	030404035002	插座安装	单相暗插座，15A，3孔	套	16	15.78	252.41		52.99
11	030404035003	插座安装	单相暗插座，15A，5孔，安全型	套	180	19.92	3584.93		721.08
12	030404035004	插座安装	单相暗插座，15A，5孔，防溅型	套	96	23.28	2235.10		384.58
			本页小计				31894.85		4169.23

序号	项目编码	项目名称	项目特征描述	计量单位	工程数量	金额/元			
						综合单价	合价	其中：暂估价	其中：人工费+机械费
13	030411001001	电气配管	钢管砖、混凝土结构暗配 DN32	m	33.66	21.91	737.49		119.49
14	030411001002	电气配管	钢管砖、混凝土结构暗配 DN50	m	14.30	34.70	496.14		85.67
15	030411001003	电气配管	钢管砖、混凝土结构暗配 DN70	m	14.10	56.16	791.86		122.53
16	030411001004	电气配管	硬质聚氯乙烯管砖、混凝土结构暗配，公称口径 15mm	m	8.00	5.95	47.59		13.86
17	030411001005	电气配管	硬质聚氯乙烯管砖、混凝土结构暗配，公称口径 20mm	m	1072.32	6.24	6691.28		1962.35
18	030411001006	电气配管	硬质聚氯乙烯管砖、混凝土结构暗配，公称口径 25mm	m	1649.40	7.48	12 337.51		4288.44
19	030411001007	电气配管	硬质聚氯乙烯管砖、混凝土结构暗配，公称口径 32mm	m	86.64	7.89	683.59		238.26
20	030411004001	电气配线	管内穿线，照明线路，铜芯，导线截面 2.5mm^2	m	1874.16	2.76	5172.68		655.96
21	030411004002	电气配线	管内穿线，动力线路，铜芯，导线截面 4mm^2	m	2165.40	3.64	7882.06		541.35
22	030411004003	电气配线	管内穿线，动力线路，铜芯，导线截面 6mm^2	m	3084.20	5.56	17 148.15		863.58
23	030411004004	电气配线	管内穿线，动力线路，铜芯，导线截面 10mm^2	m	427.62	9.01	3852.86		145.39
24	030411004005	电气配线	管内穿线，动力线路，铜芯，导线截面 25mm^2	m	0.20	16.50	3.30		0.10
			本页小计				55 844.51		9036.98

续表

序号	项目编码	项目名称	项目特征描述	计量单位	工程数量	金额/元			
						综合单价	合价	其中：暂估价	其中：人工费+机械费
25	030411004006	电气配线	管内穿线，动力线路，铜芯，导线截面35mm²	m	14.10	32.14	453.17		7.19
26	030411004007	电气配线	管内穿线，动力线路，铜芯，导线截面70mm²	m	56.40	56.32	3176.45		59.78
27	030411005001	接线箱	接线箱，300×200×150mm，悬挂嵌入式	个	8	177.33	1418.60		298.90
28	030411006001	接线盒	铁质接线盒，86盒，暗装	个	180	8.53	1535.52		285.30
29	030411006002	接线盒	铁质开关盒，86盒，暗装	个	480	6.92	3319.85		811.68
30	030412001001	普通灯具	一般壁灯，220V，25W	套	18	43.02	774.36		120.96
31	030412001002	普通灯具	防水灯头，250V，4A	套	32	9.66	309.02		89.41
32	030412001003	普通灯具	节能座灯头，250V，4A	套	6	11.52	69.12		27.60
33	030412001004	普通灯具	座灯头，250V，4A	套	120	8.52	1022.34		375.48
34	030409002001	接地母线	接地母线安装，镀锌扁钢—40×4mm，户内敷设	m	15.38	18.95	291.49		85.41
35	030409002001	接地母线	接地母线安装，镀锌扁钢—40×4mm，户外敷设	m	4.57	25.63	117.11		51.7
			本页小计				12 487.03		2213.41

续表

序号	项目编码	项目名称	项目特征描述	计量单位	工程数量	综合单价	合价	其中：暂估价	其中：人工费+机械费
36	030409003001	避雷引下线	避雷引下线，利用结构柱两根φ16主筋连续焊接，接地电阻测试板	m	169	9.15	1545.59		1048.98
37	030409004001	均压环	利用基础地梁两根φ16钢筋相互焊接作接地极	m	168	3.42	574.95		395.64
38	030409005001	避雷网	避雷网，镀锌圆钢φ12，女儿墙上安装	m	95.61	21.47	2052.81		1074.64
39	030409005002	避雷网	避雷网，镀锌圆钢φ12，混凝土块上安装	m	6.04	10.23	61.77		24.24
40	030409008001	等电位端子箱	总等电位联结箱，MEB	台	2	360.05	720.09		180.08
41	030409008002	等电位端子箱	局部等电位联结箱，LEB	台	16	295.05	4720.73		1440.64
42	030414002001	送配电装置系统调试	1kV以下交流供电（综合）	系统	1	665.92	665.92		477.80
43	030414011001	接地装置调试	接地网（系统）	系统	1	767.76	767.76		551.39
44	031301017001	脚手架搭拆	电气设备安装工程	项	1		7249.20		
本页小计							18 358.82		5193.41
合计							118 585.21		20 613.03

注：为计取规费等的使用，可在表中增设其中："直接费"、"人工费"或"人工费+机械费"。

总价措施项目清单与计价表

工程名称：某住宅楼电气安装工程　　标段：　　　　　　　第　页　共　页

序号	项目编码	项目名称	计算基础	费率（%）	金额/元	调整费率（%）	调整后金额/元	备注
1	031302001001	安全文明施工费	人工费+机械费	9.60	2152.83			
2	031302002001	夜间施工增加费	13元/工日		780			
3		二次搬运费						
4		冬、雨期施工增加费						
5		已完工程及设备保护费						
	合计				2932.83			

编制人（造价人员）：　　　　　　　　　　　　　复核人（造价工程师）：

其他项目清单与计价汇总表

工程名称：某住宅楼电气安装工程　　　标段：　　　　　　第 页 共 页

序号	项目名称	金额/元	结算金额/元	备　注
1	暂列金额	20 000		明细详见 暂列金额明细表
2	暂估价			
2.1	材料（工程设备）暂估价/结算价	—		明细详见 材料暂估单价表
2.2	专业工程暂估价/结算价			明细详见 专业工程暂估价表
3	计日工	3027.50		明细详见 计日工表
4	总承包服务费			明细详见 总承包服务费计价表
5	索赔与现场签证	—		明细详见 索赔与现场签证表
合　计		23 027.50		—

注：材料（工程设备）暂估单价进入清单项目综合单价，此处不汇总。

暂 列 金 额 明 细 表

工程名称：某住宅楼电气安装工程　　标段：　　　　　　　　第　页　共　页

序号	项 目 名 称	计量单位	暂定金额/元	备　注
1	工程量清单中工程量偏差和设计变更	项	10 000	
2	政策性调整和材料价格风险	项	5000	
3	其他	项	5000	
	合　计		20 000	—

注：此表由招标人填写，也可只列暂定金额总额，投标人应将上述暂列金额总额计入投标总价中。

材料（工程设备）暂估单价及调整表

工程名称：某住宅楼电气安装工程　　　标段：　　　　　　　第　页　共　页

序号	材料（工程设备）名称、规格、型号	计量单位	数量		暂估/元		确认/元		差额±/元		备注
			暂估	确认	单价	合价	单价	合价	单价	合价	
	合　　计										

注：此表由招标人填写"暂估单价"，并在备注栏说明暂估价的材料、工程设备拟用在那些清单项目上，投标人应将上述材料、工程设备暂估单价计入工程量清单综合单价报价中。

专业工程暂估价及结算价表

工程名称：某住宅楼电气安装工程　　　标段：　　　　　　　第　页　共　页

序号	工程名称	工程内容	暂估金额/元	结算金额/元	差额±/元	备注
	合　　计				—	

注：此表"暂估金额"由招标人填写，投标人应将"暂估金额"计入投标总价中。结算时按合同约定结算金额填写。

计 日 工 表

工程名称：某住宅楼电气安装工程　　　标段：　　　　　　　第 页 共 页

编号	项目名称	单位	暂定数量	实际数量	综合单价/元	合价/元	
						暂定	实际
一	人工						
1	电工	工日	10		65	650	
2	铆工	工日	4		65	260	
3	电焊工	工日	4		65	260	
	人工小计					1170	
二	材料						
1	无缝钢管 φ25	m	15		18.50	277.50	
2	金属软管	m	50		2.80	140	
	材料小计					417.50	
三	施工机械						
1	交流电焊机 21kV·A	台班	5		85	425	
2	台式钻床钻孔 直径 16mm	台班	5		35	175	
	施工机械小计					600	
	四、企业管理费和利润					840	
	总　计					3027.50	

注：此表项目名称、暂定数量由招标人填写，编制招标控制价时，单价由招标人按有关计价规定确定；投标时，单价由投标人自主报价，按暂定数量计算合价计入投标总价中。结算时，按发承包双方确认的实际数量计算合价。

总承包服务费计价表

工程名称：某住宅楼电气安装工程　　　标段：　　　　　　　　　　第　页　共　页

序号	项目名称	项目价值/元	服务内容	计算基础	费率（%）	金额/元
1	发包人发包专业工程					
2	发包人提供材料					
	合　　计	—	—		—	

注：此表项目名称、服务内容由招标人填写，编制招标控制价时，费率及金额由招标人按有关计价
　　规定确定；投标时，费率及金额由投标人自主报价，计入投标总价中。

规费、税金项目计价表

工程名称：某住宅楼电气安装工程　　　标段：　　　　　　　　　　第　页　共　页

序号	项目名称	计算基础	计算基数	计算费率（%）	金额/元
1	规费	**1.1+1.2+1.3**			7707.59
1.1	社会保险费	(1)+(2)+(3)+(4)+(5)			5873.20
（1）	养老保险费	人工费+机械费	22 425.33	16.36	3668.78
（2）	失业保险费	人工费+机械费	22 425.33	1.64	367.78
（3）	医疗保险费	人工费+机械费	22 425.33	6.55	1468.86
（4）	工伤保险费	人工费+机械费	22 425.33	0.82	183.89
（5）	生育保险费	人工费+机械费	22 425.33	0.82	183.89
1.2	住房公积金	人工费+机械费	22 425.33	8.18	1834.39
1.3	工程排污费	按工程所在地环境保护部门收取标准，按实计入			
2	税金	分部分项工程费+措施项目费+其他项目费+规费-按规定不计税的工程设备金额	152 253.13	3.477	5293.84
	合　　计				13 001.43

编制人（造价人员）：　　　　　　　　　　　　　复核人（造价工程师）：

工程量清单综合单价分析表

工程名称：某住宅楼电气安装工程 标段： 第 页 共 页 1

项目编码	03040401700 1	项目名称	配电箱安装	计量单位	台	工程量	1

清单综合单价组成明细

定额编号	定额名称	定额单位	数量	单价				合价			
				人工费	材料费	机械费	管理费和利润	人工费	材料费	机械费	管理费和利润
2-264	成套配电箱安装,悬挂嵌入式,半周长1m	台	1	69.83	40.20		26.81	69.83	40.20	0.00	26.81
2-337	压铜接线端子	10个	0.1	24.06	42.26		9.24	2.41	4.23	0.00	0.92
2-338	压铜接线端子	10个	0.4	48.07	78.73		18.46	19.23	31.49	0.00	7.38
人工单价	小计							91.46	75.92	0.00	35.12
元/工日	未计价材料费										
	清单项目综合单价							1052.50			

材料费明细	主要材料名称、规格、型号	单位	数量	单价 /元	合价 /元	暂估单价 /元	暂估合价 /元
	成套配电箱 ZM500mm（h）×400mm×200mm	台	1	850.00	850.00	—	—
	其他材料费			—		—	
	材料费小计			—	850.00	—	0.00

注：1. 如不使用省级或行业建设主管部门发布的计价依据，可不填定额项目、编号等。
2. 招标文件提供了暂估单价的材料，按暂估的单价填入表内"暂估单价"栏及"暂估合价"栏。

工程量清单综合单价分析表

工程名称：某住宅楼电气安装工程　　标段：

项目编码	030404017002	项目名称	配电箱安装	计量单位	台	工程量	1

清单综合单价组成明细

定额编号	定额名称	定额单位	数量	单价				合价			
				人工费	材料费	机械费	管理费和利润	人工费	材料费	机械费	管理费和利润
2-264	成套配电箱安装，悬挂嵌入式，半周长1m	台	1	69.83	40.20		26.81	69.83	40.20	0.00	26.81
人工单价			小计					69.83	40.20	0.00	26.81
元/工日			未计价材料费							450.00	
			清单项目综合单价						586.84		

材料费明细	主要材料名称、规格、型号	单位	数量	单价/元	合价/元	暂估单价/元	暂估合价/元
	成套配电箱 AM250mm(h)×390mm×140mm	台	1	450.00	450.00	—	—
	其他材料费			—		—	0.00
	材料费小计			—	450.00	—	0.00

第　　页　共　　页　1

注：1. 如不使用省级或行业建设主管部门发布的计价依据，可不填定额项目、编号等。
　　2. 招标文件提供了暂估单价的材料，按暂估的单价填入表内"暂估单价"栏及"暂估合价"栏。

工程量清单综合单价分析表

工程名称：某住宅楼电气安装工程　　　　标段：　　　　　　　　　　　　第　页　共　页

项目编码	030404017003	项目名称	配电箱安装	计量单位	台	工程量	1

清单综合单价组成明细

定额编号	定额名称	定额单位	数量	单价				合价			
				人工费	材料费	机械费	管理费和利润	人工费	材料费	机械费	管理费和利润
2-264	成套配电箱安装，悬挂嵌入式，半周长1m	台	1	69.83	40.20		26.81	69.83	40.20	0.00	26.81
人工单价			小计					69.83	40.20	0.00	26.81
元/工日			未计价材料费								
清单项目综合单价										636.84	

材料费明细	主要材料名称、规格、型号	单位	数量	单价/元	合价/元	暂估单价/元	暂估合价/元
	成套配电箱 CM350mm（h）×440mm×180mm	台	1	500.00	500.00	—	—
	其他材料费			—		—	
	材料费小计			—	500.00	—	0.00

注：1. 如不使用省级或行业建设主管部门发布的计价依据，可不填定额项目、编号等。
　　2. 招标文件提供了暂估单价的材料，按暂估的单价填入表内"暂估单价"栏及"暂估合价"栏。

工程量清单综合单价分析表

工程名称：某住宅楼电气安装工程　　标段：　　　　　　　　　　　　　　　第　页　共　页

项目编码	03040401700 4	项目名称	配电箱安装	计量单位	台	工程量	1

清单综合单价组成明细

定额编号	定额名称	定额单位	数量	单价				合价			
				人工费	材料费	机械费	管理费利润	人工费	材料费	机械费	管理费和利润
2-264	成套配电箱安装，悬挂嵌入式，半周长 1m	台	1	69.83	40.20		26.81	69.83	40.20	0.00	26.81
人工单价		小计						69.83	40.20	0.00	26.81
元/工日		未计价材料费							300.00		
		清单项目综合单价							436.84		

材料费明细	主要材料名称、规格、型号	单位	数量	单价/元	合价/元	暂估单价/元	暂估合价/元
	成套配电箱 MX300mm×350mm(h)×180mm	台	1	300.00	300.00	—	—
	其他材料费			—		—	
	材料费小计			—	300.00	—	0.00

注：1. 如不使用省级或行业建设主管部门发布的计价依据，可不填定额项目、编号等。

2. 招标文件提供了暂估单价的材料，按暂估的单价填入表内"暂估单价"栏及"暂估合价"栏。

工程量清单综合单价分析表

工程名称：某住宅楼电气安装工程　　标段：　　　　　　第 页　共 页

项目编码	030404017005	项目名称	配电箱安装	计量单位	台	工程量	1

清单综合单价组成明细

定额编号	定额名称	定额单位	数量	单价				合价			
				人工费	材料费	机械费	管理费和利润	人工费	材料费	机械费	管理费和利润
2-266	成套配电箱安装，悬挂嵌入式，半周长2.5m	台	1	108.69	31.76	5.11	43.70	108.69	31.76	5.11	43.70
2-337	压铜接线端子	10个	0.1	24.06	42.26		9.24	2.41	4.23	0.00	0.92
2-338	压铜接线端子	10个	0.4	48.07	78.73		18.46	19.23	31.49	0.00	7.38
人工单价		小计						130.32	67.48	5.11	52.01
元/工日		未计价材料费									
清单项目综合单价								1754.92			

材料费明细	主要材料名称、规格、型号	单位	数量	单价/元	合价/元	暂估单价/元	暂估合价/元
	成套配电箱 BM1290mm(h)×900mm×180mm	台	1	1500.00	1500.00	—	—
	其他材料费			—		—	0.00
	材料费小计			—	1500.00	—	0.00

注：1. 如不使用省级或行业建设主管部门发布的计价依据，可不填定额项目、编号等。

2. 招标文件提供了暂估单价的材料，按暂估的单价填入单价其人入表内"暂估单价"栏及"暂估合价"栏。

工程量清单综合单价分析表

工程名称：某住宅楼电气安装工程　　标段：　　　　　　　　　　　　第 页 共 页

项目编码	03040403001	项目名称	照明开关	计量单位	套	工程量	1

清单综合单价组成明细

定额编号	定额名称	定额单位	数量	单价				合价			
				人工费	材料费	机械费	管理费和利润	人工费	材料费	机械费	管理费和利润
2-382	扳式暗开关（单控），单联	10套	0.10	30.96	2.98		11.89	3.10	0.30	0.00	1.19
人工单价		小计						3.10	0.30	0.00	1.19
元/工日		未计价材料费							7.96		
		清单项目综合单价							12.54		

材料费明细	主要材料名称、规格、型号	单位	数量	单价/元	合价/元	暂估单价/元	暂估合价/元
	扳式暗开关（单控），单联，250V，6A	套	1.02	7.80	7.96	—	0.00
	其他材料费			—		—	
	材料费小计			—	7.96	—	0.00

注：1. 如不使用省级或行业建设主管部门发布的计价依据，可不填定额项目、编号等。

　　2. 招标文件提供了暂估单价的材料，按暂估的单价填入表内"暂估单价"栏及"暂估合价"栏。

工程量清单综合单价分析表

工程名称：某住宅楼电气安装工程　　标段：　　　　　　　　　　　　　　　　　　　　　　　第　页　共　页

项目编码	03040034002	项目名称	照明开关	计量单位	套	工程量	1

清单综合单价组成明细

定额编号	定额名称	定额单位	数量	单价				合价			
				人工费	材料费	机械费	管理费和利润	人工费	材料费	机械费	管理费和利润
2-383	扳式暗开关（单控），双联	10套	0.10	32.43	3.56		12.45	3.24	0.36	0.00	1.25
人工单价		小计						3.24	0.36	0.00	1.25
元/工日		未计价材料费						8.47			
清单项目综合单价								13.31			

材料费明细	主要材料名称、规格、型号	单位	数量	单价/元	合价/元	暂估单价/元	暂估合价/元
	扳式暗开关（单控），双联，250V，6A	套	1.02	8.30	8.47	—	—
	其他材料费			—	8.47	—	0.00
	材料费小计			—	8.47	—	0.00

注：1. 如不使用省级或行业建设主管部门发布的计价依据，可不填定额项目、编号等。

2. 招标文件提供了暂估单价的材料，按暂估的单价填入表内"暂估单价"栏及"暂估合价"栏。

工程量清单综合单价分析表

工程名称：某住宅楼电气安装工程　标段：　　　　　　　　　　　　　　　　　　　　　　　　　　　第　页　共　页　1

项目编码	030404034003	项目名称	照明开关	计量单位	套	工程量	1.19

清单综合单价组成明细

定额编号	定额名称	定额单位	数量	单价				合价			
				人工费	材料费	机械费	管理费和利润	人工费	材料费	机械费	管理费和利润
2-388	扳式暗开关（双控），单联	10套	0.10	30.96	3.36		11.89	3.10	0.34	0.00	1.19
人工单价			小计					3.10	0.34	0.00	1.19
元/工日			未计价材料费						12.75		
			清单项目综合单价					17.37			

材料费明细	主要材料名称、规格、型号		单位	数量	单价/元	合价/元	暂估单价/元	暂估合价/元
	扳式暗开关（双控），单联，250V，6A		套	1.02	12.50	12.75	—	—
	其他材料费				—		—	0.00
	材料费小计				—	12.75	—	

注：1. 如不使用省级或行业建设主管部门发布的计价依据，可不填定额项目编号、名称等。
　　2. 招标文件提供了暂估单价的材料，按暂估的单价填入表内"暂估单价"栏及"暂估合价"栏。

工程量清单综合单价分析表

工程名称：某住宅楼电气安装工程　　标段：　　　　　　　　　　　　　　　　　　　　　第　页　共　页

项目编码	03040403S001		项目名称		插座安装			计量单位	套		工程量	1

清单综合单价组成明细

定额编号	定额名称	定额单位	数量	单价				合价			
				人工费	材料费	机械费	管理费和利润	人工费	材料费	机械费	管理费和利润
2—412	单相暗插座，15A，2孔	10套	0.10	30.23	4.23		11.61	3.02	0.42	0.00	1.16
人工单价			小计					3.02	0.42	0.00	1.16
元/工日			未计价材料费							10.40	
		清单项目综合单价								15.01	

材料费明细	主要材料名称、规格、型号	单位	数量	单价/元	合价/元	暂估单价/元	暂估合价/元
	单相暗插座，15A，2孔	套	1.02	10.20	10.40	—	—
	其他材料费			—		—	0.00
	材料费小计			—	10.40	—	0.00

注：1. 如不使用省级或行业建设主管部门发布的计价依据，可不填定额项目、编号等。
　　2. 招标文件提供了暂估单价的材料，按暂估单价填入表内"暂估单价"栏及"暂估合价"栏。

工程量清单综合单价分析表

工程名称：某住宅楼电气安装工程　　标段：

项目编码	030404035002	项目名称	插座安装	计量单位	套	工程量	1

第　页　共　页

清单综合单价组成明细

定额编号	定额名称	定额单位	数量	单价				合价			
				人工费	材料费	机械费	管理费和利润	人工费	材料费	机械费	管理费和利润
2-413	单相暗插座，15A，3孔	10套	0.10	33.12	4.82		12.72	3.31	0.48	0.00	1.27
人工单价			小计					3.31	0.48	0.00	1.27
元/工日			未计价材料费						10.71		
			清单项目综合单价					15.78			

材料费明细	主要材料名称、规格、型号	单位	数量	单价/元	合价/元	暂估单价/元	暂估合价/元
	单相暗插座，15A，3孔	套	1.02	10.50	10.71	—	—
	其他材料费			—		—	0.00
	材料费小计			—	10.71	—	0.00

注：1. 如不使用省级或行业建设主管部门发布的计价依据，可不填定额项目、编号等。
2. 招标文件提供了暂估单价的材料，按暂估的单价填入表内"暂估单价"栏及"暂估合价"栏。

工程量清单综合单价分析表

工程名称：某住宅楼电气安装工程　　标段：　　　　　　　　　　　　　　第　页　共　页

项目编码	030404035003	项目名称	插座安装	计量单位	套	工程量	1

清单综合单价组成明细

定额编号	定额名称	定额单位	数量	单价				合价			
				人工费	材料费	机械费	管理费利润	人工费	材料费	机械费	管理费利润
2-415	单相暗插座，15A，5孔	10套	0.10	40.06	6.02		15.38	4.01	0.60	0.00	1.54
人工单价				小计				4.01	0.60	0.00	1.54
13.50元/工日				未计价材料费					13.77		
		清单项目综合单价							19.92		

材料费明细	主要材料名称、规格、型号	单位	数量	单价/元	合价/元	暂估单价/元	暂估合价/元
	单相暗插座，15A，5孔，安全型	套	1.02	13.50	13.77	—	—
	其他材料费			—		—	0.00
	材料费小计			—	13.77	—	0.00

注：1. 如不使用省级或行业建设主管部门发布的计价依据，可不填定额项目、编号等。
2. 招标文件提供了暂估单价的材料，按暂估的单价填入表内"暂估单价"栏及"暂估合价"栏。

工程量清单综合单价分析表

工程名称：某住宅楼电气安装工程　　标段：　　　　　　　　　　　　第　页　共　页　1

项目编码	03040403005004	项目名称	插座安装	计量单位	套	工程量

清单综合单价组成明细

定额编号	定额名称	定额单位	数量	单价				合价			
				人工费	材料费	机械费	管理费和利润	人工费	材料费	机械费	管理费和利润
2-415	单相暗插座，15A，5孔	10套	0.10	40.06	6.02		15.38	4.01	0.60	0.00	1.54
人工单价			小计					4.01	0.60	0.00	1.54
元/工日			未计价材料费					17.14			
清单项目综合单价								23.28			

材料费明细	主要材料名称、规格、型号	单位	数量	单价/元	合价/元	暂估单价/元	暂估合价/元
	单相暗插座，15A，5孔，防溅型	套	1.02	16.80	17.14	—	—
	其他材料费			—	17.14	—	
	材料费小计			—	17.14		0.00

注：1. 如不使用省级或行业建设主管部门发布的计价依据，可不填定额项目、编号等。
　　2. 招标文件提供了暂估单价的材料，按暂估的单价填入表内"暂估单价"栏及"暂估合价"栏。

工程量清单综合单价分析表

工程名称：某住宅楼电气安装工程　　标段：　　　　　　　　　　　　　第　页　共　页　1

项目编码	030411001001	项目名称	电气配管	计量单位	m	工程量

清单综合单价组成明细

定额编号	定额名称	定额单位	数量	单价				合价			
				人工费	材料费	机械费	管理费和利润	人工费	材料费	机械费	管理费和利润
2-1112	钢管砖、混凝土结构暗配 DN32	100m	0.01	327.39	110.26	27.95	136.45	3.27	1.10	0.28	1.36
人工单价		小计						3.27	1.10	0.28	1.36
元/工日		未计价材料费							15.90		
	清单项目综合单价								21.91		

材料费明细	主要材料名称、规格、型号	单位	数量	单价/元	合价/元	暂估单价/元	暂估合价/元
	焊接钢管 DN32	m	1.03	15.44	15.90	—	—
	其他材料费			—	15.90	—	0.00
	材料费小计			—	15.90	—	0.00

注：1. 如不使用省级或行业建设主管部门发布的计价依据，可不填定额项目、编号等。

2. 招标文件提供了暂估单价的材料，按暂估单价填入表内"暂估单价"栏及"暂估合价"栏。

工程量清单综合单价分析表

工程名称：某住宅楼电气安装工程　　标段：　　　　　　　　　　　　　　　　　　第　页　共　页　1

项目编码	030411001002	项目名称	电气配管	计量单位	m	工程量	

清单综合单价组成明细

定额编号	定额名称	定额单位	数量	单价				合价			
				人工费	材料费	机械费	管理费和利润	人工费	材料费	机械费	管理费和利润
2-1114	钢管砖、混凝土结构暗配 DN50	100m	0.01	560.39	164.28	38.68	230.04	5.60	1.64	0.39	2.30
人工单价		小计						5.60	1.64	0.39	2.30
元/工日		未计价材料费							24.76		
	清单项目综合单价							34.70			

材料费明细	主要材料名称、规格、型号	单位	数量	单价/元	合价/元	暂估单价/元	暂估合价/元
	焊接钢管 DN50	m	1.03	24.04	24.76	—	—
	其他材料费			—	24.76		
	材料费小计			—	24.76		0.00

注：1. 如不使用省级或行业建设主管部门发布的计价依据，可不填定额项目、编号等。

2. 招标文件提供了暂估单价的材料，按暂估的单价填入表内"暂估单价"栏及"暂估合价"栏。

工程量清单综合单价分析表

工程名称：某住宅楼电气安装工程　　标段：　　　　　　　　　　　　　　　　　　　第 页 共 页 1

| 项目编码 | 03041100003 | 项目名称 | 电气配管 | | | 计量单位 | m | 工程量 | |

清单综合单价组成明细

定额编号	定额名称	定额单位	数量	单价				合价			
				人工费	材料费	机械费	管理费和利润	人工费	材料费	机械费	管理费和利润
2-1115	钢管砖、混凝土结构暗配 DN70	100m	0.01	813.06	200.61	55.98	333.71	8.13	2.01	0.56	3.34
人工单价		小计						8.13	2.01	0.56	3.34
元/工日		未计价材料费						42.13			
清单项目综合单价								56.16			

材料费明细	主要材料名称、规格、型号	单位	数量	单价/元	合价/元	暂估单价/元	暂估合价/元
	焊接钢管 DN70	m	1.03	40.90	42.13	—	—
	其他材料费			—		—	
	材料费小计			—	42.13	—	0.00

注：1. 如不使用省级或行业建设主管部门发布的计价依据，可不填定额项目、编号等。
　　2. 招标文件提供了暂估单价的材料，按暂估单价填入表内"暂估单价"栏及"暂估合价"栏。

工程量清单综合单价分析表

工程名称：某住宅楼电气安装工程　　　标段：　　　　　　　　　　　　　　第　页　共　页　1

项目编码	030411001004	项目名称	电气配管	计量单位	m	工程量

清单综合单价组成明细

定额编号	定额名称	定额单位	数量	单价				合价			
				人工费	材料费	机械费	管理费和利润	人工费	材料费	机械费	管理费和利润
2-1198	硬质聚氯乙烯管砖、混凝土结构暗配	100m	0.01	158.25	5.16	15.06	66.55	1.58	0.05	0.15	0.67
人工单价	小计							1.58	0.05	0.15	0.67
元/工日	未计价材料费							3.50			
清单项目综合单价								5.95			

材料费明细	主要材料名称、规格、型号	单位	数量	单价/元	合价/元	暂估单价/元	暂估合价/元
	硬质聚氯乙烯管 PVC15	m	1.06	3.30	3.50	—	—
	其他材料费			—		—	
	材料费小计			—	3.50	—	0.00

注：1. 如不使用省级或行业建设主管部门发布的计价依据，可不填定额项目、编号等。
　　2. 招标文件提供了暂估单价的材料，按暂估的单价填入表内"暂估单价"栏及"暂估合价"栏。

工程量清单综合单价分析表

工程名称：某住宅楼电气安装工程　　标段：　　　　　　　　　　　　　　　　　　　　　　　　第　页　共　页　1

| 项目编码 | 03041100I005 | 项目名称 | 电气配管 | | | | 计量单位 | m | 工程量 | 1 |

清单综合单价组成明细

定额编号	定额名称	定额单位	数量	单价				合价			
				人工费	材料费	机械费	管理费和利润	人工费	材料费	机械费	管理费和利润
2-1199	硬质聚氯乙烯管砖、混凝土结构暗配	100m	0.01	168.08	5.48	15.06	70.33	1.68	0.05	0.15	0.70
人工单价				小计				1.68	0.05	0.15	0.70
元/工日				未计价材料费					3.66		
		清单项目综合单价						6.24			

材料费明细	主要材料名称、规格、型号			单位	数量	单价/元	合价/元	暂估单价/元	暂估合价/元
	硬质聚氯乙烯管 PVC20			m	1.06	3.45	3.66	—	—
	其他材料费					—		—	
	材料费小计					—	3.66	—	0.00

注：1. 如不使用省级或行业建设主管部门发布的计价依据，可不填定额项目、编号等。

2. 招标文件提供了暂估单价的材料，按暂估的单价填入表内"暂估单价"栏及"暂估合价"栏。

工程量清单综合单价分析表

工程名称：某住宅楼电气安装工程　　标段：　　　　　　　　　　　　　　　　第　页　共　页

项目编码	030411001006	项目名称		电气配管			计量单位	m	工程量		1

清单综合单价组成明细

定额编号	定额名称	定额单位	数量	单价				合价			
				人工费	材料费	机械费	管理费和利润	人工费	材料费	机械费	管理费和利润
2-1200	硬质聚氯乙烯管砖、混凝土结构暗配	100m	0.01	237.19	5.64	22.59	99.76	2.37	0.06	0.23	1.00
人工单价		小计						2.37	0.06	0.23	1.00
元/工日		未计价材料费							3.82		
		清单项目综合单价							7.48		

材料费明细	主要材料名称、规格、型号	单位	数量	单价/元	合价/元	暂估单价/元	暂估合价/元
	硬质聚氯乙烯管 PVC25	m	1.06	3.60	3.82	—	—
	其他材料费			—		—	
	材料费小计			—	3.82	—	0.00

注：1. 如不使用省级或行业建设主管部门发布的计价依据，可不填定额项目、编号等。
2. 招标文件提供了暂估单价的材料，按暂估的单价填入表内"暂估单价"栏及"暂估合价"栏。

工程量清单综合单价分析表

工程名称：某住宅楼电气安装工程　　标段：　　　　　第　页　共　页

项目编码	030411001007	项目名称	电气配管	计量单位	m	工程量	1

清单综合单价组成明细

定额编号	定额名称	定额单位	数量	单价				合价			
				人工费	材料费	机械费	管理费利润	人工费	材料费	机械费	管理费利润
2-1201	硬质聚氯乙烯管砼、混凝土结构暗配	100m	0.01	252.01	5.81	22.59	105.45	2.52	0.06	0.23	1.05
人工单价		小计						2.52	0.06	0.23	1.05
元/工日		未计价材料费							4.03		
	清单项目综合单价					单价/元 3.80		合价/元 4.03			7.89

材料费明细	主要材料名称、规格、型号	单位	数量	单价/元	合价/元	暂估单价/元	暂估合价/元
	硬质聚氯乙烯管 PVC32	m	1.06	—	4.03	—	—
	其他材料费			—		—	
	材料费小计			—	4.03	—	0.00

注：1. 如不使用省级或行业建设主管部门发布的计价依据，可不填定额项目、编号等。
2. 招标文件提供了暂估单价的材料，按暂估的单价填入表内"暂估单价"栏及"暂估合价"栏。

工程量清单综合单价分析表

工程名称：某住宅楼电气安装工程　　标段：　　　　　　　　　　　　　　　　　　　　　　第　页　共　页

项目编码	03041004001	项目名称	电气配线	计量单位	m	工程量	1

清单综合单价组成明细

定额编号	定额名称	定额单位	数量	单价				合价			
				人工费	材料费	机械费	管理费利润	人工费	材料费	机械费	管理费利润
2-1297	管内穿线	100m	0.01	35.25	12.73		13.54	0.35	0.13	0.00	0.14
人工单价			小计					0.35	0.13	0.00	0.14
元/工日			未计价材料费						2.15		
			清单项目综合单价							2.76	

材料费明细	主要材料名称、规格、型号	单位	数量	单价/元	合价/元	暂估单价/元	暂估合价/元
	BV-2.5	m	1.16	1.85	2.15	—	—
	其他材料费			—	2.15	—	
	材料费小计			—	2.15	—	0.00

注：1. 如不使用省级或行业建设主管部门发布的计价依据，可不填定额项目、编号等。

2. 招标文件提供了暂估单价的材料，按暂估的单价填入表内"暂估单价"栏及"暂估合价"栏。

工程量清单综合单价分析表

工程名称：某住宅楼电气安装工程　标段：　　　　　　　第　页　共　页

项目编码	030411004002	项目名称	电气配线	计量单位	m	工程量	

清单综合单价组成明细

定额编号	定额名称	定额单位	数量	单价				合价			
				人工费	材料费	机械费	管理费利润	人工费	材料费	机械费	管理费和利润
2-1298	管内穿线	100m	0.01	24.65	12.97		9.47	0.25	0.13	0.00	0.09
人工单价			小计					0.25	0.13	0.00	0.09
元/工日			未计价材料费						3.17		
			清单项目综合单价						3.64		

材料费明细	主要材料名称、规格、型号	单位	数量	单价/元	合价/元	暂估单价/元	暂估合价/元
	BV-4	m	1.10	2.88	3.17	—	—
	其他材料费				—		0.00
	材料费小计				3.17		0.00

注：1. 如不使用省级或行业建设主管部门发布的计价依据，可不填定额项目、编号等。

2. 招标文件提供了暂估单价的材料，按暂估的单价填入表内"暂估单价"栏及"暂估合价"栏。

工程量清单综合单价分析表

工程名称：某住宅楼电气安装工程　　标段：　　　　　　　　　　　　　　　　　　　　　　　第　页　共　页

项目编码	030411004003	项目名称	电气配线		计量单位	m	工程量	1

清单综合单价组成明细

定额编号	定额名称	定额单位	数量	单价				合价			
				人工费	材料费	机械费	管理费和利润	人工费	材料费	机械费	管理费和利润
2-1325	管内穿线	100m	0.01	28.21	12.97		10.83	0.28	0.13	0.00	0.11
人工单价			小计					0.28	0.13	0.00	0.11
元工日			未计价材料费						5.04		
清单项目综合单价								5.56			

材料费明细	主要材料名称、规格、型号		单位	数量	单价/元	合价/元	暂估单价/元	暂估合价/元
	BV-6		m	1.05	4.80	5.04	—	—
	其他材料费				—	—	—	
	材料费小计				—	5.04	—	0.00

注：1. 如不使用省级或行业建设主管部门发布的计价依据，可不填定额项目、编号等。
　　2. 招标文件提供了暂估单价的材料，按暂估的单价填入表内"暂估单价"栏及"暂估合价"栏。

工程量清单综合单价分析表

工程名称：某住宅楼电气安装工程　　标段：　　　　　　　　　　　第　页　共　页　1

项目编码	030411004004	项目名称	电气配线	计量单位	m	工程量	1

清单综合单价组成明细

定额编号	定额名称	定额单位	数量	单价				合价			
				人工费	材料费	机械费	管理费利润	人工费	材料费	机械费	管理费利润
2-1326	管内穿线	100m	0.01	33.51	15.87		12.87	0.34	0.16	0.00	0.13
人工单价			小计					0.34	0.16	0.00	0.13
元工日			未计价材料费					8.39			
			清单项目综合单价					9.01			

材料费明细	主要材料名称、规格、型号	单位	数量	单价/元	合价/元	暂估单价/元	暂估合价/元
	BV—10	m	1.05	7.99	8.39	—	—
	其他材料费	—	—		8.39	—	0.00
	材料费小计	—	—		8.39	—	0.00

注：1. 如不使用省级或行业建设主管部门发布的计价依据，可不填定额项目、编号等。
2. 招标文件提供了暂估单价的材料，按暂估的单价填入表内"暂估单价"栏及"暂估合价"栏。

工程量清单综合单价分析表

工程名称：某住宅楼电气安装工程　　标段：　　　　　　　　　　　　第　页　共　页

项目编码	项目名称	计量单位	工程量
03041100405	电气配线	m	

清单综合单价组成明细

定额编号	定额名称	定额单位	数量	单价				合价			
				人工费	材料费	机械费	管理费和利润	人工费	材料费	机械费	管理费和利润
2-1328	管内穿线	100m	0.01	48.33	18.76		18.56	0.48	0.19	0.00	0.19
人工单价			小计					0.48	0.19	0.00	0.19
元/工日			未计价材料费						15.65		
清单项目综合单价									16.50		

材料费明细	主要材料名称、规格、型号	单位	数量	单价/元	合价/元	暂估单价/元	暂估合价/元
	BV—25	m	1.05	14.90	15.65	—	—
	其他材料费			—	15.65	—	0.00
	材料费小计			—	15.65	—	0.00

注：1. 如不使用省级或行业建设主管部门发布的计价依据，可不填定额项目、编号等。
2. 招标文件提供了暂估单价的材料，按暂估的单价填入表内"暂估单价"栏及"暂估合价"栏。

工程量清单综合单价分析表

工程名称：某住宅楼电气安装工程　　标段：　　　　第 页 共 页

项目编码	030411004006	项目名称	电气配线		计量单位	m	工程量	1

清单综合单价组成明细

定额编号	定额名称	定额单位	数量	单价				合价			
				人工费	材料费	机械费	管理费利润	人工费	材料费	机械费	管理费利润
2-1329	管内穿线	100m	0.01	51.14	19.23		19.64	0.51	0.19	0.00	0.20
人工单价				小计				0.51	0.19	0.00	0.20
元工日				未计价材料费				31.24			
		清单项目综合单价						32.14			

材料费明细	主要材料名称、规格、型号	单位	数量	单价/元	合价/元	暂估单价/元	暂估合价/元
	BV—35	m	1.05	29.75	31.24	—	—
	其他材料费			—		—	
	材料费小计			—	31.24	—	0.00

注：1. 如不使用省级或行业建设主管部门发布的计价依据，可不填定额项目、编号等。
　　2. 招标文件提供了暂估单价的材料，按暂估的单价填入表内"暂估单价"栏及"暂估合价"栏。

工程量清单综合单价分析表

工程名称：某住宅楼电气安装工程　　　标段：　　　　　　　　　　　　　　　　　　　　　　　　　第　页　共　页

项目编码	030411004007	项目名称	电气配线	计量单位	m	工程量	1

清单综合单价组成明细

定额编号	定额名称	定额单位	数量	单价				合价			
				人工费	材料费	机械费	管理费和利润	人工费	材料费	机械费	管理费和利润
2-1331	管内穿线	100m	0.01	106.45	24.23		40.88	1.06	0.24	0.00	0.41
人工单价		小计						1.06	0.24	0.00	0.41
元/工日		未计价材料费						54.60			
		清单项目综合单价						56.32			

材料费明细	主要材料名称、规格、型号	单位	数量	单价/元	合价/元	暂估单价/元	暂估合价/元
	BV—70	m	1.05	52.00	54.60	—	—
	其他材料费			—		—	
	材料费小计			—	54.60	—	0.00

注：1. 如不使用省级或行业建设主管部门发布的计价依据，可不填定额项目、编号等。
　　2. 招标文件提供了暂估单价的材料，按暂估的单价填入单价其入表内"暂估单价"栏及"暂估合价"栏。

工程量清单综合单价分析表

工程名称：某住宅楼电气安装工程　标段：　　　　　　　　　　　　　第　页　共　8　页

项目编码	0304110005001	项目名称	接线箱	计量单位	个	工程量	

清单综合单价组成明细

定额编号	定额名称	定额单位	数量	单价				合价			
				人工费	材料费	机械费	管理费和利润	人工费	材料费	机械费	管理费和利润
2-1476	暗装接线箱半周长700mm以内	10 个	0.8	373.63	6.15	0	143.47	298.90	4.92	0.00	114.78
人工单价				小计				298.90	4.92	0.00	114.78
技工 55 元/工日 普工 40 元/工日				未计价材料费							
	清单项目综合单价							177.33			

材料费明细	主要材料名称、规格、型号	单位	数量	单价/元	合价/元	暂估单价/元	暂估合价/元
	接线箱 300mm×200mm×150mm	个	8.000	125	1000.00	—	
	其他材料费			—	0.00	—	
	材料费小计			—	1000.00	—	

注：1. 如不使用省级或行业建设主管部门发布的计价依据，可不填定额项目、编号等。
　　2. 招标文件提供了暂估单价的材料，按暂估的单价填入表内"暂估单价"栏及"暂估合价"栏。

工程量清单综合单价分析表

工程名称：某住宅楼电气安装工程　　标段：　　　　　　　　　　　　　　　　　　　　　　　第　　页　共　　页

项目编码	03041100600	项目名称		接线盒		计量单位		个	工程量	180

清单综合单价组成明细

定额编号	定额名称	定额单位	数量	单价				合价			
				人工费	材料费	机械费	管理费利润	人工费	材料费	机械费	管理费利润
2-1478	暗装接线盒	10个	18	15.85	32.77	0	6.09	285.30	589.86	0.00	109.56
人工单价			小计					285.30	589.86	0.00	109.56
技工 55 元/工日			未计价材料费						550.80		
普工 40 元/工日											
		清单项目综合单价							8.53		

材料费明细	主要材料名称、规格、型号	单位	数量	单价/元	合价/元	暂估单价/元	暂估合价/元
	接线盒 86	个	183.60	3	550.80	—	—
	其他材料费			—	0.00	—	—
	材料费小计			—	550.80	—	—

注：1. 如不使用省级或行业建设主管部门发布的计价依据，可不填定额项目、编号等。
　　2. 招标文件提供了暂估单价的材料，按暂估的单价填入表内"暂估单价"栏及"暂估合价"栏。

工程量清单综合单价分析表

工程名称：某住宅楼电气安装工程　　　标段：　　　　　　　　第　页 共　页

| 项目编码 | 030411006002 | 项目名称 | 接线盒 | 计量单位 | 个 | 工程量 | 480 |

清单综合单价组成明细

定额编号	定额名称	定额单位	数量	单价				合价			
				人工费	材料费	机械费	管理费和利润	人工费	材料费	机械费	管理费和利润
2-1479	暗装开关盒	10个	48	16.91	15.16	0	6.49	811.68	727.68	0.00	311.69
人工单价			小计					811.68	727.68	0.00	311.69
技工55元/工日			未计价材料费					1468.80			
普工40元/工日											
清单项目综合单价								6.92			

材料费明细	主要材料名称、规格、型号	单位	数量	单价/元	合价/元	暂估单价/元	暂估合价/元
	接线盒86	个	489.60	3	1468.80	—	—
	其他材料费				0.00	—	—
	材料费小计			—	1468.80	—	—

注：1. 如不使用省级或行业建设主管部门发布的计价依据，可不填定额项目、编号等。

　　2. 招标文件提供了暂估单价的材料，按暂估的单价填入表内"暂估单价"栏及"暂估合价"栏。

工程量清单综合单价分析表

工程名称：某住宅楼电气安装工程　　标段：　　　　　　第　页　共　页

项目编码	030412001001	项目名称	普通灯具	计量单位	套	工程量	1

清单综合单价组成明细

定额编号	定额名称	定额单位	数量	单价				合价			
				人工费	材料费	机械费	管理费利润	人工费	材料费	机械费	管理费利润
2-1494	一般壁灯	10套	0.10	67.24	34.15	—	25.82	6.72	3.42	0.00	2.58
人工单价			小计					6.72	3.42	0.00	2.58
元/工日			未计价材料费						30.30		
			清单项目综合单价						43.02		

材料费明细	主要材料名称、规格、型号	单位	数量	单价/元	合价/元	暂估单价/元	暂估合价/元
	××牌壁灯	套	1.01	30.00	30.30	—	—
	其他材料费			—	—	—	0.00
	材料费小计			—	30.30	—	0.00

注：1. 如不使用省级或行业建设主管部门发布的计价依据，可不填定额项目、编号等。
2. 招标文件提供了暂估单价的材料，按暂估单价填入表内"暂估单价"栏及"暂估合价"栏。

工程量清单综合单价分析表

工程名称：某住宅楼电气安装工程　　标段：　　　　　　　　　　　第　页　共　页　1

| 项目编码 | 030412001002 | 项目名称 | 普通灯具 | | 计量单位 | 套 | 工程量 | |

清单综合单价组成明细

定额编号	定额名称	定额单位	数量	单价				合价			
				人工费	材料费	机械费	管理费和利润	人工费	材料费	机械费	管理费和利润
2-1495	防水灯头	10套	0.10	27.94	42.75		10.73	2.79	4.28	0.00	1.07
人工单价		小计						2.79	4.28	0.00	1.07
元/工日		未计价材料费							1.52		
	清单项目综合单价								9.66		

材料费明细	主要材料名称、规格、型号		单位	数量	单价/元	合价/元	暂估单价/元	暂估合价/元
	××牌防水灯头		套	1.01	1.50	1.52	—	—
	其他材料费				—	—	—	—
	材料费小计				—	1.52	—	0.00

注：1. 如不使用省级或行业建设主管部门发布的计价依据，可不填定额项目、编号等。

2. 招标文件提供了暂估单价的材料，按暂估的单价填入表内"暂估单价"栏及"暂估合价"栏。

工程量清单综合单价分析表

工程名称：某住宅楼电气安装工程　　标段：　　　　　　　　　　　　　　　　　　　　　　第　页　共　页

项目编码	030412001003	项目名称	普通灯具		计量单位	套	工程量	1

清单综合单价组成明细

定额编号	定额名称	定额单位	数量	单价				合价			
				人工费	材料费	机械费	管理费和利润	人工费	材料费	机械费	管理费和利润
2-1496	节能座灯头	10套	0.10	45.97	21.29		17.65	4.60	2.13	0.00	1.77
人工单价		小计						4.60	2.13	0.00	1.77
元/工日		未计价材料费						3.03			
清单项目综合单价								11.52			

材料费明细	主要材料名称、规格、型号	单位	数量	单价/元	合价/元	暂估单价/元	暂估合价/元
	××牌节能座灯头	套	1.01	3.00	3.03	—	—
	其他材料费			—		—	0.00
	材料费小计			—	3.03	—	0.00

注：1. 如不使用省级或行业建设主管部门发布的计价依据，可不填定额项目，编号等。
　　2. 招标文件提供了暂估单价的材料，按暂估的单价填入表内"暂估单价"栏及"暂估合价"栏。

工程量清单综合单价分析表

工程名称：某住宅楼电气安装工程　　标段：　　　　　　　　　　　　第　页　共　页

项目编码	03041200l004	项目名称	普通灯具	计量单位	套	工程量	1

清单综合单价组成明细

定额编号	定额名称	定额单位	数量	单价				合价			
				人工费	材料费	机械费	管理费和利润	人工费	材料费	机械费	管理费和利润
2-1497	座灯头	10套	0.10	31.29	26.74		12.02	3.13	2.67	0.00	1.20
人工单价			小计					3.13	2.67	0.00	1.20
元/工日			未计价材料费						1.52		
		清单项目综合单价							8.52		

材料费明细	主要材料名称、规格、型号	单位	数量	单价/元	合价/元	暂估单价/元	暂估合价/元
	××牌座灯头	套	1.01	1.50	1.52	—	—
	其他材料费			—		—	
	材料费小计			—	1.52	—	0.00

注：1. 如不使用省级或行业建设主管部门发布的计价依据，可不填定额项目、编号等。
　　2. 招标文件提供了暂估单价的材料，按暂估的单价填入表内"暂估单价"栏及"暂估合价"栏。

工程量清单综合单价分析表

工程名称：某住宅楼电气安装工程　　标段：　　　　　　　　　　　　　　　　　　　　第　页　共　页

项目编码	03040902001	项目名称	接地导线	计量单位	m	工程量	15.38

清单综合单价组成明细

定额编号	定额名称	定额单位	数量	单价				合价			
				人工费	材料费	机械费	管理费和利润	人工费	材料费	机械费	管理费和利润
2-787	户内接地母线敷设	10m	1.538	49.91	14.67	5.62	21.32	76.76	22.56	8.64	32.80
人工单价	小计							76.76	22.56	8.64	32.80
技工55元/工日 普工40元/工日	未计价材料费								150.72		
清单项目综合单价								18.95			

材料费明细	主要材料名称、规格、型号	单位	数量	单价/元	合价/元	暂估单价/元	暂估合价/元
	镀锌扁钢—40×4	m	15.38	9.8	150.72	—	—
	其他材料费			—	0.00	—	—
	材料费小计			—	150.72	—	—

注：1. 如不使用省级或行业建设主管部门发布的计价依据，可不填定额项目、编号等。

2. 招标文件提供了暂估单价的材料，按暂估单价计入表内"暂估单价"栏及"暂估合价"栏。

工程量清单综合单价分析表

工程名称：某住宅楼电气安装工程　　标段：　　　　　　　第　页　共　页

| 项目编码 | 030409002002 | 项目名称 | 接地母线 | 计量单位 | m | 工程量 | 4.57 |

清单综合单价组成明细

定额编号	定额名称	定额单位	数量	单价				合价			
				人工费	材料费	机械费	管理费利润	人工费	材料费	机械费	管理费利润
2-788	户外接地母线敷设，截面积200mm²以内	10m	0.457	111.09	1.69	2.04	43.44	50.77	0.77	0.93	19.85
人工单价				小计				50.77	0.77	0.93	19.85
技工 55 元/工日				未计价材料费				44.79			
普工 40 元/工日											
清单项目综合单价								25.63			

材料费明细

主要材料名称、规格、型号	单位	数量	单价/元	合价/元	暂估单价/元	暂估合价/元
镀锌扁钢—40×4	m	4.57	9.8	44.79	—	—
其他材料费			—	0.00		—
材料费小计			—	44.79		—

注：1. 如不使用省级或行业建设主管部门发布的计价依据，可不填定额项目、编号等。
　　2. 招标文件提供了暂估单价的材料，按暂估的单价填入表内"暂估单价"栏及"暂估合价"栏。

工程量清单综合单价分析表

工程名称：某住宅楼电气安装工程　　标段：　　第　页　共　页

项目编码	030409003001	项目名称	避雷引下线	计量单位	m	工程量	169

清单综合单价组成明细

定额编号	定额名称	定额单位	数量	单价				合价			
				人工费	材料费	机械费	管理费和利润	人工费	材料费	机械费	管理费和利润
2-837	避雷引下线敷设，利用建筑物主筋引下	10m	16.90	29.90	5.55	32.17	23.83	505.31	93.80	543.67	402.81
人工单价		小计						505.31	93.80	543.67	402.81
技工 55元/工日		未计价材料费						0.00			
普工 40元/工日											
		清单项目综合单价						9.15			

材料费明细	主要材料名称、规格、型号	单位	数量	单价 /元	合价 /元	暂估单价 /元	暂估合价 /元
				—	—	0.00	—
	其他材料费			—	0.00	—	—
	材料费小计			—	0.00	—	0.00

注：1. 如不使用省级或行业建设主管部门发布的计价依据，可不填定额项目、编号等。
　　2. 招标文件提供了暂估单价的材料，按暂估的单价填入表内"暂估单价"栏及"暂估合价"栏。

工程量清单综合单价分析表

工程名称：某住宅楼电气安装工程　　标段：　　　　　　　　　　　　　第　页　共　页

项目编码	030409004001	项目名称	均压环	计量单位	m	工程量	168

清单综合单价组成明细

定额编号	定额名称	定额单位	数量	单价				合价			
				人工费	材料费	机械费	管理费和利润	人工费	材料费	机械费	管理费和利润
2-842	均压环敷设，利用圈梁钢筋	10m	16.80	14.59	1.63	8.96	9.04	245.11	27.38	150.53	151.93
人工单价		小计						245.11	27.38	150.53	151.93
技工 55 元/工日		未计价材料费						0.00			
普工 40 元/工日		清单项目综合单价						3.42			

材料费明细	主要材料名称、规格、型号	单位	数量	单价/元	合价/元	暂估单价/元	暂估合价/元
	其他材料费			—	0.00	—	
	材料费小计			—	0.00	—	

注：1. 如不使用省级或行业建设主管部门发布的计价依据，可不填定额项目、编号等。
　　2. 招标文件提供了暂估单价的材料，按暂估的单价填入表内"暂估单价"栏及"暂估合价"栏。

工程量清单综合单价分析表

工程名称：某住宅楼电气安装工程　　标段：　　　　　　　　　　　　　　　第　页　共　页

项目编码	030409005001	项目名称	避雷网	计量单位	m	工程量	95.61

清单综合单价组成明细

定额编号	定额名称	定额单位	数量	单价				合价			
				人工费	材料费	机械费	管理费利润	人工费	材料费	机械费	管理费利润
2-840	避雷网安装沿折板支架敷设	10m	9.56	99.13	23.95	13.28	43.17	947.68	228.96	126.96	412.66
人工单价			小计					947.68	228.96	126.96	412.66
技工 55 元/工日			未计价材料费						336.55		
普工 40 元/工日											
			清单项目综合单价						21.47		

材料费明细	主要材料名称、规格、型号	单位	数量	单价/元	合价/元	暂估单价/元	暂估合价/元
	镀锌圆钢 φ12	m	95.61	3.52	336.55	—	—
	其他材料费			—	0.00	—	—
	材料费小计			—	336.55	—	—

注：1. 如不使用省级或行业建设主管部门发布的计价依据，可不填定额项目、编号等。
　　2. 招标文件提供了暂估单价的材料，按暂估的单价填入表内"暂估单价"栏及"暂估合价"栏。

工程量清单综合单价分析表

工程名称：某住宅楼电气安装工程　　标段：　　　　　　　　　　　　　　　　　　　　　　　　　　　第　页　共　页

项目编码	03040900 5002		项目名称			避雷网		计量单位		m	工程量	6.04

清单综合单价组成明细

定额编号	定额名称	定额单位	数量	单价				合价			
				人工费	材料费	机械费	管理费和利润	人工费	材料费	机械费	管理费和利润
2-839	避雷网安装沿混凝土块敷设	10m	0.60	33.49	11.53	6.64	15.41	20.23	6.96	4.01	9.31
人工单价			小计					20.23	6.96	4.01	9.31
技工 55 元/工日			未计价材料费								
普工 40 元/工日			清单项目综合单价						21.26		

材料费明细	主要材料名称、规格、型号			单位	数量	单价/元	合价/元	暂估单价/元	暂估合价/元
	镀锌圆钢 φ12			m	6.04	3.52	21.26	—	—
	其他材料费					—	0.00	—	—
	材料费小计					—	21.26	—	—

注：1. 如不使用省级或行业建设主管部门发布的计价依据，可不填定额项目、编号等。
　　2. 招标文件提供了暂估单价的材料，按暂估的单价填入表内"暂估单价"栏及"暂估合价"栏。

工程量清单综合单价分析表

工程名称：某住宅楼电气安装工程　　标段：　　　　　　　　　　　　　　第　页　共　页

项目编码	030409008001	项目名称	等电位端子箱	计量单位	台	工程量			2

清单综合单价组成明细

定额编号	定额名称	定额单位	数量	单价				合价			
				人工费	材料费	机械费	管理费和利润	人工费	材料费	机械费	管理费和利润
2-324	端子箱安装 户内	台	2.00	80.50	31.90	6.64	33.46	161.00	63.80	13.28	66.92
2-325	端子板安装	组	2.00	2.90	3.53	0.00	1.11	5.80	7.06	0.00	2.23
人工单价	小计							166.80	70.86	13.28	69.15
技工 55元/工日	未计价材料费								400.00		
普工 40元/工日	清单项目综合单价								360.05		

材料费明细	主要材料名称、规格、型号	单位	数量	单价/元	合价/元	暂估单价/元	暂估合价/元
	总等电位联结箱 MEB	台	2.00	150	300.00	—	
	端子板	组	2.00	50	100.00	—	
	其他材料费			—		—	
	材料费小计			—	400.00		—

注：1. 如不使用省级或行业建设主管部门发布的计价依据，可不填定额项目、编号等。

　　2. 招标文件提供了暂估单价的材料，按暂估的单价填入表内"暂估单价"栏及"暂估合价"栏。

工程量清单综合单价分析表

工程名称：某住宅楼电气安装工程　标段：　　　　　　第 页　共 页

项目编码	030409008002	项目名称	等电位端子箱	计量单位	台	工程量	16

清单综合单价组成明细

定额编号	定额名称	定额单位	数量	单价				合价			
				人工费	材料费	机械费	管理费利润	人工费	材料费	机械费	管理费利润
2-324	端子箱安装 户内	台	16.00	80.50	31.90	6.64	33.46	1288.00	510.40	106.24	535.39
2-325	端子板安装	组	16.00	2.90	3.53	0.00	1.11	46.40	56.48	0.00	17.82
人工单价			小计					1334.40	566.88	106.24	553.21
技工 55 元/工日			未计价材料费						2160.00		
普工 40 元/工日											

清单项目综合单价					295.05		

材料费明细	主要材料名称、规格、型号	单位	数量	单价/元	合价/元	暂估单价/元	暂估合价/元
	局部等电位联结箱 LEB	台	16.00	100	1600.00	—	—
	端子板	组	16.00	35	560.00	—	—
	其他材料费			—		—	
	材料费小计			—	2160.00	—	

注：1. 如不使用省级或行业建设主管部门发布的计价依据，可不填定额项目、编号等。
2. 招标文件提供了暂估单价的材料，按暂估单价填入表内"暂估单价"栏及"暂估合价"栏。

工程量清单综合单价分析表

工程名称：某住宅楼电气安装工程　　标段：　　　　　　　　　　　　　　　　　　第　页　共　页　1

项目编码	0304140020001	项目名称	送配电装置系统调试			计量单位	系统	工程量	

清单综合单价组成明细

定额编号	定额名称	定额单位	数量	单价				合价			
				人工费	材料费	机械费	管理费和利润	人工费	材料费	机械费	管理费利润
2-945	1kV以下交流供电（综合）	系统	1.00	388.08	4.64	89.72	183.48	388.08	4.64	89.72	183.48
人工单价				小计				388.08	4.64	89.72	183.48
元/工日				未计价材料费					0.00		
			清单项目综合单价						665.92		

材料费明细	主要材料名称、规格、型号		单位	数量	单价/元	合价/元	暂估单价/元	暂估合价/元
					—	—	—	—
	其他材料费				—	0.00	—	0.00
	材料费小计				—	0.00	—	0.00

注：1. 如不使用省级或行业建设主管部门发布的计价依据，可不填定额项目、编号等。
　　2. 招标文件提供了暂估单价的材料，按暂估的单价填入表内"暂估单价"栏及"暂估合价"栏。

工程量清单综合单价分析表

工程名称：某住宅楼电气安装工程　　标段：　　　　　　第　页　共　页

项目编码	030414011001	项目名称	接地装置调试	计量单位	系统	工程量	1

清单综合单价组成明细

定额编号	定额名称	定额单位	数量	单价				合价			
				人工费	材料费	机械费	管理费和利润	人工费	材料费	机械费	管理费和利润
2-982	接地网	系统	1.00	388.08	4.64	163.31	211.73	388.08	4.64	163.31	211.73
人工单价			小计					388.08	4.64	163.31	211.73
元/工日			未计价材料费						0.00		
			清单项目综合单价					767.76			

材料费明细	主要材料名称、规格、型号		单位	数量	单价/元	合价/元	暂估单价/元	暂估合价/元
					—	—	—	
					—	—	—	
	其他材料费				—		—	
	材料费小计				—	0.00	—	0.00

注：1. 如不使用省级或行业建设主管部门发布的计价依据，可不填定额项目、编号等。

2. 招标文件提供了暂估单价的材料，按暂估的单价填入表内"暂估单价"栏及"暂估合价"栏。

附录　某住宅楼建筑电气安装工程施工图图纸

电气设计说明

(一) 设计依据

1. 3号住宅楼建筑面积为1500m²，为地上四层的多层住宅。建筑总高度为14.60m，结构形式为钢筋混凝土现浇框架式结构，钢筋混凝土现浇楼板。基础形式为挖孔桩基础。建筑耐火等级为多层住宅。

2. 建设单位提供设计委托书及设计任务书要求。

3. 相关专业提供作业图及要求。

4. 本工程所遵循的国家现行的有关规范、标准、行业及地方的标准。
《建筑物防雷设计规范》(GB 50057—1994)
《民用建筑电气设计规范》(JGJ 16—1992)
《住宅设计规范》(GB 50096—1999)
《有线电视系统工程技术规范》(GB 50200—1994)
其他相关的规范、规程、规定等。

(二) 设计范围

本单体工程的220/380V配电、照明系统及线路敷设；接地保护及过电管套管由本设计提供。

(三) 220/380V配电

1. 本工程用电设备均为次级负荷，每单元采用一回路三级负荷。电源采用(220/380V)入户电源，由小区内土建电站低压配电柜引来。距本体很大约50m，进线电缆从建筑物北侧埋地引来，电缆埋地采用 BV-1×25mm²、PC32。总电缆埋地引入进线采用一层外一层钢管保护敷设，参见图集D101-1-7图。本工程配电系统采用放射式和树干式相结合的供电方式之每户住宅。

2. 计费：据《××市电价》规定采用新型定单住户计量装置仅在住户配电箱管理。并规定每户电表定管理。每单元一层集中安装。并规定每户住宅的用电标准为每户2kW。每单元电源供给10kW，车库的用电标准为每户住宅的用电标准为2kW。

3. 负荷计算：本工程共有住户25户，车库17户，每单元17户。$P_e = 112(60)$ kW，计算需要系数由电表定，每单元计算负荷量为 $P_{(n)} = 140.1(91.2)$A，($K_x = 0.6$)，计算电流为 $I_{(n)}$。每单元住宅的用电标准为每户住宅的用电 $P_e = 83.4(54)$ kW，计算电流为 $I_{js} = 138$kW，$P_e = 275$kW，计算电容量为 $P_e = 275$kW，计算需要系数 $\cos\varphi = 0.9$。总安装容量为 P_e，总安装容量为 $P_e = 232.2$A，($K_x = 0.5$，$\cos\varphi = 0.9$)。

4. 据用户要求，本工程照明均采用白炽灯吸顶安装型式。(除图中注明外)。楼梯间照明采用红外声动感光声控型吸顶灯。

5. 每户内采用普通照明、厨卫通照、普通照明保护，漏电动作电流为30mA。

(四) 导线选用及敷设

1. 室外电源进线由一住户进户采用 BV-500V 聚氯乙烯绝缘铜芯线穿硬质塑料管(PC)保护；墙内、板内明设。由住户开关箱(AM)配出的照明干线为 BV-2×4mm²，支线为 BV-2×2.5mm²(两个用电端以下为支线，余同)，插座回路干线为 BV-3×6mm²，支线为 BV-3×4mm²。各厅空调明插座底盒低于2.4m时，住户开关(AM)均为铁制定型箱。除墙内注明外，电源总开关箱(ZM)、集中电表箱(BM)、住户箱(AM)均为铁制定型箱。除墙内注明外，墙内暗装。ZM 箱下沿距地1.5m，BM 箱下沿距地1.8m。卧室、书房空调明底距地1.8m，距底形式参照底盒开关明暗设。线路过设时加装沿降缝时，线路沿过底线管。插座底距地2区以外，壁灯底距地2.4m。

(五) 设备的安装

1. 防雷：本建筑为一般性民用建筑物，按第三类防雷建筑物设计。屋顶避雷带利用φ12镀锌圆钢沿女儿墙与屋面四周明设，支高0.15m，间距1m(不同标高的避雷带应采密相接在一起)，防雷引下线利用构件内两根φ16的主筋焊接。上引雷普带、下引接地网暗焊接。

2. 接地及安全措施：a. 接地保护采用接地、接零方式。电气设备的保护零线、有线电视、宽带网系统的接地共用接地网，更换接地电位联结网，实测不满足要求小于一等带网系统的接地共用接地网，采用人工接地装置，并与φ12的接地棒相接，在 BV-3×25mm²，总等电位联结(LEB)，局总电位均共用底板φ12线内的四根大于φ12的主钢筋焊接。b. 凡正常不带电，而当绝缘破坏有可能呈现电压的一切电气设备金属外壳均应接地。总等电位均共用底板40×4，采用一根铜钢结构导线(0.3m，应设建筑物内保护干线)，设有局部等电位联结。局部接室有全金属接室内φ1米。并从总等电位板引出。具体做法参见国标 02D501—2。f. 有线电视进户处采用共用接地装置(见图保护装置)。电源在进户处做接地分开。

接地及安全措施：a. 接地保护采用接地、接零方式。b. 正常不带电，电缆在进户处做接地分开。

接地保护

1. 凡与施工有关而又未说明之处，参见国标、地方标准图集施工，或与标准图院协商解决。

2. 本工程所选设备、材料必须符合国家标准、电总产品、地方标准并具有合格证书(3C 认证)，必须满足与产品相符合的检测中心的检验合格证(除图中注明)。

3. 施工时应严格执行国家发布的《建筑工程防雷验收规范》及相关的内容管。

4. 本工程引用国家标准图集(参见安装图)：辽 931D601、辽 2002D501、辽 20003D703。《住宅配电系统设计与安装》LY2003D01、《建筑物防雷设施安装》D101-1-7《新建住宅电气安装》02D501—2、《建筑电气通信与安装》《建筑物防雷设施安装》辽 20003D603、宽带网络设计与安装图集。

主要设备选用表

序号	图例符号	名称	规格　型号	备注
1	ZM	总配电箱	500mm(h)×400mm×200mm	
2	BM	集中电能计量表箱	1290mm(h)×900mm×180mm	
3	AM	住户箱	250mm(h)×390mm×140mm	
4	CM	车库计费电表箱	350mm(h)×440mm×180mm	用于明、卫
5		防水型防护灯具	250V、4A	
6		胶囊座灯头	250V、4A	
7	(S)	感应声控白炽灯	250V、4A	用于楼梯间
8		接线盒	75mm×75mm×60mm	用于卫生间、车库
9		壁灯	220V 25W	
10		一位扳式开关	86K11 6型、250V、6A	
11		二位扳式开关	86K21 6型、250V、6A	
12		三位扳式开关	86K31 6型、250V、6A	
13		双控一位扳式开关	250V、6A	
14		单相二极插座	250V、16A	位于其他房间
15		防溅型单相二极 + 三极插座	250V、16A	用于明、卫
16		单相三极插座	250V、16A	
17		暗装单相二极插座	250V、16A	位于客厅
18	MEB	总等电位联结箱	200mm(h)×350mm×140mm	
19	LEB	局部等电位联结箱	75mm×160mm×60mm	

照明
厨房插座
其他插座
空调插座
卫生间插座

WL1 BV—2×4mm².PC20.WC.CC
WL2 BV—3×6mm².PC25.WC.CC
WL3 BV—3×6mm².PC25.WC.FC
WL4 BV—3×6mm².PC25.WC.FC
WL5 BV—3×6mm².PC25.WC.FC

NB1-63-C-16A/1P+N
NB1L-40-C-16A/2P/30mA
NB1L-40-C-16A/2P/30mA
NB1-63-C-25A/2P
NB1L-40-C-16A/2P/30mA

AM

NB1-63-C-40A/2P

BV—3×10mm².PC32.WC.CC

AM箱内系统图

照明
插座
自动门电源

WL1 BV—2×4mm².PC20.WC.CC
WL2 BV—3×6mm².PC25.WC.FC

NB1-63-C-10A/1P+N
NB1L-40-C-16A/2P/30mA

CM

WH2

车库电源

CM卡表箱内系统图

电源箱300mm×350mm(h)×180
底距地1.8m
BV—3×2.5mm².PC20.WC
单元访客对讲电源线，接自楼梯间照明回路

MX

1F

甲、乙单元访客对讲门系统图

相序分配表

单元 相序 楼层	甲单元		乙单元		丙单元	
	左	右	左	右	左	右
首层			见平面图、系统图			
一层	C	B	A	C	A	B
二层	B	C	A	B	C	A
三层	A	C	B	A	C	B
四层	C	A	B	C	A	B
五层	B		A		B	C
楼梯间			A		B	C

BV—3×10mm².PC32.WC.CC

4F AM AM
3F AM AM
2F AM AM
1F AM

接线箱300mm×200mm×150mm
对地1800mm(余同)

BV—5×10mm².SC32.WC

引至车库电源线BV—3×6PC25.WC.CC
引至车库电源线BV—3×6PC25.WC.CC
引至车库电源线BV—3×6mm².PC25.WC.CC
楼梯间照明.对讲门.
BV—3×2.5mm².PC20.WC.CC.
注：ZM设于首层，BM箱位于一层。

Wh Wh Wh Wh Wh Wh Wh Wh

NB1-63-C-50A/2P
NB1-63-C-50A/2P
NB1-63-C-50A/2P
NB1-63-C-50A/2P   A
NB1-63-C-25A/2P
NB1-63-C-25A/2P
NB1-63-C-25A/2P   B
NB1-63-C-10A/1P+N C

BM
N
PE

BV—4×70+1×35mm².SC70.WC

WH2 DDY-9.220V.5A(20A)
wh1 DD862a.220V.3A(15A)
wh DD862a.220V.15A(60A)

甲、乙单元供电系统图

ZM
Vigicompact NSD160
4P/DE/A/300mA

PE
N
BV—1×25.PC32-WC

YJV₂₂—4×50mm².SC50.WC.FC

SF MEB

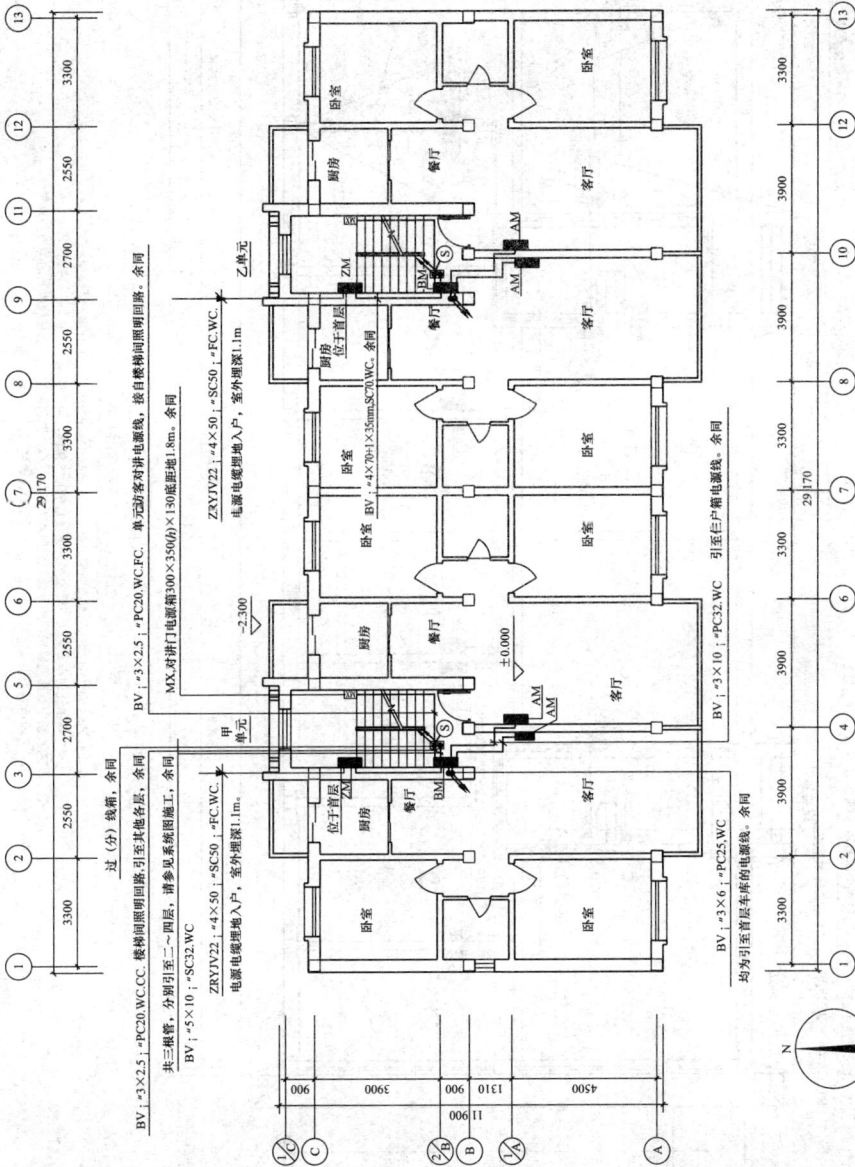

一层配电干线平面图1:100

注：图中乙单元未标注的配电干线、单元边对等讲系统、楼梯间照明等部分请参见甲单元中相应部分的标注。

BV；3×2.5；PC20.WC.CC. 楼梯间照明明回路，接自楼梯间明回照。余同

共三根管，分别引至二~四层，请参见系统图施工，引至其他各层，余同

BV；5×10；SC32.WC

ZRYJV22；4×50；SC50；FC.WC.
电源电缆埋地入户，室外埋深1.1m。

BV；3×2.5；PC20.WC.FC. 单元边对等讲电源线

MX.对讲门电源箱300×350(h)×130楼底明

ZRYJV22；4×50；SC50；FC.WC.
电源电缆埋地入户，室外埋深1.8m。余同

BV；4×70+1×35mm,SC70;WC. 余同

BV；3×10；PC32.WC

引至各户箱电源线。余同

BV；3×6；PC25.WC

均为引至首层车库的电源线。余同

243

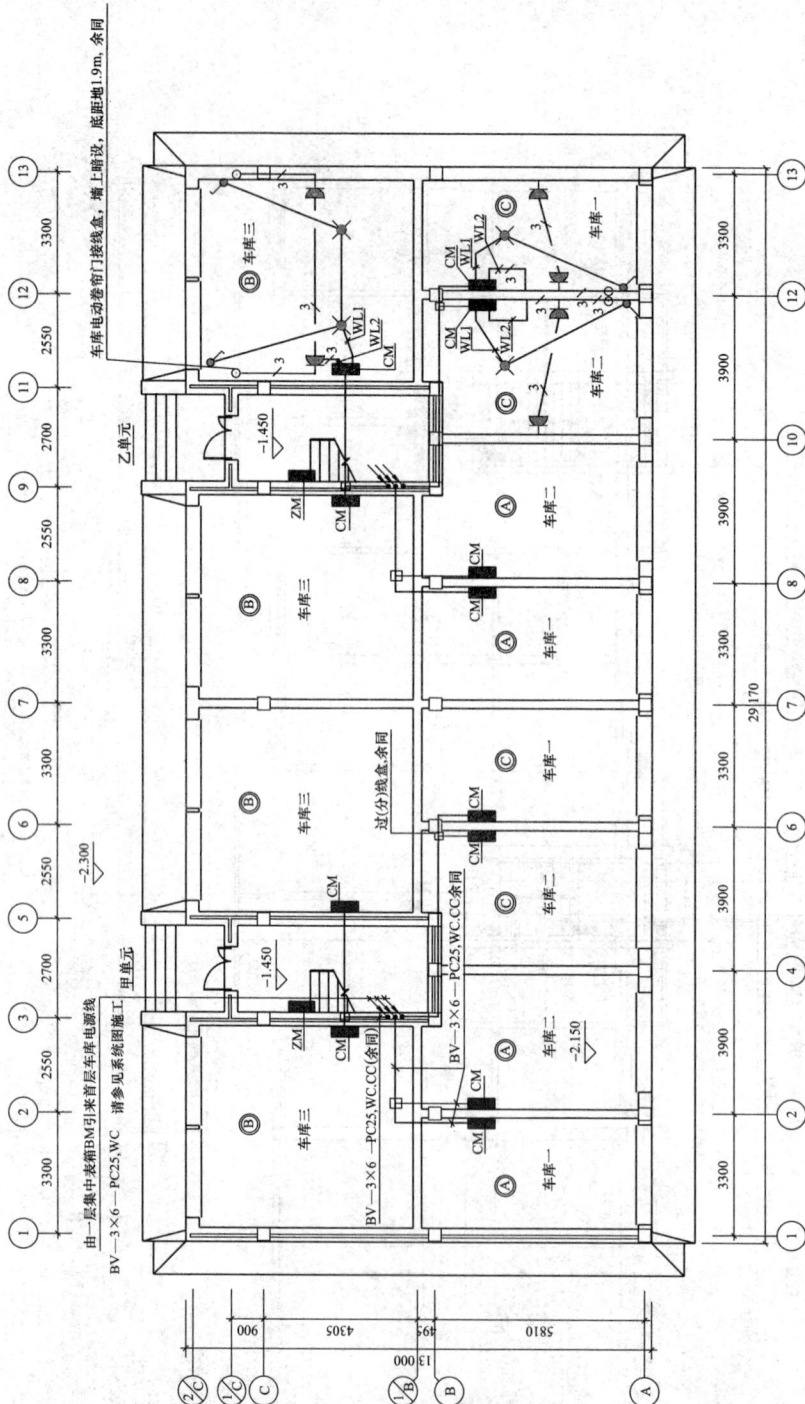

注：1. 乙单元⑦—⑩轴的车库照明、插座平面图与⑩—⑬轴的互为对称，请参照施工。
2. 甲单元的车库照明、插座平面图与乙单元的相同，请参照施工。
3. 图中插座回路未注明导线根数的均为三根导线，照明回路未注明导线根数的均为两根导线。
若图中有未表示清楚的地方，请及时与设计者联系，共同商议解决。

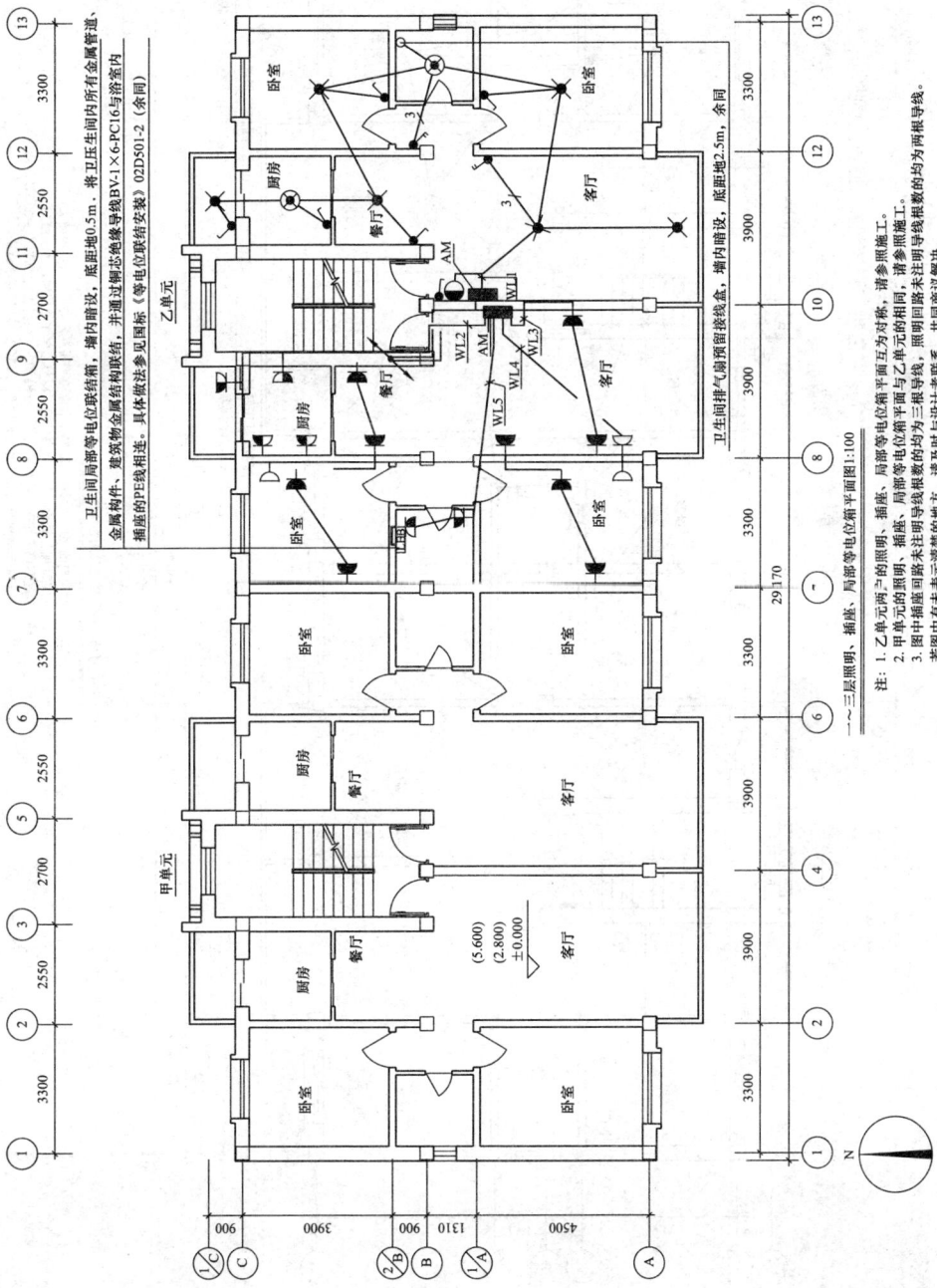

卫生间局部等电位联结箱、墙内暗设、底距地0.5m。将卫生间内所有金属管道、金属构件、建筑物金属构件联结，并通过铜芯绝缘导线BV-1×6-PC16与浴室内金属物的PE线相连。具体做法参见国标《等电位联结安装》02D501-2（余同）。插座的PE线相连。具体做法参见国标《等电位联结安装》02D501-2（余同）

卫生间排气扇预留接线盒、墙内暗设、底距地2.5m，余同

一～三层照明、插座、局部等电位简平面图1:100

注：1. 乙单元的照明、插座、局部等电位简平面图与甲单元平面互为对称。
　　2. 甲单元的照明、插座、局部等电位简平面与乙单元的相同，请参照施工。
　　3. 图中插座回路未注明导线根数的均为三根导线，照明回路未注明导线根数的均为两根导线。
　　本图中有未表示清楚的地方，请及时与设计者联系，共同商议解决。

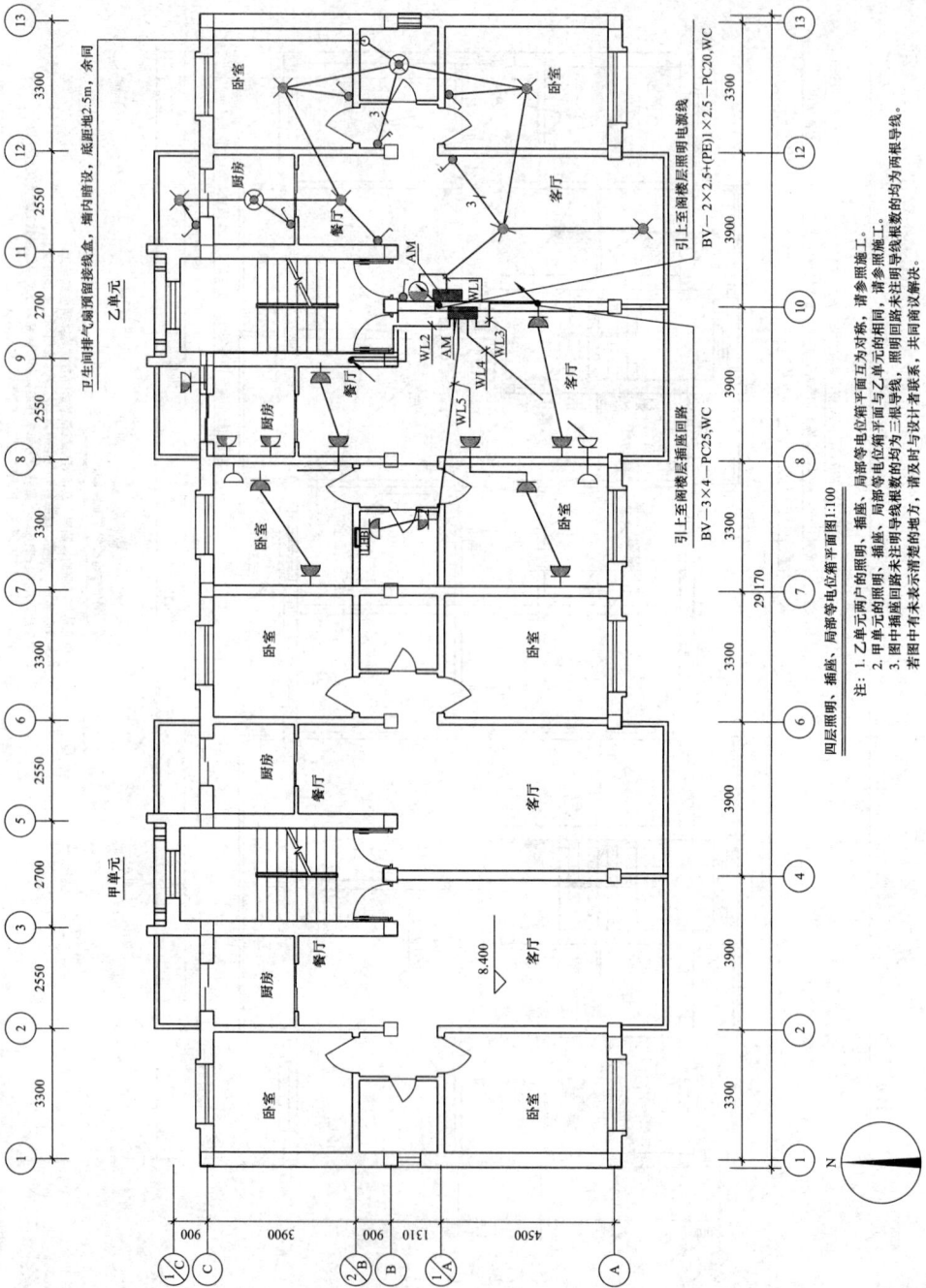

四层照明、插座、局部等电位箱平面图1:100

BV—2×2.5+(PE)1×2.5—PC20,WC 引上至阁楼层照明电源线

BV—3×4—PC25,WC 引上至阁楼层插座回路

卫生间排气嘞顶留接线盒，墙内暗设，底距地2.5m，余同

甲单元

乙单元

注：1. 乙单元两户照明平面图与乙单元平面互为对称，局部等电位箱平面与乙单元相同，请参照施工。
2. 甲单元照明平面、插座、局部等电位箱平面与乙单元平面，局部等电位箱平面根数的均为乙单元平面，照明平面施工。
3. 图中插座回路未注明均为三相导线，照明回路未注明导线根数的均为两根导线。若图中有未表示清楚的地方，请在设计与设计时者联系，共同商讨解决。

由四层引来的阁楼层照明电源线
BV—2×2.5+(PE)1×2.5—PC20,WC

由四层引来的阁楼层插座电源线
BV—3×4—PC25,WC

跃层照明、插座平面图1:100

注：1. 乙单元两户均照明、插座平面互为对称，请参照施工。
　　2. 甲单元的照明、插座平面与乙单元的相同，请参照施工。

乙单元

甲单元

247

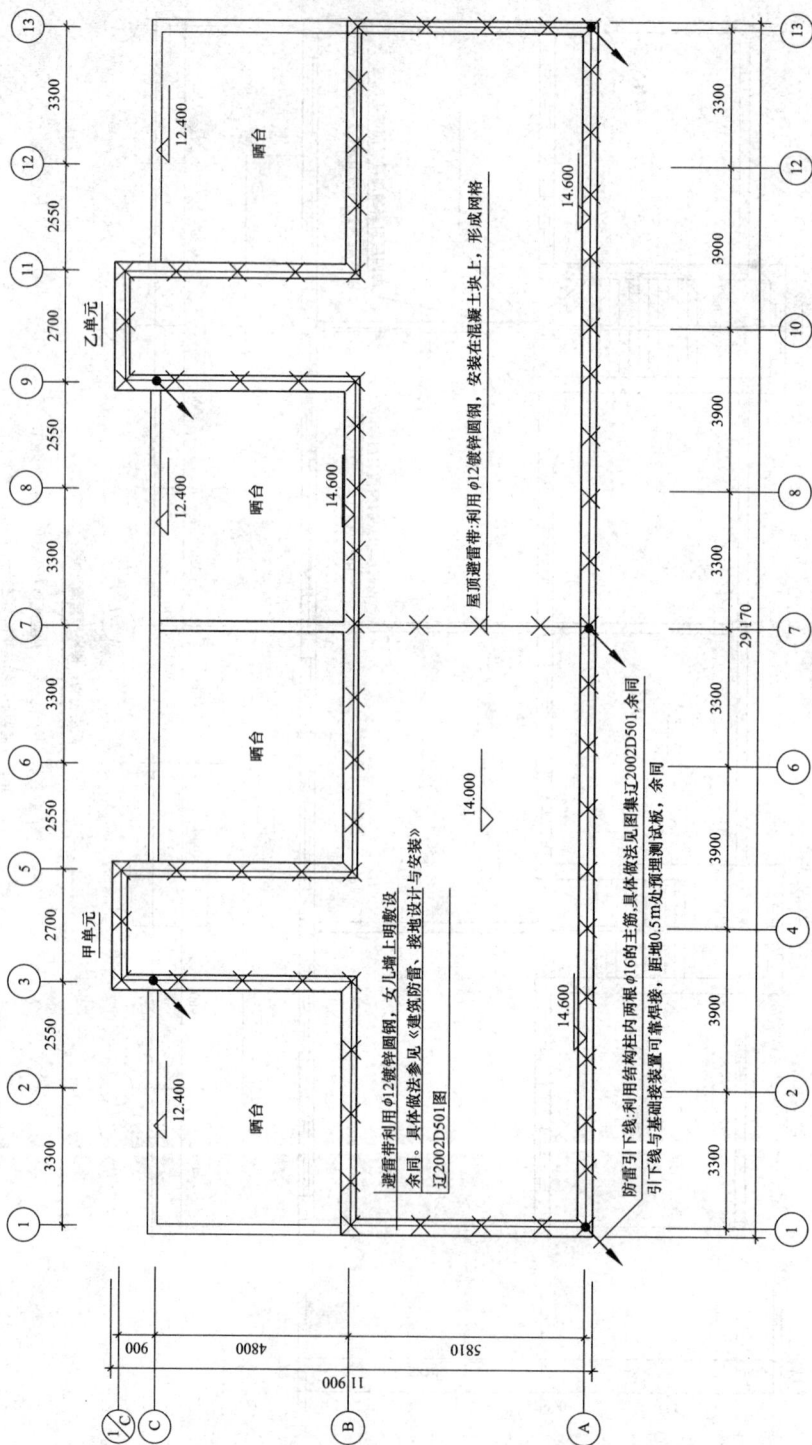

屋面防雷平面图1:100

避雷带，利用φ12镀锌圆钢沿女儿墙与屋面四周支设，支高0.15m，间距1m（不同标高的避雷带应紧密接续在一起）。

防雷引下线，利用结构柱内两根φ16的主筋连续焊接，上与屋面避雷带下与接地装置紧密焊接，共5处。

本建筑属住宅为一般性民用建筑物，按第三类防雷建筑物设计。

注：1.

2.

3.

屋顶避雷带：利用φ12镀锌圆钢，安装在混凝土块上，形成网格

避雷带引下线，利用φ12镀锌圆钢，女儿墙上明敷设
余同，具体做法参见《建筑防雷、接地设计与安装》
辽2002D501图

防雷引下线，利用结构柱内两根φ16的主筋，具体做法见图集辽2002D501,余同

引下线与基础接地装置可靠焊接，距地0.5m处预留测试板，余同

乙单元

甲单元

14.000

14.600

12.400

12.400

12.400

14.600

14.600

晒台

晒台

晒台

晒台

晒台

13
12
11
10
9
8
7
6
5
4
3
2
1

3300 2550 2700 2550 3300 3300 2550 2700 2550 3300

3900 3900 3900 3300 3900 3900

29170

14.600

1/C
C
B
A

900 4800 5810

900 II

248

利用基础地梁两根φ12钢筋互相焊接，并与之相交的所有钢筋混凝土柱内的四根大于φ12的主钢筋焊接连通。做法参见辽2002D501图

乙单元

分别引至总电源箱ZM中的N排和PE排，作为电气进线和电气散水
设备的重复接地和保护接地，这二者在此后"严格分开。"余同

总等电位箱MEB，底距地0.3m，强弱电入户管、采暖等所有金属管均通过此箱做可靠等电位连接。具体做法见国标《等电位联结安装》02D501-2（余同）

BV；"1×25，"PC32；"WC

甲单元

由总等电位箱引出一根镀锌扁钢−40×4，室外埋深0.8m，引出室外散水1.0m，当接地电阻值不能满足要求时，在此处补钉人工接地极。注意要避开单元的出入口处。

总等电位箱联结干线，采用镀锌扁钢−40×4由基础接地极引来。余同

首层基础接地及等电位接地平面图1:100

注：1.本工程实测接地电阻值不满足要求时，需增设人工接地极，具体增设办法由现场实际情况确定，本设计暂不给出。
2.乙单元的未标注部分请参见甲单元的相应部分的标注。

ZM

车库 车库 车库 车库 车库 车库 车库 车库 车库 车库

13 12 11 10 9 8 7 6 5 4 3 2 1

3300 2550 2700 2550 3300 2550 2700 2550 3300

3900 3300 3900 29170

5810 495 4305 900 13000

C B A

参 考 文 献

[1] 赵宏家. 电气工程识图与施工工艺 [M]. 2版. 重庆：重庆大学出版社，2006.

[2] 杨光臣. 建筑电气工程识图·工艺·预算 [M]. 2版. 北京：中国建筑工业出版社，2006.

[3] 汤万龙，刘玲. 建筑设备安装识图与施工工艺 [M]. 北京：中国建筑工业出版社，2004.

[4] 孟昭荣，徐第. 安装造价员岗位实务知识 [M]. 北京：中国建筑工业出版社，2007.

[5] 张卫兵. 电气安装工程识图与预算入门 [M]. 北京：人民邮电出版社，2005.

[6] 丁云飞. 安装工程预算与工程量清单计价 [M]. 北京：化学工业出版社，2005.

[7] 全国造价工程师执业资格考试培训教材编审委员会. 建设工程技术与计量（安装工程部分）[M]. 北京：中国计划出版社，2006.

[8] 全国造价工程师执业资格考试培训教材编审委员会. 工程造价计价与控制 [M]. 北京：中国计划出版社，2006.

[9] 全国建设工程造价专业人员培训系列教材编委会. 安装工程计价应用与案例 [M]. 北京：中国建筑工业出版社，2004.

[10] 辽宁省建设工程造价管理总站. 建设工程工程量清单计价规范辽宁省培训教材 [M]. 沈阳：沈阳出版社，2004.

[11] 李作富，李德兴. 电气设备安装工程预算知识问答 [M]. 2版. 北京：机械工业出版社，2007.

[12] 熊德敏. 安装工程定额与预算 [M]. 北京：高等教育出版社，2003.

[13] 吴心伦. 安装工程定额与预算 [M]. 重庆：重庆大学出版社，2002.

[14] 中华人民共和国国家标准 GB 50500—2013 建设工程工程量清单计价规范 [S]. 北京：中国计划出版社，2013.

[15] 辽宁省地方标准. 建筑安装工程施工技术操作规程（DB 21/900.1 ～ 25—2005）建筑电气工程 [S]. 沈阳：辽宁科学技术出版社，2005.

[16] 辽宁省建设厅，辽宁省财政厅. 辽宁省建设工程计价依据——建设工程费用标准 [S]. 沈阳：辽宁人民出版社，2008.

[17] 辽宁省建设厅. 辽宁省建设工程计价依据——C 安装工程计价定额——C.2 电气设备安装工程 [S]. 沈阳：辽宁人民出版社，2008.

[18] 建设部标准定额研究所.（GYDGZ—201—2000）全国统一安装工程预算工程量计算规则 [S]. 2版. 北京：中国计划出版社，2001.

[19] 建设部标准定额研究所. 全国统一安装工程预算定额 [S]. 2版. 北京：中国计划出版社，2001.

[20] 建设部标准定额研究所. 全国统一安装工程预算定额解释汇编 [S]. 北京：中国计划出版社，1993.

［21］建设部标准定额研究所．全国统一安装工程预算定额编制说明［S］．北京：中国计划出版社，1993.

［22］辽宁省建设厅．建设工程工程量清单计价规范辽宁省实施细则附录 C 安装工程［S］．沈阳：沈阳出版社，2003.

［23］程瑞昌．建筑工程设计施工安装图解全集［S］．合肥：安徽文化音像出版社，2003.

［24］辽宁省建筑标准设计电气标准图集（辽2005D101）住宅建筑供配电设备安装［S］．沈阳：辽宁省建筑标准设计研究院，2005.

［25］辽宁省建筑标准设计电气标准图集（辽2002D501）建筑防雷、接地设计与安装［S］．沈阳：辽宁省建筑标准设计研究院，2002.

［26］中国建筑标准设计研究所．（09DX001）建筑电气工程设计常用图形和文字符号［S］．北京：中国计划出版社，2009.

［27］王和平．安装工程预算常用定额项目对照图示［M］．北京：中国建筑工业出版社，2004.

［28］金亮，等．电气安装识图与制图［M］．北京：中国建筑工业出版社，2000.

［29］杨光臣．建筑电气工程图识读与绘制［M］．2版．北京：中国建筑工业出版社，2001.

［30］中华人民共和国国家标准 GB 50856—2013．通用安装工程工程量计算规范［S］．北京：中国计划出版社，2013.

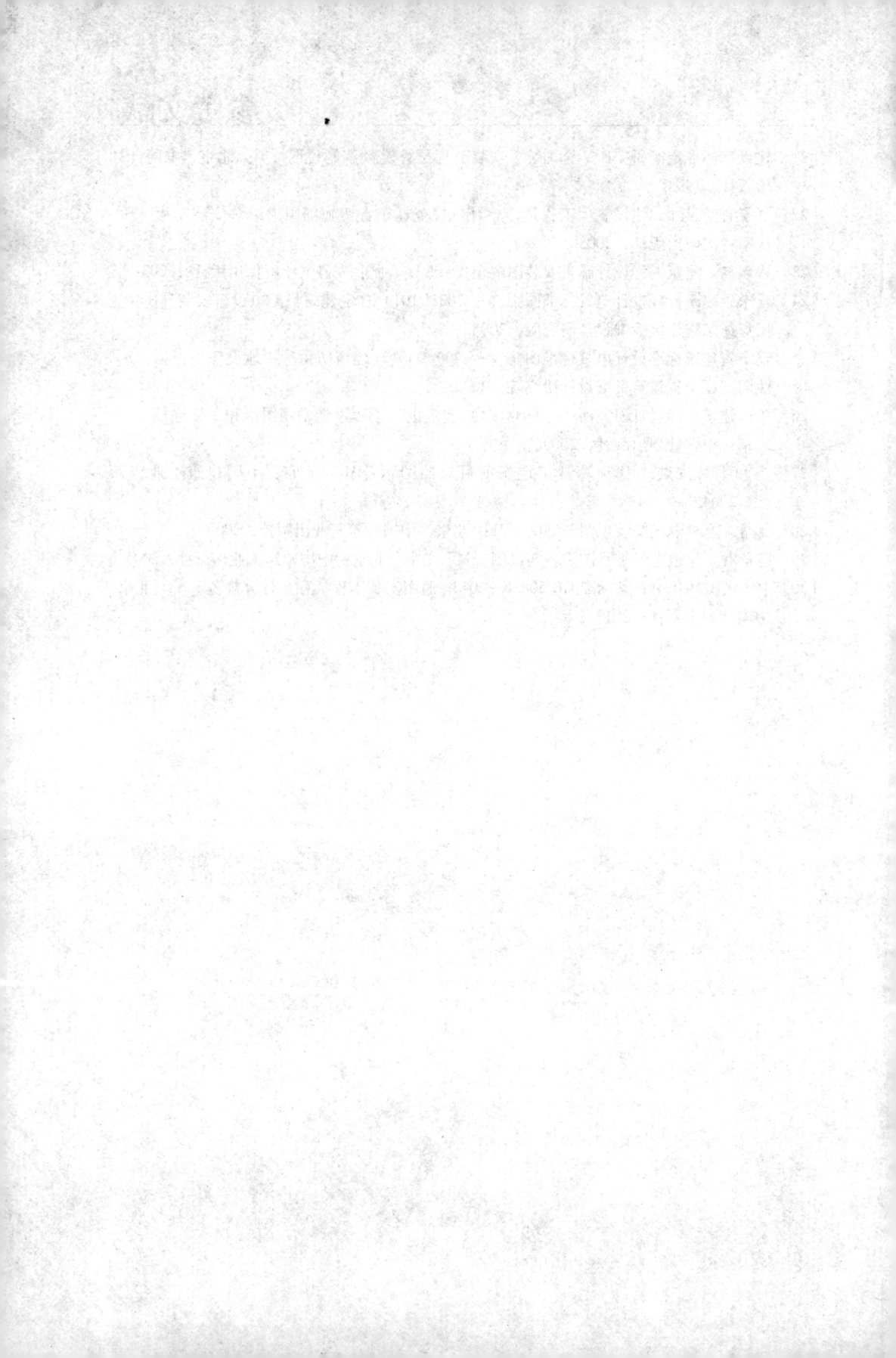